饭店职业经理人丛书

THEORY AND PRACTICE OF SMART HOTEL

智慧酒店理论与实务

郑 红 颜苗苗 编著

旅游教育出版社
·北京·

策　　划：赖春梅
责任编辑：赖春梅

图书在版编目（CIP）数据

智慧酒店理论与实务／郑红，颜苗苗编著．--北京：旅游教育出版社，2020.3
（饭店职业经理人丛书）
ISBN 978-7-5637-4063-5

Ⅰ．①智…　Ⅱ．①郑…②颜…　Ⅲ．①饭店－经营管理　Ⅳ．①F719.2

中国版本图书馆CIP数据核字（2020）第027806号

饭店职业经理人丛书
智慧酒店理论与实务
郑　红　颜苗苗／编著

出版单位	旅游教育出版社
地　　址	北京市朝阳区定福庄南里1号
邮　　编	100024
发行电话	（010）65778403　65728372　65767462（传真）
本社网址	www.tepcb.com
E-mail	tepfx@163.com
排版单位	北京卡古鸟艺术设计有限责任公司
印刷单位	天津雅泽印刷有限公司
经销单位	新华书店
开　　本	710毫米×1000毫米　1/16
印　　张	14.75
字　　数	213千字
版　　次	2020年3月第1版
印　　次	2020年3月第1次印刷
定　　价	56.00元

（图书如有装订差错请与发行部联系）

前言

PREFACE

早在2015年，国家旅游局（现文化和旅游部）就提出了要“有序推进智慧旅游持续健康发展，不断提升我国旅游信息化发展水平”。酒店行业作为旅游业的三大支柱产业之一，也必响应号召逐渐迈向信息化、智能化。智慧酒店的发展为传统酒店的转型升级提供了新的契机，既提升客人入住体验，又提高酒店管理效率并降低运营成本，对酒店的可持续发展有重要意义。此后，2019年1月国务院《关于印发国家职业教育改革实施方案》中强调：要按照专业设置与产业需求对接、课程内容与职业标准对接、教学过程与生产过程对接的要求，持续更新并推进专业目录、专业教学标准、课程标准等内容。在此背景下，编写这本《智慧酒店理论与实务》，介绍发展势头持续向好的智慧酒店的理论、技术与方法显得意义重大。目前，智慧酒店相关的教材少之又少，本书参考了大量的资料，特别是一些新鲜的新闻报道，还有微信公众号内容与案例，在此向参考文献的作者表示衷心的感谢。

本书共有十一章。第一章介绍智慧酒店兴起的背景、概念、内涵和特点等，以便读者对智慧酒店相关基础知识有一个概貌性了解。第二章主要介绍酒店信息化的发展历程、信息化与智慧化分别是什么、酒店管理信息系统的概况等知识点。第三章主要介绍酒店管理系统的客户资料管理模块、业务管理模块、客房管理模块、顾客财务模块、接口模块这五大业务功能。第四章详细叙述智慧酒店管理系统的预订系统接口、客房控制系统、OTA接口等各种接口功能。第五章介绍POS的硬件、软件与几种常见的酒店POS系统。第六章主要阐述智慧餐饮管理系统。第七章介绍承担智慧酒店营销功能的酒店销售与宴会管理软件及收益管理系统。第八章介绍智慧财务系统的应收账款、应付账款、采购库存等几大模块的信息化，并讲述几种常见的财务系统功能。第九章主要介绍网络招聘、人力资源管理系统、几种常见的人力资源管理软件以及当下智慧酒店对员工与管理者提出的新要求。第十章阐述智慧酒店的楼宇自动化控制系统、工程管理系统、客房智能控制系统与能源管控系统。最后一章介绍酒店电子商务、智慧酒店购物以及所依托的电子支付系统。

本书的前五章由郑红完成，后面六章由颜苗苗完成，全书由颜苗苗负责统稿。由于编者水平和经验有限，教材中难免出现错漏，敬请广大读者批评指正。

编者

目录
CONTENTS

第一章

智慧酒店概述

【导言】

古有“亭驿”“客舍”和“客栈”，随着人类的进步、经济社会的发展，科学、技术和交通的日益发达，酒店也逐渐发展起来。如今酒店竞争日趋激烈，消费者期望不断攀升，消费需求更加多样化，酒店装潢、客房数量、房间设施等质量竞争和价格竞争将退居二线，这些变化迫使业内人士不断寻求扩大酒店销售、改进服务质量、降低管理成本和提升客户满意度的新法宝，以增强酒店的核心竞争力。其中最有效的手段就是大规模应用先进的信息化技术，变革传统意义上的酒店业竞争方式和经营管理模式，进而赢得新的竞争优势。因此，酒店的竞争将在智能化、个性化、信息化方面展开，智慧酒店悄然兴起。本章主要阐述智慧酒店兴起的背景、概念、内涵和特点等，结合案例、拓展阅读等，重在让读者对基础知识点有一个概貌性的了解。

【学习目标】

- 了解国内外智慧酒店的发展过程。
- 联系实际，了解智慧酒店的发展背景。
- 掌握智慧酒店的概念、内涵与特点。

【导入阅读】

1. 酒店群起“谋智慧”①

2018年11月20日，颇受关注的“网红”深坑酒店——上海佘山世茂洲际酒店宣布开业，该酒店与腾讯合作推出“智慧酒店解决方案”，以微信为前端

① 材料来源：武媛媛　智慧酒店是潮流还是跟风. 北京商报，2018-11-27.

载体，用小程序串起了预订、入住、休闲、娱乐、离店等自助办理项目。据悉，顾客在抵达酒店前完成房间预订、预入住，抵达酒店核验身份证后，30秒即可刷脸登记、领取电子房卡，完成入住，并进一步缩短退房离店的时间。

事实上，酒店业者与科技公司合作已不是新鲜事。香格里拉酒店也与腾讯合作，主要利用腾讯云人脸识别及物联网技术，帮助顾客简化入住流程。洲际酒店集团也早于去年（2017年）宣布携手百度共同打造AI智慧客房，并计划在大中华区推广100间行政俱乐部套房。另外，万豪国际也于今年7月宣布携手阿里巴巴旗下旅游平台飞猪，引入依托人脸识别技术的自助办理入住服务。

业内有分析称，所谓智慧酒店是指酒店拥有一套完善的智能化体系，通过数字化与网络化实现酒店数字信息化服务。

2. 盲目跟风，黑科技成鸡肋①

从消费者角度来看，完美的“智能”入住体验应该是便捷、舒服且充满个性化和趣味性的，然而，体验感差却恰恰成了当下很多智能酒店的短板，比如应用程序复杂，研究半天说明书，依旧茫然无措；自助入住和刷脸开门不灵光，不得不求助服务人员。

这些黑科技对于酒店业“如食鸡肋，食之无味，弃之可惜”，一方面是目前技术不成熟，售后维修、升级滞后造成的；另一方面，也是酒店盲目跟风炫技的恶果。首旅如家酒店集团信息技术部总经理王波认为，未来在智能产品的基础应用上，会出现一些基本的标准化产品，如智能前台、门锁、音控设备等，可以批量使用，从而保证体验品质。让酒店受益于“智能”科技，还有很长的路要走。

思考：

（1）为什么许多科技公司纷纷涉足智慧酒店领域？

（2）酒店怎样做才能避免智能科技成为“鸡肋”？

① 材料来源：曲亭亦. 酒店纷纷打造智能客房 消费者：体验感差 黑科技成鸡肋. 新京报，2018-08-01。有删减与修改。

第一节　智慧酒店的发展背景

一、市场背景

就目前我国的客源市场来看，据中国旅游研究院统计，2018年国内旅游人数55.39亿人次，比上年同期增长10.8%。2018年入境游客1.41亿人次，增长1.2%。国内居民消费升级，国外与国际经济交流与合作不断深入，我国旅游业蓬勃发展。仅仅依靠传统思维和模式去面对这一课题，几乎不可实现，必须利用现代科技手段并加以创新，将出行目的地的吃、住、行、游、购、娱、商等各类信息进行整合，向消费者提供便捷高效的服务，才能实现旅游业管理和服务上的变革、升级。对于酒店行业，巨大的客流量亦需要高效的信息流程管理，因此酒店智慧化才能更好地适应酒店业的未来发展。

从消费者角度来讲，旅游市场繁荣，由此带来的消费者对酒店服务的要求也水涨船高，而且需求各异。如何满足海量的个性化、多样化需求，是各酒店管理者普遍面临的一个新课题。消费者需求的变化、消费升级是驱动酒店业变革的根本，酒店除了对价格、地理位置、周边环境、卫生清洁程度、办理入住的速度、酒店装潢、酒店设施设备等传统因素①持续关注外，必须顺应移动互联网时代需求，适应智能新技术的变革和发展，才能取得新的竞争优势并在客源市场中占据一席之地。

就酒店管理来讲，酒店内部有多种管理信息系统和基于互联网的酒店管理信息系统，借助现代科技不仅可以降低酒店的运营成本，提高管理效率，全面整合酒店资源，而且信息产品为酒店培植了新的营业收入增长点。信息技术的使用，酒店智慧化的发展，使得管理者可以随时掌握酒店的经营状况，增强各部门之间的协作，从而大大提高酒店运行中的流程效率，降低酒店的运营成本。如酒店智慧预订及连锁经营网络系统、后台计算机管理系统等，都是面向酒店管理者提高质量的经营管理的重要工具。

---

① Gang Li a, Rob Law b, Huy Quan Vu, etc. Identifying emerging hotel preferences using Emerging Pattern Mining technique[J].Tourism Management 46 (2015): 311–321.

二、技术背景

在物联网、云计算、大数据等新型信息技术快速发展的背景下，“智慧城市”“智慧旅游”等概念相继被提出，正成为发展的新趋势。顺应时代发展，以移动互联网应用为重点，以大数据应用为核心的“智慧酒店”时代已悄然来临。[①]如今移动互联网、云计算、移动位置服务、物联网、人工智能等信息技术快速发展，为智慧生活提供了必要的技术支持，也为智慧酒店发展提供支撑。

（一）云计算技术

云计算（Cloud Computing）是一种按使用量付费的模式。根据美国国家标准与技术研究院（NIST）定义[②]：这种模式提供一种非常方便的可以按照需求选择的网络访问，其提供的资源包括云储存、服务器、应用软件等，用户只需投入很少的管理工作即可，或与服务供应商进行很少的交互。云计算是分布式计算的一种，指的是通过网络“云”将巨大的数据计算处理程序分解成无数个小程序，然后，通过多部服务器组成的系统进行处理和分析这些小程序得到结果并返回给用户[③]。云计算早期，就是简单的分布式计算，解决任务分发，并进行计算结果的合并。因此，云计算又称为网格计算。通过这项技术，可以在很短的时间内完成对数以万计的数据的处理，从而实现强大的网络服务。现阶段所说的云服务已经不单单是一种分布式计算，而是分布式计算、效用计算、负载均衡、并行计算、网络存储、热备份冗杂和虚拟化等计算机技术混合演进并跃升的结果。

云计算可总结为：能够把大量的信息和处理资源集中在一起，协同工作，高速得出运算结果的基于互联网的超级计算模式。

智慧酒店对云计算的应用主要体现在新一代互动服务平台，依据领先的显示技术、流媒体呈现技术和网络通信技术，实现电视、网络多媒体和交互服务的完美结合。对酒店的资源进行充分利用和共享，并实现优化管理，实现与智慧城市的有效衔接。酒店作为城市不可或缺的服务业态和智慧旅游全

---

① 如家开启智慧酒店新时代：入住到退房全程智能体验，环球旅讯。

② 赵红. 浅谈云计算技术在服务业中的应用[J]. 信息系统工程. 2012(10).

③ 田杨锋. 云计算的发展历史及其应用[J]. 信息记录材料. 2018,19(8): 66-67.

过程的核心节点之一，其智慧化的实现，是智慧城市重要的组成部分。酒店数字一体化建设方案可助力实现城市智慧管理、智慧营销、智慧服务，与全面构建智慧旅游城市建设的指导思想、总体目标、整体框架、应用架构和资源体系相吻合。

（二）物联网技术

物联网（Internet of Things）最早由阿什顿（Kevin Ashton）教授提出，它是利用网络通信技术把物与物、人与物等通过新的方式联在一起，实现远程智能化管理和控制的网络[①]。物联网是互联网的延伸。物联网在智慧酒店中的应用主要体现在身份安全识别、照明、空调、窗帘、报警等智能物联执行，及传感终端软硬件产品资源整合。

1. 移动通信技术

移动通信（Mobile Communications）就是通信双方或一方处于运动过程中的通信。移动体可以是人，也可以是车、船等处于移动运动状态中的物体。4G 网络的普及，5G时代即将到来，带宽的提高、更快的数据传输速度、无所不在的移动接入、高智能化的网络等都将为智慧酒店提供更便捷的服务。移动通信技术在智慧酒店的应用非常广泛，如客房移动服务终端、顾客手机移动终端（个人手机、平板电脑等）。

2. 人工智能

人工智能（Artificial Intelligence），英文缩写为AI。它是研究模拟人的思维过程和智能行为的科学。云计算和物联网技术是人工智能的基石。人工智能在智慧酒店的应用主要体现在智能恒温系统、借助语音识别技术自动完成电话客服、声音识别可以核实来电者身份等。

3. 虚拟现实

虚拟现实（Virtual Reality，简称VR）是利用电脑模拟一个三维立体空间，产生一个以视觉感受为主，同时兼顾听觉、触觉的模拟空间，让使用者如同身历其境一般，观察三度空间内的事物。虚拟现实技术在智慧酒店中主要应用于运用三维全景实景混杂现实系统技术，客人以第一人称视觉虚拟漫游酒店，不出房间即可虚拟漫游于餐厅、会议室、康体中心、购物中心等场所，引发客人消费的欲望。

① 张桂宁．云计算环境下物联网技术研究[J]. 信息通信，2014(2).

表1-1 智慧酒店的支持技术

技术类型	技术特征	在智慧酒店中的运用
互联网	又称网际网络，这些网络以一组通用的协议相连，形成逻辑上的单一巨大国际网络。	互联网是酒店智慧化的基石，渗透在智慧酒店的各个环节。
云计算技术	是基于互联网相关服务的可扩展性应用。	智慧酒店中对云计算的应用主要体现在新一代互动服务平台：依据领先的显示技术、流媒体呈现技术和网络通信技术，实现电视、网络多媒体和交互服务的完美结合。对酒店的资源进行充分利用和共享，并实现优化管理，实现与智慧城市的有限衔接。
物联网技术	物联网的核心和基础仍然是互联网，是由互联网延伸和拓展的网络，其用户端延伸和拓展到了任何物品和物品之间，进行信息交换和通信，也就是“物物相息”。	物联网在智慧酒店中的应用主要体现在身份安全识别、照明、空调、窗帘、报警等职能物联执行，及传感终端软硬件产品资源整合。
移动通信技术	是物联网的一种连接方式，随着智能手机和掌上电脑移动4G网络的普及、宽带的提高、更快的数据传输速度、无所不在的移动接人、高智能化的网络等都将为智慧酒店提供更便捷的服务。	移动通信技术在智慧酒店的应用非常广泛：客房移动服务终端、顾客手机移动终端（个人手机、平板电脑等）。
人工智能	云计算和物联网技术是人工智能的基石，人工智能就是用来有效处理与使用数据、信息和知识，利用计算机推理技术进行决策支持并解决问题的关键技术。	人工智能是智慧酒店的内核技术。人工智能在智慧酒店的应用主要体现在智能恒温系统、借助语音识别技术自动完成电话客服、声音识别可以核实来电者的身份等。
虚拟现实	虚拟现实是利用电脑模拟一个三维立体空间，产生一个以视觉感受为主，同时兼顾听觉、触觉的模拟空间，让使用者如同身历其境一般，观察三维空间内的事物。	虚拟现实技术在智慧酒店中主要应用三维全景实景混杂显示系统技术，客人以第一人称视觉虚拟漫游酒店，不出房间即可虚拟漫游于餐厅、会议室、康体中心、购物中心等场所，引发顾客消费欲望。

资料来源：《智慧酒店建设评价指标体系构建及应用研究》，合纵酒店顾问补充整理。

拓展阅读

人工智能会取代人的工作吗？

人工智能在生活、工作中的应用案例：

（一）虚拟个人助理

Siri. GoogleNow和Cortana是各种操作系统（IOS，Android和WindowsMobile）上的智能数字个人助理。

当你以语音提出要求时，它们会协助你找到有用的信息。例如，你说：“离我最近的饭馆在哪里？”“今日我的日程安排是什么？”“提醒我八点给杰里打电话。”帮手会查找信息、转播手机中的信息或发送指令给其他应用程序以完成你的要求。

人工智能在这些应用程序中十分重要，它们搜集有关需求信息，辨认您的言语并为您提供适合您偏好的结果。

微软声称Cortana通过“不断了解它的用户”，会发展出猜测用户需求的能力。

（二）在线客服

现在，许多网站都提供用户与客服在线聊天的窗口，但其实并不是每个网站都有真人提供实时服务。在很多情况下，和你对话的仅仅只是一个初级AI。大多聊天机器人无异于自动应答器，但是其中一些能够从网站里学习知识，在用户有需求时将其呈现在用户面前。

最有趣也最困难的是，这些聊天机器人必须擅于理解自然语言。显然，与人沟通的方式和与电脑沟通的方式截然不同。所以这项技术十分依赖自然语言处理(NLP)技术，一旦这些机器人能够理解不同的语言表达方式中所包含的实际目的，那么很大程度上就可以用于代替人工服务。

（三）音乐和电影推荐服务

与其他人工智能系统相比，尽管这种服务比较简单，但是这项技术却会大幅度提高生活品质。如果你用过网易云音乐这款产品，一定会惊叹于“私人FM”和“每日音乐推荐”的推荐内容与你喜欢的歌曲的契合度。

从前，想要听点好听的新歌很难，要么是从喜欢的歌手里找，要么是从朋友的歌单里去淘，但是往往未必有效。喜欢一个人的一首歌不代表喜欢这个人的所有歌，另外有的时候我们自己也不知道为什么会喜欢一首歌或讨厌一首歌。

而在人工智能的介入之后，这一问题就有了解决办法。也许你自己不知道到底喜欢包含哪些元素的歌曲，但是人工智能通过分析你喜欢的音乐可以找到其中的共性，并且可以从庞大的歌曲库中筛选出来你所喜欢的部分，这比最资深的音乐人都要强大。

如今的人工智能（AI）成为各个领域的热门话题。许多企业组织也已经在利用该技术来吸引客户、促进业务运作。京东的无人送货车、无人驾驶飞机；金融领域的大数据风控、智能投资顾问；网易有道的图像与语音识别等等。人工智能擅于模仿人的思维与运算，尤其精于数理逻辑运算。据普华永道的调查显示，企业高管中有超过67%的人表示人工智能将帮助人类和机器更好地协作。刘强东也曾表示将通过科技化运营手段来削减成本，希望未来10年减少8万员工。

你认为如此强大的人工智能会取代未来人的工作吗？

资料来源：百度知道 https://zhidao.baidu.com/question/78762086.html，有删减修改。

三、时代背景

进入21世纪以来，信息技术革命浪潮席卷全球，推动了互联网的快速普及和发展，成为信息化的重要工具和平台。据中国互联网络信息中心（CNNIC）于2018年8月20日在京发布第42次《中国互联网络发展状况统计报告》数据显示：截至2018年6月，我国网民规模达8.02亿，互联网普及率为57.7%；其中，我国手机网民规模达7.88亿，网民通过手机接入互联网的比例高达98.3%。与此同时，中国网民的人均周上网时长为27.7小时，相比2017年末提高0.7个小时。中国网民性别结构与人口性别属性趋同，中国网民男女比例为52∶48。网民以青少年、青年和中年群体为主。截至2018年6月，10–39岁群体占总体网民的70.8%。其中20–29岁年龄段的网民占比最高，30–49岁中年网民群体占比由2017年末的36.7%扩大至39.9%，互联网在中年人群中的渗透加强。并且随着手机终端的大屏化和手机应用体验的不断提升，手机作为网民主要上网终端的趋势仍将进一步提升。

以互联网信息技术为基础，微博、微信等手机社交工具以及微视频、微电影掀起“微”营销浪潮，加之科学技术的进步带来的旅游APP软件的个性化使用，随着艺龙、去哪儿、携程等旅游在线电商带来消费者预订、出游方式的转变，传统的酒店业营销方式也发生翻天覆地的改变，智慧酒店通过接口功能与这些旅游在线电商连接，拓展营销渠道，变革酒店营销方式，才能更好顺应时代变化。

四、政策背景

经济和旅游业的协同发展带动了新一轮酒店业建设高潮的到来。酒店业的快速发展需要借助信息化的手段，尤其是旅游业被国务院定位为“国民经济的战略性支柱产业和人民群众更加满意的服务业”后，加快了作为旅游业三大支柱（酒店、交通与旅行社）之一的酒店业和信息产业融合发展的进程。提升酒店业的产业水平已成为国内酒店业管理工作的当务之急，加速国内酒店业服务水平的升级已成为业界建设智慧酒店的内在动力。

具体政策方面，继2009年《国务院关于加快发展旅游业的意见》中提出“以信息化为途径，提高旅游服务效率”；2011年《“十二五”旅游业发展面临的战略机遇》指出“推动信息技术的广泛应用、加强旅游公共信息服务、积极发展旅游电子商务、推进信息基础设施和能力建设及加快旅游信息化管理体制机制转型”后，全国各地对智慧旅游的发展推进便持续深入。2012年5月份，由北京市旅游发展委员会提出《北京智慧饭店建设规范（试行）》，规定了北京智慧饭店的条件及评定的要求适用于北京各星级酒店。除了对智慧酒店相关的定义与术语做出解释与规范外，并制定《北京智慧饭店评分细则》[①]，共计1000分，共分11个大项，各大项分值为：供电、网络与通信120分；饭店管理100分；会议设施50分；广播电视系统50分；智能停车、电梯与监控系统80分；网站服务50分；智能信息终端200分；智能控制100分；智能云服务150分；公益文化50分；创新项目50分。从这11个方面对智慧酒店进行评价，以加强规范。

智慧旅游建设，是前国家旅游局（现国家文化和旅游部）在“十八大”精神指导下，促进旅游业经济发展和服务质量提升的一项重要举措。在2014年，国家旅游局（现国家文化和旅游部）更将旅游业发展主题定为“智慧旅游”，要求各地引导智慧旅游城市、景区等旅游目的地建设，促进以信息化带动旅游业向现代服务业转变。作为智慧旅游的一部分，智慧酒店的建设，是中国酒店业产业结构调整、升级的重大契机和必然选择。同年1月15日，“中国智慧酒店联盟成立大会”在福州举办，标志着中国智慧酒店联盟的正式成立，我国智慧酒店建设与发展进入新阶段。

① 详见附录《北京智慧饭店建设规范（试行）》。

第二节 智慧酒店概念及内涵、特点

一、智慧酒店的概念

智慧酒店目前在国内学界、业界尚无标准而一致的概念定义。根据 2012 年 5 月《北京智慧饭店建设规范（试行）》的表述，智慧饭店将利用新一代信息技术，整合各类旅游信息并及时传送，深入挖掘数据并进行分析，实现饭店旅游六要素的电子化、信息化和智能化，以期达到增加入住的舒适度和便捷性的目的。同年，北京市旅游发展委员会将智慧酒店定义为："利用物联网、云计算、移动互联网、信息智能终端等新一代信息技术，通过酒店内各类信息的自动感知、及时传送和数据挖掘分析，实现酒店旅游六要素的电子化、信息化和智能化，最终为旅客提供舒适便捷的体验和服务。"2013 年 5 月国家旅游局（现国家文化和旅游部）发布的《饭店智能化建设与服务指南》中指出，智能化酒店是指整合现代信息技术，提升服务体验，降低能耗，打造节能高效、绿色低碳、安全舒适的新一代饭店。

从智慧酒店的关联技术和职能来看，智慧酒店在智能酒店基础上因应用物联网技术、云技术使酒店的管理更加智能化；同时采用移动互联网技术、借助便携移动终端等先进科技技术和产品，实现酒店数据的自动记录、及时共享、分类归整，做到酒店数据的科学化使用和深度利用数据；另外，智慧酒店的智慧营销平台具有的线上咨询、线上预订、线上支付和线下入住的功能，很好地实现了智慧酒店服务的智能化，使消费者享受便捷、安全、信息充分的入住体验。从智慧酒店的内涵层面来说，智慧酒店是配有一套较为完善的智能化、信息化体系，在科学技术、网络数字化的支撑之下实现酒店管理的数字化、智能化服务模式。智慧酒店借助网络化、信息化、数字化实现酒店管理智能化，这既是信息技术运用到酒店管理的创新，也是提高酒店资源利用程度的有效途径，并且能够满足酒店消费者个性化、高品质要求、多样化服务的消费需求。

综上，智慧酒店的概念可以总结为以下几点[①]：

① 任晓贤. 智慧酒店建设评价指标体系构建及应用研究 [D]. 河北师范大学，2014.

第一，智慧酒店对住客提供信息化个性订制服务，以住客体验为核心，满足住客的个性化需求。住客使用各种移动终端设备通过酒店的客户端链接入网，获取网络动态准确、高效的酒店信息服务。住客既可以被动接受推荐信息也可以主动获取信息，并且可以多渠道分享入住体验。

第二，智慧酒店是现代化信息技术和酒店业融合发展的顶层设计。智慧酒店对新兴信息技术应用十分广泛，是多种技术集成在一个系统并综合应用、协同作用的结果。

第三，智慧酒店是酒店业可持续发展的必要途径。智慧酒店在提升客户体验、服务质量和管理水平的基础上，应用现代化信息技术达到节能降耗、低碳环保的目的，最终实现经济、社会、环境等方面的可持续发展。

通过分析总结，本书认为智慧酒店是：拥有一套完善的智能化体系，通过数字化与网络化实现酒店数字信息化服务，既能提升服务体验，又能提高管理效率、降低能耗的新型酒店。

二、智慧酒店的内涵

第一，智慧酒店不同于智能酒店，智能酒店强调的是一种技术上的能力，强调酒店单方面依靠科技进步实现集约化管理和规范化服务。在这个过程中，客人处于被动地位。智慧酒店则是利用信息技术手段主动感知客人需求和积累历史数据，使宾客既可主动也可被动地获取准确的信息，并通过移动信息平台（如智能手机、iPad等）实现宾客和酒店的互动，对信息集成技术、宾客自身智慧化素质及装备的依赖程度更高。

第二，智慧酒店体现以人为本，关注宾客体验的设计理念，注重优质服务的泛在化。这主要体现在宾客从搜索预订酒店到停留期间信息化服务的多种接收、发送方式和体验化的享受过程；酒店在设计宾客所享受的优质服务项目时，依靠酒店所获取的宾客个体喜好数据、在充分考虑客源市场所针对的宾客群体需求的基础上，使宾客获取的服务方式多样化、服务内容的体验化和订制化。同时，酒店方面可以实时接受宾客对酒店服务的反馈，起到改进酒店服务质量作用，努力使客人体验到现代科技带来的满意加惊喜服务。

第三，智慧酒店智于科技，慧于管理。信息技术应用程度的高低是智慧酒店与传统酒店的分水岭，智慧酒店促成酒店管理方式由简单粗放型向集约化、精细化管理方向的转变。智慧酒店利用云计算、物联网等现代信息技术，可实现对酒店内部人财物力资源与社会各生产部门资源的集约化利用，实现社会资源的优化配置，体现出智慧酒店管理模式的优越性。

第四，智慧酒店是酒店业产品升级换代的产物。作为智慧旅游的一部分，智慧酒店的建设，是中国酒店业进行产业结构调整、升级的重大契机和必然选择。智慧酒店遵循循环经济理念，包括经济发展、社会进步、与生态环境有机融合三个方面，追求这三个系统之间达到理想的平衡状态。在先进的管理理论和科技进步的基础上，智慧酒店全面协调酒店、人、环境三者互惠共生，强调可持续发展，最终实现经济高效、安全健康、环境友好、生态和谐。

三、智慧酒店特点

智慧酒店，通过酒店ERP系统、PMS系统、OA系统、自助登记/入住系统、客房自助服务系统、智能点餐系统等，为住客提供高效、人性的信息化服务，让住客得到充足、便捷的信息服务。例如，把杂志、音乐、航班信息等功能负载到了酒店的电视机上，甚至可以通过电视机打印登机牌。

（一）智能化

智慧酒店拥有一套完善的智能化体系，能够带给住客更加智能化的体验。智能化体系包含智能酒店管理系统、智能酒店娱乐休闲系统、智能信息服务、智能客房服务等，是一个依托现代技术的全方位智能化系统。例如，连接到iPhone上的“猫眼”，通过iPhone手机的屏幕，就能够显示门外面的画面；或者酒店的自助订房、身份识别、智能温控系统等，为住客带来全新消费体验。

（二）人性化

智慧酒店建设的目标是让住客满意，而人性化是最能提升住客满意度的方面。智慧酒店的人性化建设，需要从提供人性化的酒店设施、经营管理、酒店服务等多方面入手，以高科技为依托，在信息化、智能化建设中，充分考虑住客需求，体现人性化。

（三）节能环保，绿色低碳

智慧酒店的绿色环保是其重要特征之一，也是酒店建设需要考虑的要点之一，可以通过以下几个方面实现：

（1）酒店的无纸化办公、环保办公用品的使用等，实现内部系统的绿色环保。

（2）减少酒店能源的无谓消耗。建立能源运行监测系统，对酒店电、热、水、暖、气等能源系统的运行状况进行实时监测，根据数据分析系统确知使用高峰和低谷，有针对性地提出节能降耗的改进方案。

（3）采用节能设备，降低能耗，例如采用节能的LED照明系统、冰蓄水、地源热泵等新技术，从而降低能耗。

四、智慧酒店内容与整体构架

不管是传统酒店还是新型酒店，高效的内部管理，良好的营销推广都可带来源源不断的客流，通过提供优质产品、服务获得消费者的满意是它们的天然生存法则。总体来讲，智慧酒店的建设内容总体上可分为三大部分：内部管理、客服管理与营销推广。而支持酒店智慧化运作的是构建难度较高的技术构架，它需要各种系统的协同联动，联网对接。就技术层面而言，将涉及网络技术、计算机技术、通信技术、控制技术、传感技术、视频音频技术、能源控制、交通控制及建筑等相关技术。与智慧酒店内容相对应的整体框架可分为三大部分：酒店内部管理系统、酒店智能化管理系统与酒店营销管理系统。除此之外，智慧酒店的高效运行还离不开通信网络管理系统。

（一）智慧酒店内容

1. 内部管理

酒店内部管理是相对与顾客相关的服务管理而言的，指的是酒店内部运营、员工管理以及营运数据处理，主要依靠酒店管理系统平台对酒店内部每天的营业数据、财务数据进行分析，对员工工资及成本、员工奖励进行核算等。

2. 客服管理

客服管理是指对顾客入住酒店过程中所能享受到的一切服务的管理。

（1）从顾客在线预订或电话预订开始，酒店就通过远程订房系统完成了对该房间的定时预留，并及时地为顾客的特殊喜好做好准备，等候顾客的入住。

（2）当顾客到达酒店时，只需要在大堂出示身份证，就可以立刻入住已预订好的房间。

（3）到达预订的房间前，用身份证或预先的会员卡就可以打开电子门锁。

（4）当顾客打开客房的门时，走廊的廊灯自动亮了，顾客把卡插入取电开关，房间根据顾客入住的时间，在晚间会实时地选择相应柔和的夜景模式。床头灯亮了，小台灯亮了，电视自动打开了，背景音乐放着柔和的音乐，顾客愉快地享受着沐浴，然后轻触床头的触摸开关，选择睡眠模式，走廊的小夜灯亮着，而其他灯随着顾客睡眠则熄灭了。

（5）当顾客愉快地结束住宿，在大堂刷一下会员卡，系统会自动在卡中扣除费用，顾客在账单上签下自己的名字，就可离开酒店。

3. 营销推广

除了印刷传统广告、地推推广、媒体宣传外，智慧酒店在营销推广方式上更显智慧化。酒店通过自己的网站以及在其他网站上打广告，建立了一条自我推广、宣传面广的互联网广告智能渠道。酒店还能够利用大数据分析功能，使用智能搜索向目标顾客进行推荐。比如顾客在选择景点之后，会自动显示附近的酒店，这使得营销的对象更具有针对性。

（二）智慧酒店整体构架

1. 酒店内部管理系统

酒店内部管理系统的核心功能是智能楼宇管理系统所必须实现的集成功能，主要包括以下几部分：先进的集中监控管理功能、最佳的流程自动化管理功能、可靠的全局事件管理功能、高效的信息集成和综合处理功能、先进的集中监控管理功能等。通过统一的图形化人机界面，可以方便地对各集成子系统进行集中监视、控制和管理，对可控设备，如电控锁、摄像机等设备进行控制和调节。对所有信息点的状况进行监测，如开关状态、运行状态等。并定期刷新数据，实时显示于监视器上。随时监视系统各设备的运行状态，发生故障或异常实时报警，如自动执行火灾、安全报警等，自动执行警报发生信息显示和强制画面显示，如弹出该报警点的建筑平面图。设定修改并存储设备的运行参数，如启停次数、运转时间、延迟设置、禁停设置、方向设置等。

该系统可以集成的子系统包括楼宇自控系统、门禁控制系统、防盗报警系统、闭路电视系统、一卡通系统（消费、考勤等）、停车场管理系统、电梯监视系统和消防系统等。

2. 酒店智能化管理系统

智慧酒店管理系统是智慧酒店的主要支撑，包含无线智能酒店系统、订房信息系统以及RFID①（Radio Frequency Identification，射频识别）技术的一卡通系统。此外，还有能源管理系统、资产管理和门禁考勤、视频监控等普遍性的应用，按功能可以分为三大类：

（1）建筑基础设施体系

建筑基础设施体系包括中央空调系统、智能照明控制系统、火灾自动报警及联动控制系统、楼宇自控系统、通信网络系统、计算机网络系统、酒店信息管理系统、综合布线系统、安全防范系统、智能化集成系统、机房工程、UPS（Uninterruptible Power System，不间断电源）电源系统和防雷接地系统等。

（2）服务管理系统

服务管理系统包括客房智能管理控制系统、智能一卡通系统、卫星接收及有线电视系统、VOD（Video on Demand，视频点播）点播系统、公共广播系统、多媒体会议系统、卡拉OK点播系统、多媒体查询系统、远程视频会议系统等子系统。

（3）客房智能管理控制系统

随着我国科学技术的蓬勃发展，酒店客房智能控制的水平反映了现代化高星级酒店的品质。成熟的酒店客房智能管理控制系统不仅能够创造优质高效的工作环境，而且能够给宾客带来满意的个性体验，给酒店带来巨大的经济收益。酒店客房智能控制系统代表着一种科学的管理方式，已为越来越多的酒店管理人士所认同与重视。

客房智能管理控制系统的主要设备有主控制箱、机械式开关面板、服务信息显示面板（请勿打扰、清理房间、请稍后等）。门铃、身份识别型节电开

① 该技术通过无线电波不接触实现快速信息交换和存储，通过无线通信结合数据访问技术，然后连接数据库系统，从而实现非接触式的双向通信。

关、门磁、紧急呼叫按钮开关、红外探测器、请稍后开关、空调控制开关、网络通信器、中继器、各管理计算机等。

（4）酒店一卡通

酒店一卡通采用RFID卡取代传统的现金、票证、纸卡等，用计算机智能管理手段提高使用单位的工作效率和工作质量，适用于宾馆、酒店、俱乐部、会所、商场等各类收费管理。在消费基础上，可作为贵宾卡、会员卡、优惠卡、员工卡等识别证，用同一张卡实现购物、娱乐、考勤、门禁、电话、门锁、借书、签到、停车、桑拿洗浴等多项一卡通管理功能。酒店一卡通采用与景区门票门禁同一技术体系，可以实现通用联网。该系统主要用于：宾客身份识别、宾客消费记账管理、宾客消费历史记录、打折优惠管理、宾客个性化服务管理、酒店安全保卫门锁控制。采用这一系统能够对顾客的服务与管理实现更人性化、个性化的服务。对VIP客人可采用非接触式射频卡，使宾客在不知不觉中享受到严密的安全保卫，可加强对高级客房的保卫工作，没有射频卡的人进入此区域后将受到监控，有利于酒店的安全管理。

（5）卫星、有线电视、VOD点播系统

该类系统主要提供新闻、经济信息、娱乐片供宾客消遣。可以通过卫星接收器提供免费电视节目，利用有线电视对卫星频道进行有效补充。VOD点播系统可将酒店自主录制的视频结合卫星接收系统和有线电视系统，作为有偿服务提供给宾客，增添娱乐服务项目，也增加酒店利润来源。

（6）多媒体商务会议系统

举办各种商务会议及其他大型会议成为现代高档商务型旅游接待场所的重要能力，而且是酒店利润增长的重要动力。按照功能，可将会议厅分为宴会多功能厅和专业多功能厅。会议多功能厅一般选用先进美观、音质优美的声、光、像系统，用来接待多媒体会议、网络电视会议、学术交流、技术培训、新闻发布等会议；宴会多功能厅一般举行重要的餐饮招待会、国际会餐、音乐招待会、鸡尾酒会、婚宴招待等宴会。

（7）中央空调质量监控节能系统

对一般公共建筑中的写字楼、宾馆、商场而言，中央空调的耗电量占总耗电量的40%～60%，是最需要进行节能改造的部分。利用中央空调多个子系统的多个参量调控中央调水系统、流体流量和风机空气流量，节省中央空调主机的能耗和各子系统的电机能量，提高主机效率，降低中央空调系统的整体运行成本，保证中央空调整体系统稳定运行。

（8）智能化综合布线系统

该系统是所有建立在广域网、局域网上的酒店智能化系统的信息通道，是网络系统的高速公路，是整个系统的基础系统，为整个酒店的语音通信、宽带数据、图像联网、酒店管理系统及网站建设提供高质量的传输通道。各系统遵守共用、公用、通用、互通、简洁、可靠、实用、经济的原则。以先进水平的综合布线技术、计算机技术、通信技术和自动化技术为支撑，建立一套统一规划、高度集成的布线系统，为酒店计算机网络系统数据、图像及控制信号提供统一的传输路线、设备接口和高质量传输性能。综合布线系统主要由以下几个子系统组成：工作区子系统、水平子系统、主干线子系统、管理子系统、设备间子系统和建筑群子系统。

3. 酒店营销管理系统

营销工作贯穿酒店运营的始终。智慧酒店时代，一套合理的营销管理系统能够助力酒店获取更多的客源，提高顾客忠诚度。目前的智慧营销系统主要包括预订系统、客户管理系统、收益管理系统与新媒体营销系统。

4. 酒店通信网络管理系统

酒店通信网络管理系统分为计算机网络和语音通信系统。计算机网络通信是酒店系统的重要子系统之一，该系统建立在广域网、局域网上，主要分为两部分：一是酒店预订及连锁经营网站信息系统，用于向酒店管理者提供现代化经营手段，使得酒店经营更为高效、科学；二是酒店内部信息化管理系统，为酒店管理者提供高质量管理手段，如智能办公系统、智能节能系统、智能采购系统、智能人员管理系统、智能物耗管理系统等，使酒店办公、物耗、能耗、人员成本等降到最低，使用效率最高，以创造良好效益。

在网络的安全性方面，酒店内部网络一般都分为多个不同的子系统，各个子网络之间要进行逻辑隔离或者物理隔离。酒店通信网络从使用对象上分为智慧办公网络平台和智慧客房网络平台，各平台与相应功能子系统相连接，如图1-1所示。

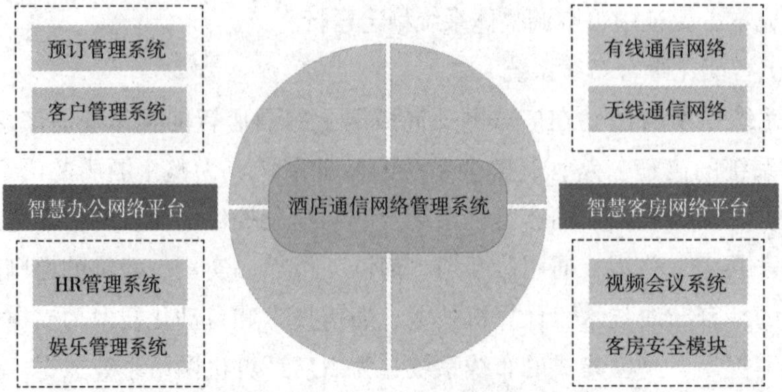

图1-1 智慧酒店系统平台与功能模块

五、智慧酒店的表现形式

智慧酒店的表现形式主要体现在以下四个方面：

（一）智慧酒店设施

酒店智能化的建筑设施设备能为客人提供更为温馨舒适的入住环境，是智慧酒店建设的基本条件，不可或缺。随着智能化水平不断提升，智能建筑越来越安全节能、高效舒适。智慧酒店设施中除了最为基础的智慧客房外，还包括智慧楼宇、照明电器控制、能源管控、可视对讲、互动娱乐等，为客人提供个性化的体验，营造人本化的优越环境①。

（二）智慧酒店营销

智慧营销是以客人为中心，以客户需求为动力选择商业的价值取向，规划设计智慧化的商务模式，实现企业在营销、管理上的智慧转型，发挥可持续的竞争优势。酒店立足于来自云服务、智能终端、移动互联网的大数据挖掘分析，利用信息整合有效开展智慧营销。酒店从业人员创新智能化营销理念，不断拓展智能化营销渠道，注重智能化营销推广，与酒店上下游产业链企业战略合作，提高酒店营销能力，使智慧酒店的产品体验、服务水平、管理效率等方面更具优势，特色鲜明。

① 马卫. 酒店信息智能化[M]. 北京：中国旅游出版社，2018.

（三）智慧酒店服务

智慧酒店的核心竞争力是智慧服务，也就是酒店通过智慧化的技术手段为酒店消费者提供个性化服务体验，满足客人的个性化需求，实现产品的利润增值，使产品价值与服务品质得到极大的提升。

（四）智慧酒店管理

智慧管理是酒店对各类管理需求进行智能处理，提供资源配置、数据整合、信息管控与智能决策的过程。运用智能化的处理技术进行智慧化的管理，最终实现管理水平质的飞跃。

案例分享

如家智慧酒店：O2O最大化线下资源

如家酒店是首旅如家酒店集团旗下品牌之一，是温馨舒适的商旅型连锁酒店品牌，通过标准化、简洁、舒适、便捷的酒店住宿服务，使大众商务以及休闲旅行宾客收获温馨、便捷的住宿体验。

如家酒店是国内商务酒店品牌中规模最大的品牌，在全国300个城市拥有2000多家酒店。如家酒店多年获得“中国金枕头奖”评选中的“中国最佳经济型连锁酒店品牌”殊荣。2014年，如家酒店以4.2亿美元的品牌价值入选中国品牌100强，居酒店行业之首。

2016年4月1日，如家酒店集团与首旅酒店（开曼）完成合并。如家酒店集团已成为首旅酒店的控股子公司。同时，如家酒店集团的美国存托股份（ADS）已停止在纳斯达克进行交易。

1. 物联网+智慧型酒店，用大数据思维服务客户

在智慧型酒店出现之前，运用物联网跨界跨屏连接物理世界与数字世界的思想早已出现，比如背景介绍中提到的IOS 设备将自己设定成一个连接万物的智能终端，无论是Jawbone 、Nike+ 这些可穿戴计算设备，还是基于人工智能的Anki——无论是手表、运动手环、芯片，还是更加智能的电器和新型硬件，都由IOS统一管理。早在几年前，一些科技巨头开始涉足该领域，并致力于运用最新技术给出智慧型酒店系统各种解决方案。

如IBM向酒店行业提交四大创新解决方案，包括：机房集中管理、桌面云、自助入住登记和退房、无线入住登记和融合网络，针对酒店行业从运维、管理、客户服务到客户体验的具体需求，提供一系列解决方案。

如家当前打造的一系列酒店功能都基于这样一种互联思维，向全面的智慧型酒店迈进，如在线自主选房、无纸化自动值房系统和全球酒店业首创的二维码智能门锁，这也体现了如家在移动支付应用方面的野心。当然，这只是互联的第一步，我们可以设想一下未来的如家智慧型酒店：当用户外出前，只需网上录入目的地，在如家酒店网站进行客房预订，通过移动支付预付订金获得房号和二维码门锁钥匙，当用户到达酒店时，直接入住，省去烦琐的入住手续。当用户进入装有全套空气净化设备的“净馨房”，符合当时心境的室内灯光开启，音乐缓缓播放，移动客户端上显示室内的二氧化碳含量；房间内配备立体安防系统，门上配备云智能锁，移动客户端和酒店的安保管理系统关联，一旦遇到紧急情况，按下室内智能按钮，可以及时呼叫帮助。房间每个物品都有特制的标签与房间清洁员的无线射频设备相关联，当清洁车经过房间时会经过感应器得到房间需要换洗物品信息。此外，移动客户端还会记录用户的用电、用水情况，除对节能的房客给予一定奖励之外，由无数位用户沉淀而成的历史数据还可用于改善酒店的节能环保系统。这样一个高度智能和互联的系统目前已经开始在部分如家实践，随着移动互联网、云计算的技术发展，这样一种基于物联网思维的架构将成为智慧型酒店的共有趋势。

2. 线上数字营销&线下终端落地：O2O的另一种互联模式

对于一个在全国300个城市拥有2500家门店、每年超过1亿入住宾客的连锁酒店来说，城市、门店、宾客三个维度的无数节点构成了一个复杂网络系统下错综交织的组织关系，如家面临的问题是如何依托强大的终端网络开展线上数字营销战役，实现商业模式创新，最大化发挥终端力量。

首先如家从组织内部关系网络开始调整。从2014年开始不再设立市场部门，取而代之的是品牌公关部和网络营销创新中心，后者跟销售、促销、渠道、顾客体验更加紧密结合。2014年和唱吧、马蜂窝的合作即是两个部门（品牌公关部、网络营销创新中心）紧密合作的产物。从组织外部连接来看，如家整合全国几千家门店资源，开通微信主官方账号，30天注册粉丝从20万增长到130万。微信的推广采取线上线下的推－拉战术，首先利用线下门店的力量，“拉”动用户关注微信公众号；再利用2014年上半年开展的“心有家，行天下”的营销战役，将品牌信息“推”送到用户当中。

如家对微信的利用思路是首推一个集团号，通过这一个统一的形象建立顾客对如家品牌的信赖，之后再逐步启动子品牌的微信分账号。同时如家也整合微信群功能，优化总部和区域门店群，使城市门店信息层级式和递进式地传递。与此同时，如家开始尝试针对特殊群体的营销计划，如2014年推出的“银发顾客计划”，发放银旅卡让老年人出行享受特殊的优待。作为在中国一到四线城市拥有几千门店资源的酒店来说，银发群体项目的运作表面是对银发群体的一次促销活动，更深层次的，当拥有了众多老年群体会员之后，其配套相关服务也能一并提供，其商业模式可以如顺丰社区店跳出物流框架一样，也超越原有酒店业务范畴，有着无限想象空间。

如家历时多年开发的基于云计算的MAPS企业移动智能管理系统，借助移动互联网技术建成全球领先的酒店业云端O2O系统群，使宾客、内部员工、外部合作伙伴三大价值生态圈落地。

案例来源：知识库注册用户分享，有删改。

第三节　智慧酒店的发展史

一、世界酒店的发展史

世界酒店约始于古罗马时期，其发展进程经历了古代客栈时期、人饭店时期、商业饭店时期、现代酒店时期等阶段。智慧酒店是在现代酒店不断发展的基础上衍生而来。

（一）古代客栈时期（古罗马时期——18世纪初）

为了满足传教士、信徒、外交官吏、信吏和商人等的吃、喝、睡等生存需求，出现了古代客栈。早期的英国客栈是古代客栈时期的典型，是当时人们聚会、交往、交流信息和落脚歇息的地方。最早的客栈设施简陋，仅提供基本的住宿接待功能，无非是一栋大房子，内设几个房间，每个房间里摆了几张床，旅客们往往挤在一起睡，没有更多的服务要求。

到了15世纪，有些客栈已经拥有20到30间客房，有些比较好的客栈设有酒窖、食品室和厨房，为客人提供酒水和食品，还有一些客栈已经开始注重周围环境，房屋前后辟有花园草坪，客栈内有宴会厅和舞厅，开始向多功能方向发展。

总体来说，这个时期的客栈，设施简陋、功能单一，治安也比较混乱。

（二）大饭店时期（18世纪中后期——20世纪初）

随着工业化的进程加快和民众消费水平的提高，为方便贵族度假者和上层公务旅行者的住宿需求，酒店业有了较大的发展。由于火车、轮船的兴起，许多酒店设在铁路沿线附近，当时，美国的酒店异军突起，逐渐发展成为当时世界上最好的酒店。在纽约，1794年建成的首都饭店，内有73套客房，这在当时无疑是颇具规模的。这里要提及酒店领域的伟大人物，他就是瑞士人塞萨尔·里兹，他通过努力，使酒店的服务和管理迈上了新的台阶。

大饭店时期的酒店，具有规模大，设施豪华，服务正规，具有一定的接待仪式，讲究一定规格的礼貌礼仪等特点。它所接待的对象主要是王公贵族、达官显贵、商人、上流社会度假者，接待目的为非营利，常建于城市的铁路沿线。与此同时，由于蒸汽机的出现，商品进一步丰富，交通逐步发达，从而使酒店的地理位置有所变化。

（三）商业饭店时期（20世纪20年代——20世纪50年代初）

20世纪20年代，美国的大中小城市，纷纷通过各种途径集资兴建现代酒店，汽车酒店在美国各地开始涌现。然而，到了20世纪30年代，由于经济大萧条，旅游业面临危机，酒店业亦不可避免地陷入困境，在兴旺时期开业的酒店大部分濒临倒闭，酒店业受到极大的挫折。

商业酒店时期，汽车、火车、飞机等交通工具普及，带动了饭店业快速发展。许多酒店设在城市中心。此外，汽车酒店已经开始出现。这一时期的酒店设施方便、舒适、清洁、安全。服务虽然较为简单，但是已日趋完善，经营方向开始转向以客人为中心。

（四）现代新型饭店时期（20世纪50年代初——至今）

第二次世界大战结束后，由于经济繁荣，人们手中持有一定的可支配收入，加之交通工具十分便利，从而使得人们对酒店的需求剧增，一度处于困境的酒店业又开始复苏。1950年后开始出现世界范围的经济发展和人口增长，工业化的进一步发展增加了人民大众的可支配收入，为外出旅游和享受饭店、餐馆服务创造了条件。

20世纪50年代末60年代初，旅游业和商务的发展趋势对传统饭店越来越不利，许多新型饭店大批出现。现代新型饭店时期，饭店面向大众旅游市场，许多饭店设在城市中心和旅游胜地，大型汽车饭店设在公路边和机场附近。这个时期，饭店的规模不断扩大，类型多样化，开发了各种类型的住宿设施，服务向综合性发展，饭店不但提供食、住服务，而且还提供旅游、通信、商务、康乐、购物等多种服务，力求尽善尽美。饭店集团开始占据着越来越大的市场。目前世界酒店业的发展和运作仍处于这一时期。

随着互联网、移动互联网的快速发展，云计算、物联网、大数据、人工智能等概念逐渐进入大众视野，在这些技术的助力下，智慧旅游得到快速发展，进而促使智慧酒店的生成与发展。

二、世界智慧酒店源起

智慧酒店的出现基于信息化技术的发展。对智慧酒店的研究最早起源于对智能建筑的研究。纵观全球，对智能建筑的研究始于20世纪70年代末，当时美国最早提出了智能大厦的概念。随着网络技术、信息通信技术、计算机技术的不断发展，智慧大厦的概念变为现实。美国建筑学会将建筑物的物理结构、组织系统、智能服务和智慧化管理这四项要素优化组合，从而为住户提供节能、高效、低耗、经济的入住环境。日本和欧洲紧随其后，相继提出了智能建筑、智能楼宇的概念。日本在 1984 年第一次引进了智慧建筑的概念，同时也是智能建筑领域提出综合研究理论与实践的最具代表性的国家之一。此外，印度于1995年开始建设位于加尔各答盐湖的“智能城”项目。随着数字化水平的不断提高，智能建筑越来越高效、节能、舒适，智能建筑的发展如日中天。智能建筑一般具备楼宇设备自控系统（BAS）、办公自动化系统（OAS）、通信网络系统（CAS）。

国外智慧酒店对新一代信息技术的应用比较成熟，相关技术、项目开发和实践应用较早，其中美国、韩国、新加坡等国家发展较快。具体情况如下：

（一）美国

美国对智慧酒店的应用可以追溯到2006年宾夕法尼亚州的科波诺山度假区引入“射频识别手腕带”系统。2009年位于美国拉斯维加斯的拉斯维加斯城市中心酒店（City Center Lasvegas Hotel）落成，该酒店应用了智慧系统将客人的个人偏好设定为程序模式，提升住宿体验。当客人来到房间时智能系统自动开启灯光和窗帘，室内环境调节至舒适模式。美国一家绿色酒店还实现了统计客人水、电使用量，与平均消费量相比，对客人节约的部分给予现金返还，提高了客人节约能耗的意识。出于身体健康状况的要求，部分客人对酒店环境要求非常高，美高梅酒店特别设置了42间健康房间，房间设施配备了无菌涂层，喷淋水中还注入了维生素。

（二）韩国

韩国LG CNS在2012年7月推出“智能绿色平台”计划，该项目在酒店的应用体现在Skypark Central酒店。客人入住拿到的不再是房间钥匙，而是一种特殊的智能手机，把它放到客房门的传感器上USIM芯片就会被识别，门就会打开。此外，智能手机里设有专用的APP，可以调节室内温度和灯光，发起客房服务等。即使外出离开酒店，客人也可以通过手机调节房间温度、关灯等。

（三）新加坡

新加坡致力于打造一个信息化技术无处不在的智能国家。在“智慧国2015计划”中提出了“一站式注册登记服务”，运用生物身份识别技术（人脸识别、虹膜识别等）、智能手机、无线射频识别等新型信息技术对用户身份进行识别，这种识别技术具有唯一性，相比传统的识别更加方便、安全，为商务人士免去了烦琐的注册登记手续。

（四）法国与加拿大

法国的智慧化酒店Murano Resort，每个房间的门锁都配有指纹扫描，所以忘了带房卡的客人也可以通过个人指纹认证进入房间。房间的灯光系统都是智能控制，客人可以根据个人喜好调节灯光色彩。

加拿大多伦多The Hazelton Hotel酒店为每位员工配备了Vocera通信系统，

通过随身佩戴的加载了该系统的胸卡，员工能够及时恰当地为客人送上服务，也能通过系统快速找到需要对接的同事满足客人的需求。

三、国内智慧酒店源起

我国的智慧酒店由何缘起，要先从旅游讲起。旅游是人类的一种行为方式，是兼具劳作与休闲双重性质的人类非迁居性的旅行活动。随着我国人均国民经济收入的稳步提高，旅游活动已经融入人们的日常生活。目前，旅游活动成为人们日常生活不可或缺的一部分，旅游目的地的选择已不仅仅局限于国内，出境旅游已广泛步入寻常百姓家。2018年我国全年旅游总收入约5.97万亿元，同比增长10.5%。旅游业在国民经济体系中占有重要的地位，成为拉动经济发展的重要动力。

我国旅游业在促进区域经济进步、增进文化交流、提升国民生活幸福感的同时，也存在着因经济资源禀赋先天不均衡造成的区域经济发展不均衡。有的地方发展经济单纯依赖旅游业，存在追求短期经济效益的现象，不仅带来诸多的负面问题，而且使旅游者的权益受到侵害，旅游目的地形象遭到破坏。研究显示，中国旅游业面临的突出问题是：产业结构待优化；散客市场的服务质量待提升；需更加重视旅游安全问题。旅游业如何破解上述问题呢？通过政府倡导的“互联网+”行动计划，改造旅游业这个传统产业，提高旅游业整体产品竞争力和服务质量，进行智慧旅游建设。

智慧地球理念，引发人们对城市建设和旅游发展的思考，进而提出了智慧旅游概念。智慧旅游是智慧城市在旅游城市和城市旅游两大领域的推广应用。在智慧旅游方面，国外率先发起。美国2006年就在宾夕法尼亚州Pocono山脉的度假区引入RFID手腕带系统，开始智慧旅游的尝试。游客佩戴RFID手腕带后不用携带任何现金和钥匙就可以在活动区内打开自己的房间门、购买食物和纪念品、从事收费的游戏活动等，同时这个手腕带也是游客的身份证明。欧洲正在全面应用远程信息处理技术，计划在全欧洲建立专门的交通无线数据通信网，通过智慧的交通网络实现交通管理、导航和电子收费等功能，重点包括：旅行信息系统（ATIS）、车辆控制系统（AVCS）、商业车辆运行系统（ACVO）、不停车收费系统（ETC）等。韩国首尔基于智能手机平台，开发了“I Tour Seoul”应用服务系统，该系统是首尔市专为首尔的旅游者提供的掌上移动旅游信息服务平台。通过该平台，旅游者可实时获得其当前所在位置周边的各种相关旅游信息，如：旅游景点、餐厅、酒店信息，而且还提供了从当前位置利用公交、私家车、步行方式前往的方法。该平台还提供五种语言的服务，对于不懂韩文或首尔地理的国外旅游者来说，非常便利。

尽管我国许多地方已在尝试进行智慧旅游的建设，但由于处于起步阶段，遇到的困难较多。最初智慧旅游建设遇到的问题：一是没有标准的定义；二是没有成功案例。裴盈盈（2012年）等提出：打造智慧旅游中央管理平台；构建智慧交通信息管理系统：建设智慧酒店；完善智慧景区。[①]因此，部分学者认为，其历史发展脉络应该是智慧地球—智慧城市—智慧旅游—智慧酒店。

四、国内智慧酒店的发展现状

我国酒店行业从1990–2000年经历豪华酒店、中高端星级酒店、经济型连锁酒店的金字塔结构稳定发展阶段，到中产阶级崛起、政策红利释放的行业"黄金十年"（2001–2011年），再到2013年开始，行业整体成本上行、同质化竞争加剧，行业进入微利阶段；2016年开始，随着酒店品牌优势、文化优势、精细化定位和科技赋能、经营模式百花齐放的新阶段，如今共享住宿、智慧酒店为酒店行业增添了新元素。[②]为了响应智慧城市、智慧旅游的建设与发展，国家在政策层面给予智慧酒店诸多支持。国内智慧酒店的发展历程如表1–2所示。

表1–2 国内智慧酒店发展历程

序号	时间	内 容
1	1999年	微软在中国推出"电视上网"是中国智能家居的开端 海尔推出第一代网络家电
2	2001年	国内科研机构和公司开始研发智能安防控制系统和产品
3	2006年	酒店智能电视系统开始被业内采用
4	2009–2012年	智慧酒店在国内逐步进入初期推广阶段
5	2013年	国家旅游局（现文化与旅游部）发布《饭店智能化建设与服务指南》

① 裴盈盈，袁国宏. 智慧旅游分析[J]. 当代经济，2012(10): 46–47.
② 前瞻产业研究院发布《2019年中国酒店行业发展前景与投资战略规划分报告》。

续表

序号	时间	内　容
6	2014年至今	行业标准体系、服务规范仍需要进一步明确

数据来源：北京易观智库网络科技有限公司,《中国“互联网+酒店”专题研究报告2015》。

早在2011年国家旅游局提出“十二五”期间旅游信息化工作重点是大力发展智慧旅游。随后全国多个省市逐步启动智慧旅游项目，陆续开展智慧旅游建设工作。随着智慧旅游的兴起与发展，智慧酒店的概念被提出，2014年智慧酒店联盟成立。在产业实践领域，越来越多的酒店也愿意接受新的管理理念与经营理念，应用智能系统迎接信息化时代酒店业的变革。

（一）中国首家智慧酒店

2009年6月杭州黄龙饭店与IBM合作以全方位的酒店管理系统与RFID等智能体系启动了中国首家智慧酒店建设。建成后的黄龙饭店为客户提供了超乎想象的世界领先的智能化入住体验。酒店为VIP客人提供远程登记服务，不仅节约时间，还可以使客人享受高度的隐私，提高服务品质。酒店还设置了楼层智能指示系统指引客人从电梯到其房间。客房里的智能温控系统可按照客人的喜好设置房间环境，客人可以根据工作或休息的需要选择不同的模式调节房间温度和湿度。智能电话系统可甄别客人的母语作为默认语言。当门铃响起时，访客图像将自动跳转到电视屏幕上，方便客人决定以什么形象去开门。

（二）香港奕居酒店

在香港奕居酒店，工作人员可以在酒店的任何角落通过特定的笔记本电脑为客人办理电子化入住登记。当客人办理退房手续时，可以通过客房内的电视进行，账单和资料可以发送到客人的电子邮箱，最大限度地简化了手续并实现无纸化办公。为了减少“碳足迹”，酒店使用混能动力环保房车，车内备有免费Wi-Fi，客人能够随时办公或娱乐。

（三）河南省推广智慧酒店项目

2014年2月河南省旅游局下发通知，决定正式试点推广河南智慧酒店项目，将引进并安排投入资金不低于5000万元，对全省约50家四星级以上旅游星级饭店进行智慧化改造。河南智慧酒店项目系统是集酒店服务、资讯信息、一体化无线覆盖、智能化控制和休闲娱乐于一身的信息化智能平台，系统充分利用现代网络技术和移动应用相结合，为酒店管理提供有效的信息技术手段。

然而，当前不少酒店对智慧酒店的概念依然模糊，甚至停留于装修和设备升级层面；试图通过简单复制、盲目跟从实现转型，建设水平参差不齐；服务和管理过度化而忽视客户隐私。在人脸识别、指纹识别等技术引入方面，还涉及到与公安部门的协同。

智慧酒店新局面已经开启，云端智慧解决方案和技术供应商为酒店行业带来了新的想象空间，但如何让酒店真正变得智慧尚需更多探索。总体来说，智慧酒店突破传统走向终端智能化，是酒店行业未来获得竞争优势的新动力。

拓展阅读

智慧酒店需要解决的几大问题

随着市场的升级与在线平台带来的冲击，酒店行业面临的竞争越来越激烈。传统的经营方式已经无法适应市场的需求，只有快速响应市场、积极转型，才能在多面夹击的竞争环境中占据一席之地。为此，小猪CMS[①]推出互联网+智慧连锁酒店，为酒店行业提供专业、全面的行业解决方案。

一、智慧酒店解决的六大问题

1. 拉新拓客营销：通过员工拓客和全民拓客功能，实行红包返佣激励，解决生意差、顾客少问题。

2. 复购率暴涨：大数据分析顾客基本信息、消费能力、消费偏好等数据，然后做全方位精准的二次营销。

3. 提升管理效率：预订、入住办理、退房、退还押金实现电子化操作，减少工作人员工作量和顾客排队等待时间。

4. 多连锁支持：支持多连锁店酒店，业务体系、会员体系和财务体系统一，权限控制完善细致。

① PigCms（又称小猪CMS）是一个基于php+mysql的多用户微信营销源码程序，由合肥彼岸互联信息技术有限公司开发，是国内使用用户多、功能强大、性能稳定的多用户微信营销系统平台源码。

5. 摆脱OTA，提升利润：通过自有的营销、预订、拓客平台，摆脱对传统OTA的依赖，提升酒店盈利空间。

6. 顾客体验好：预订与老顾客入住办理可免登记、退房微信预约、微信退押金等功能可以极大地减少顾客排队时间。

二、面向酒店的特色功能

1. LBS在线看房及预订：手机上直接查看预订的房间，客人可以选择离自己最近的连锁酒店。

2. 免登记入住：对于老会员顾客可以免登记，减少等待排队时间。

3. 每日房价与库存管理：房价可以根据节假日及周期进行特殊设置，房间库存一目了然。

4. 多连锁多门店：统一的业务体系、会员体系和财务体系，以及完善细致的权限控制，适合将该系统部署于连锁酒店。

5. 店内购物：可以建立店内在线商城，销售纪念品、小食品、生活用品等，提高宾客体验和酒店的服务效率。

6. 微信呼叫服务：通过手机即可直接呼叫服务，可以将线下流量进行线上转化并进而促进会员转化。

7. 餐饮功能：对于有餐饮服务的酒店，可以实现微信预约等餐饮行业所有功能。

8. 预约退房：通过微信进行退房预约，提前完成退房检查，节省顾客时间。

9. 线上押金退还：工作人员通过在终端上点击退还押金功能栏，即可完成押金(微信或支付宝)的退还，减少人为错误，提升效率。

10. 拓客营销：通过员工拓客和全民拓客功能，实行红包返佣激励，解决生意差、顾客少问题。

11. 服务打赏评价：通过顾客对服务和酒店的评价可以收到反馈信息，酒店对出现的问题及时纠错。

12. 用户画像与二次营销：通过大数据分析顾客基本信息、消费能力、消费偏好等数据，然后做全方位精准的二次营销。

三、线上场景化精准深度营销及促销方案

（一）传统营销应用弊端

1. 互动性极差：模式太过传统，活动千篇一律，趣味性差，粉丝对活动缺乏新鲜感，完全受利益驱动。

2. 深度及黏性差：粉丝仅因为奖品而参与，对于活动主题甚至完全不知晓，领完奖就走，停留时间短，失去营销意义。

3. 取消关注率高：因活动形式交互差、没兴趣点，导致粉丝拿奖后就取消关注，会员转化率低。

4. 性价比极低：利益驱动化增粉，领奖后取消关注率高，会员转化率低，营销效果差，导致营销性价比极低。

（二）小猪CMS抽奖营销应用

集字游戏、摇钱树、摇一摇抽奖、幸运大转盘、九宫格、优惠券、水果机、砸金蛋、拆礼盒、微信红包、游戏抽奖等，小猪CMS的抽奖营销形式多样。

（三）促销工具

1. 微信商城：完善的移动电商体系，支持微信支付、支付宝支付、银联支付等各种支付方式。

2. 拼团团购：可以设定阶梯式价格，根据参与人数设定不同的折扣优惠，通过这种方式引导买家不断传播商品。

3. 微砍价：商品制定一个最低价格，粉丝在微信里分享一次可以获取一次降价优惠，可以限制分享多少次才能砍到最低价。

4. 秒杀：设置抢购时间，如想提前获得优惠，需要邀请朋友帮忙把抢购时间提前，通过活动的传播来带动粉丝的增加。

5. 一元夺宝：只要出一块钱，就可把商品带回家。可以将某一件商品以一元为单位分成若干等份出售，粉丝参加一元夺宝。

6. 众筹：把产品变成好玩的项目，发起一个微众筹，邀请粉丝们一起玩。基于朋友圈强关系，从而吸引更多人的参与。

7. 降价拍：竞价由高到低拍卖，库存随时间逐渐变少，库存有限，所以库存与时间产生的紧迫感会促使买家尽快下单。

8. 电商分销：面向微信、微博和QQ空间三大社交平台的移动分销解决方案。

（四）小猪CMS电商应用特性

好玩、交互性强：通过各种功能设计、音效、H5交互，提高购物互动体验。

传播度高：设置各种规则让产品在社交平台爆炸式传播。

超强吸粉：顾客粉丝自发传播，能吸引更多的潜在顾客。

营销性价比高：强交互性提高了营销效果，高传播度获取了更多顾客。

四、线下流量及会员转化

（一）线下流量转化，融合线上数据

每个进店的顾客基本上都是潜在会员，要想尽办法把进店顾客转化为会员。

（二）全面的会员转化工具

以微信卡包为入口的电子化优惠券成本低廉，传播度高，具有超强的社交化属性，能数倍提升粉丝顾客转化率。

（三）线下物料在线生成

类型：微信支付、支付宝支付、优惠券和会员卡领取发放等各种物料；

形态：台卡、门贴、挂件、店员二维码徽章等；

特性：拖拽可视化制作，无需专业人员，商户logo、代理商logo、背景图、二维码都可以自定义创作。

（四）全方位的优惠券投放渠道

线下渠道：多门店、店内易拉宝、员工标牌、餐桌台卡、传统媒体（比如报纸、杂志、电视台）等。

（五）灵活快捷的优惠券、会员卡核销识别

核销方式：手机端APP核销、扫码枪核销、盒子核销、智慧POS核销；

特性：核销过程与收银相结合，与会员积分体系相结合。

（六）翔实直观的会员转化与卡券投放监测统计体系

此体系可辅助店铺建立选择投放渠道、多渠道物料生成、物料投放并监控效果、改进渠道投放策略。

五、拓客拉新营销解决生意不好难题

（一）店员拓客介绍

店员＝营销渠道＋顾客拉新维护纽带。顾客可以通过扫描店员的二维码徽章办会员卡、领取优惠券、支付、办理业务、打赏店员。

（二）店员拓客对商家的改变

商家可以根据店员拉新的数量、派发优惠券的数量对店员进行绩效考核，甚至还可以根据顾客的消费额对店员进行奖励。

使用店员拓客的优势：线下流量转化，粉丝增加，顾客增加；提高了员工的积极性和工作效率；顾客与商家黏性增加，消费频次提高。

（三）全民分销拓客

需要进店才能完成交易的行业和低频行业如何进行分销？通过会员卡和优惠券的分享来确定顾客之间的上下级分销关系，在下级顾客通过领取的优惠券进行买单或者核销的时候，系统自动识别分享码，这样就与介绍人建立上下级关系。

六、CRM：大数据用户画像，提升顾客复购率

用户基本信息及标签分组；用户设备网络；用户等级；消费偏好；用户行为；消费能力；二次营销增加复购率。

七、面向连锁型酒店，提升管理效率和员工积极性

1. 多门店线上线下数据融合：实现多门店线上线下业务数据、财务数据、会员数据融合统一，提高管理效率。

2. 精细统一的门店数字化体系：从总部、各连锁店负责人到各个店的工作人员，都有对应的功能支持，权限控制精细，各门店会员营销体系统一高效，各门店经营数据及流量数据直观呈现，通过店员拓客、店员导购、评价反馈等功能提高店员工作积极性。

3. 以会员为中心的线上线下营销闭环：线上线下营销活动均以会员为中心。线上流量引导会员进店消费，店内线下流量通过各种方式进行会员转化，以便后续进行二次营销，提高复购率。各门店通过线上线下的联动营销，实现“会员转化－成交－二次营销－复购”的运营闭环。

八、全通道融合线上线下的收银财务方案

1. 多门店多收银员体系，能融合线上线下财务数据。

2. 全通道收银体系：支持微信支付、支付宝、银联刷卡、nfc、Applepay、闪付等。

3. 零开发对接原有业务系统：零开发就可以和原有业务或者收银系统对接，让传统收银设备实现微信支付和支付宝支付功能，打通支付体系。

4. 无硬件收银：不用任何硬件，通过小猪CMS研发的双平台原生APP，拿手机就可以当pos机使用微信支付、支付宝收款功能。

5. 渠道管理统计功能：统计某个设备的收银量、统计二维码的支付量等。

九、全面的功能体系

小猪CMS智慧连锁酒店，支持多连锁、多门店，预订、入住办理、退

房、退还押金等环节的完全电子化操作，减少工作人员工作量和顾客排队等待时间。同时，通过酒店自有的营销、预订、拓客平台，帮助酒店摆脱对传统OTA的依赖，提升酒店盈利空间。

案例来源：智慧店铺网，小猪CMS互联网+智慧连锁酒店，http://www.pigcms.com/kaquan/jiudian/

第四节　智慧酒店建设的关键因素

随着中国经济的快速增长，旅游业日益受到高度重视，在供给推动、需求拉动的共同作用下，发展前景持续向好，酒店产业亦是如此。特别是近些年来我国经济国际化程度不断提高，更使得酒店产业急速扩张，投资过热的现象已初现端倪。相比发达国家的酒店业，我国仍处于管理粗放的传统模式。尽管酒店业规模扩张仍然是许多国家和地区，尤其是新兴市场的主要特征，但从全球来看，酒店业的产业结构调整和升级已势在必行。

智慧旅游建设，是国家旅游局（现文化与旅游部）在“十八大”精神指导下，促进旅游业经济发展和服务质量提升的一项重要举措。作为智慧旅游的一部分，智慧酒店的建设，是中国酒店业产业结构调整、升级的重大契机和必然选择。目前，国内智慧酒店建设开展得如火如荼，其中也暴露出很多问题。智慧酒店建设究竟应该如何进行？我们提出如下建议：

（一）规划先行，有序推进

智慧酒店的建设是一项长期而艰巨的系统工程，它涉及的不仅是技术问题，更是管理问题；不是短期建设问题，更是长期运营问题。在智慧酒店建设过程中，由于建设定位、目标、任务的偏差，对投入的长期性认识不足，酒店信息化基础薄弱，以及信息技术人才缺乏等，出现了很多严重的问题，例如：

（1）整体建设方案设计错位，导致各个系统不能匹配工作，智慧酒店整体价值大打折扣；

（2）运营成本估计过低，项目建成后短期内有一定效果，但系统长期运营需大量资金维护，给酒店造成很大财务负担。

因此，在智慧酒店建设中，总体规划包括建设与运营方案、分步实施方案显得尤为重要。有些系统对于酒店经营非常重要，但开发及运营维护成本巨大，可以由政府牵头，联合目的地多家酒店共同投资建设。有些系统的受益者还包括了其他类型的企业，可以采取外包建设、外包运营的模式。一些资金投入较大而投资回收不明显，但是具有长远经济效益和社会价值的系统，公司是不愿意投入的，这类项目需要政府来投资，或者政府引导、政府和企业共同投资。在智慧酒店建设过程中应积极引入国内外先进的经营理念和建设运营模式，鼓励多方参与，多采用外包建设和外包运营的模式。

智慧酒店总体投资大，建设周期长，如果没有科学合理的规划，不分先后顺序，盲目建设，不仅造成资金浪费，还达不到预期效果。总体规划则会统筹考虑系统的功能、实际需求、资金投入、投资模式、建设和运营模式、投资回收周期等，然后根据这些来规划系统建设的顺序，制定分步实施方案。

（二）统一标准，系统开发

很多酒店在信息化建设的过程中，往往是付出了高昂的代价却效果不尽如人意。原因有很多，例如：技术供应商和酒店没有利益上的一致性，技术功能与酒店需求错位；酒店各信息化系统的开发没有顶层设计，技术标准不统一，无法进行信息交流共享，最终形成信息孤岛；各信息化系统在开发时没有顶层设计，不同系统中包含相同的功能或模块，导致重复建设。

现代酒店管理流程，正经历着从传统的资金流导向，到高速信息流和服务流导向的转变，酒店内部系统的资源整合、统一规划对于酒店的发展至关重要。可以想象，如果酒店的电子商务系统、财务管理系统、房间管理系统的信息流动出现阻碍，对于酒店的管理来说无异于巨大的灾难。酒店的经营不应是孤立的，而是应与目的地营销紧密结合，将酒店的营销管理纳入到目的地统一营销平台，这也需要酒店的信息系统和外部进行信息交流。

因而在智慧酒店建过程中，实行行业认证管理，制定统一的智慧酒店标准规范，统一对智慧酒店内涵的理解，规范IT公司在智慧酒店和酒店信息化中的技术开发，因地制宜、结合实际，做好智慧酒店的顶层设计工作，进行统筹规划、系统布局，应当成为各地方政府和旅游管理机构开展智慧酒店建设的首要任务。

（三）转变观念，创新发展

智慧酒店建设作为酒店业产业结构调整和升级的重要手段，酒店要转变观念，以绿色环保为核心，围绕节能减排和环境优化进行谋划建设，以可持续发展为出发点和归宿点，创新、发展酒店的经营管理模式，再造酒店业务流程。

绿色环保的智慧酒店，不仅符合时代主题和社会需要，也是酒店自身经营管理所必需的。智慧酒店的绿色环保主要体现在以下几个方面：酒店ERP系统、OA系统、酒店中央预订系统、自助登记/入住系统、客房自助服务系统、智能点餐系统等，实现了酒店的无纸化办公；能源运行监测与控制系统，实时动态的监测、分析并精确控制酒店电力、燃气、热水、暖气等能源系统的运行，减少酒店能源的无谓消耗；采用节能型设备，降低能耗，例如采用LED照明系统，可以比一般灯具降低能耗60%。

智慧酒店的推广，既可以实现资源集约、低碳环保，也可以降低酒店的经营成本，提高酒店的经济效益，促进经济、社会、生态和文化价值的综合提升，是酒店业可持续发展的必要之路。

拓展阅读

酒店杰出人物塞萨尔·里兹

塞萨尔·里兹出生在瑞士的一个山村，16岁时，他到附近的一家旅馆餐厅打工，几个月以后，他被解雇了。老板对他说："干旅店这一行，得有一种天赋，一种与生俱来的能耐。在你身上，我却一点儿也找不到。"

倔强的里兹到另外一个旅馆去做工，没有多久再次被辞退了。一年以后，他到了巴黎，先后在两家旅馆打工，又被辞退。"莫非我真的不适合旅馆工作？"里兹自己也产生了怀疑。他来到了梅德雷因附近的一家小饭店，决定挣够旅费就回家。

在这里，他的命运发生了转机。他的事业从他的第五份工作起步。他从一个打杂的升为服务员，最后升为经理。因为他工作热情主动，总是提出很多有创意的点子。

1874年，里兹来到坐落在阿尔卑斯山下的里奇库伦大饭店做经理，在这里，他遇到了他在饭店经营史上最严重的一次危机。有一天，供暖设备发生故障，餐厅里的温度下降到零度。几乎是同时，传来一个消息：40位美国大亨要来这儿用餐。里兹下令把餐桌摆到客厅里。客厅有红色的窗帘，看上去暖和一些。他在炉灶里烧上40块红砖，把一直是用来放棕榈树的四个大铜盆倒满酒精，烧得烈火熊熊。当宾客们到来的时候，屋子里已经相当暖和，每位客人的脚下，都放着一块用法兰绒裹着的热砖头。端上来的食品是冬季最受欢迎的佳肴，第一道是热气腾腾的清炖肉汤，最后一道是火烧白兰地油煎饼。40位客人吃得身内身外无一处不温暖，对这位年轻的经理赞不绝口。

瑞士卢塞恩的一家大饭店因为经营不善，处于每况愈下的赔钱境地，里兹受聘担任总经理后，把长期以来只停留在头脑中的饭店管理理论付诸实施。他认为，为了能使顾客高兴，没有什么小事不屑一做，也没有什么大事不敢去做，只花了两年时间，这位27岁的瑞士农民创下了奇迹，饭店转亏为盈了。

1898年，里兹回到巴黎，他在旺多姆广场上开设了一家在里兹所有饭店中最大的饭店。他希望在这里就餐的人，能在饭店一边聊天一边喝着茶或咖啡，所以在饭店附带的花园中他设置了一应俱全的桌椅。他摒弃了在墙上装裱墙纸的老式做法，用油漆漆墙。在此之前，所有大饭店的房间都不设浴盆，里兹在卧室里安装了私用浴盆。

在里兹饭店，里兹还规定了服务员的服饰：男服务员佩戴白色领带，服务部领班佩戴黑色领带，侍者佩戴铜纽扣。以后，这也成为一些饭店的传统服饰。

里兹生活的时代，女性开始从家庭走向社会。里兹初到伦敦时，还没有一个大家闺秀敢于公开出入餐厅。里兹登门拜访一些贵妇人，说服她们到萨伏依、卡尔登、克拉里奇或者里兹（所有这些饭店都曾为里兹所有或经营过）饭店用餐，慢慢地，女士上高档饭店就餐逐渐成为一种时髦的社会风气。

在经营上，里兹尽力为用餐的女宾提供最好的条件，采用柔和的灯光，使她们看上去容光焕发，使她们的服饰显得光彩夺目。

他为宴会安排了席间音乐，这是饭店业中的首创。

对于饭店常客的个人资料包括身高、爱好、生活习俗，里兹心中都记着一本账，而且他还要求他的服务员们也做到这一点。当服务员没能向顾客提供准确的一次到位的服务时，他认为这不是客人的苛求，而是服务员的素质问题。他对服务员的要求是："顾客永远是对的。"这句话由他最早提出，而成为通用于服务业乃至整个商业领域的普遍原则。

“人们喜欢有人服侍”，里兹经常这样说，“但是要不露痕迹”。他把他的服务方法归纳为四点：看在眼里而不形于色，听在心中而不流于言表，服务周到而不卑躬屈膝，先意承志而不妄作主张。

塞萨尔·里兹的一生，是一个服务天才的成长史。里兹的文化程度充其量只是懂得一些简单的加减乘除，但他改变了世界酒店业发展的历史，他使酒店经营成为一门艺术。

第二章

酒店管理信息系统

【导言】

智慧酒店的核心是拥有一套完善的智能化信息管理系统，依靠先进的科学技术手段，通过对客史资源等数据的分析和挖掘，创造服务优势，提高酒店科学管理水平。可以说，信息化让酒店更“智慧”。根据迈点网发布的《2014 年酒店业新技术应用需求调查报告》显示，41%的酒店认为现代智能化信息系统是智慧酒店建设与发展的核心内容。因此，本书介绍智慧酒店的相关知识，必会着重阐述酒店信息化的内容。酒店信息化管理系统起步于20世纪70年代初，美国的加州电子工程公司（Electronic Engineering Co., EECO）率先研制并推出计算机酒店管理系统（Property Management System, PMS），主要应用于预订、排房、结账、客房、餐厅、市场分析等业务管理，该软件于1970年最早安装于夏威夷WAIKIKI的喜来登饭店（SHERATON HOTEL）。国内的酒店计算机管理系统最早是20世纪80年代初开始研发的，到了80年代中后期主要是国外系统的引进，到90年代初期形成了几个较为成熟的软件系统，同时产生了许多开发酒店计算机管理系统的公司。进入21世纪后，随着信息技术的飞速发展，世界经济进入了以信息技术为主的新经济时代，酒店计算机系统发展到了一个新的时期，新的系统平台、新的软件功能、新的系统特点及新的发展方向不断涌现。本章主要介绍酒店信息化的发展历程、酒店管理信息系统的概况等知识点。

【学习目标】

- 掌握信息与信息化的概念，了解酒店信息化发展历程与趋势。
- 掌握酒店管理信息系统的概念并了解其功能、发展趋势。

第一节　酒店信息化

21世纪是信息化的世纪，信息在任何行业都具有举足轻重的作用，可以说谁占有了信息谁就拥有了成功的一半。对于酒店来说，最有效的方式之一就是应用信息化技术，变革传统意义上的酒店业竞争方式和经营管理模式，进而赢得新竞争优势。据美国酒店及旅游业财务与科技专业人员协会（HFTP）的调查报告显示，先进的信息化技术已经成为今日酒店及旅游业获得新竞争优势的重要工具。

一、信息与信息技术

信息，指音讯、消息、通信系统传输和处理的对象，泛指人类社会传播的一切内容。信息是企业管理的基础，信息是以数据形式来表示的，是加载在数据之上，经过一定的处理和加工，对数据具体含义的一种解释。数据是对客观存在的直接反映，数据可能是无价值的，但信息则是有价值的数据，而且往往是经过加工的数据。

信息技术（Information Technology，缩写IT），是主要用于管理和处理信息所采用的各种技术的总称。它主要是应用计算机科学和通信技术来设计、开发、安装和实施信息系统及应用软件。它也常被称为信息和通信技术（Information and Communications Technology，ICT）。主要包括传感技术、计算机与智能技术、通信技术和控制技术。

随着信息化在全球的快速进展，世界对信息的需求快速增长，信息产品和信息服务对于各个国家、地区、企业、单位、家庭、个人都不可缺少。信息技术已成为支撑当今经济活动和社会生活的基石。在这种情况下，信息产业成为世界各国，特别是发达国家竞相投资、重点发展的战略性产业部门。

在旅游行业，信息技术是旅游信息化管理、信息化服务和开展旅游电子商务的主要技术，酒店信息管理系统是信息技术在酒店行业中的具体应用。可以说，信息技术的应用能力已经成为衡量一个酒店管理水平和创新能力的重要衡量指标。

拓展阅读

“信息化”的概念起源于20世纪60年代的日本，是由一位日本学者首先提出来的，而后被译成英文传播到西方，西方社会普遍使用“信息社会”和“信息化”的概念是从70年代后期才开始的。

1997年召开的首届全国信息化工作会议，对信息化和国家信息化定义为：信息化是指培育、发展以智能化工具为代表的新生产力并使之造福于社会的历史过程。国家信息化就是在国家统一规划和组织下，在农业、工业、科学技术、国防及社会生活各个方面应用现代信息技术，深入开发广泛利用信息资源，加速实现国家现代化进程。

二、信息化与智能化

1. 酒店信息化

酒店信息化是应用信息技术和产品的一个过程，实现酒店由局部向全局、战术向战略应用信息技术的动态转变。酒店信息化是运用信息技术手段对数据、信息进行有效采集，传播与挖掘，从而实现酒店业务流程再造与优化管理。酒店信息化是实现酒店经营与管理模式创新的手段，从而实现酒店内外部信息的有效共享和合理利用，完成酒店经营活动过程中各种知识的挖掘、积累与传承，提高酒店的经济效益与社会效益。酒店信息化不仅需要酒店服务与管理流程的创新优化，还需要员工服务与管理理念的创新以及管理团队的重组与管理策略的创新。

酒店信息化是一项系统工程，需要梳理酒店的信息流，从理念、行为、产品、技术手段四个方面，实现酒店管理团队与员工理念的信息化、酒店服务操作与组织管理的信息化、酒店服务与管理手段的信息化和酒店服务产品设计与应用的信息化。

信息时代的高速发展，酒店信息化建设已然成为大趋势，但建设过程也应处理好引进、消化、吸收与创新的关系，最终实现自主创新、业务流程创新、管理创新与理念创新融为一体，加强建设实效，遵循实用和先进原则，循序渐进，注重可持续发展，挑选开放性、弹性适应、安全可靠的方案以实现经济与社会效益的最大化。

2. 酒店智能化

酒店智能化是基于“客房信息化”的创新思想，是互联网时代下的产物，也是酒店对产品革新换代、提升传播力的有效途径。酒店智能化给酒店带来的好处是帮助酒店提升客人的入住体验，为酒店增添服务特色，提升服务管理水平，提高形象档次。

酒店智能化是为了满足客人日益多样化、个性化的需求，针对酒店行业的特点而打造的一项系统工程。酒店智能化是以建筑设备监控技术、通信新技术、计算机信息处理、宽带交互式多媒体网络技术为核心的信息网络系统，是为了给消费者提供舒适、安全、高效的环境以及周到、便捷、称心的服务，满足消费者“个性化服务、信息化服务”需要，是21世纪新经济时代酒店发展的方向。

酒店智能化也为酒店节能提供了技术手段。在不断满足人们生活质量和舒适度的前提下，依靠各个智能系统紧密联系、协调工作，提高酒店的综合管理水平及员工工作效率，并减少人员配置，最大限度为酒店节约能源消耗。酒店智能化是吸引客源、提高入住率的有效措施，同时为酒店带来直接的经济效益。它丰富的内容、完善的管理、低廉的维护成本、高效的营销方案让客户体验到酒店智能化的新境界。

总而言之，智能酒店的发展宗旨是提升消费体验、节能降耗、降低人工和能耗的成本。移动终端取代传统的房卡及纸质票据也能降低酒店运营成本。人工的服务成本是随着社会的发展而不断增加，科技的维护和更新却随社会的发展而不断降低。智能设备的升级和推广及在酒店中的投入使用会使人工成本大大降低，智能化的设施在提升服务效率上有明显的效果。从长远来看，智慧酒店的发展可实现较为可观的经济投入和产出比值。

三、酒店信息化发展历程

（一）电算化阶段

在这个阶段，酒店信息化主要是引入计算机电算化系统以替代手工操作。员工可以利用系统来处理简单、琐碎、重复性的工作。例如财务管理，可进行收银、总账、出纳管理、银行对账等；客房管理，可进行可用房查询、客房统计报表等，顾客入住酒店后，酒店计算机管理系统可执行入住登记、收银、查询、结账、报表生成等多种功能。这些应用对酒店实现局部科学管理、提高工作效率、改善服务质量等起到一定的作用。但是这一阶段的信息化应用并没有在深层次上改变传统酒店的内部管理流程，还是停留在表层，仅仅达到了替代手工操作或是对现有流程的计算机模拟的层面。

（二）自动化阶段

随着计算机在智能楼宇、控制自动化和酒店设施设备管理监控的应用，酒店设备运行管理的自动化逐步走向高层次信息化应用，如暖通系统的监控、给排水系统监控、供配电与照明系统监控、火灾报警与消防联动控制、电梯运行管制、控制及门禁系统等，发展成由中央管理站、各种DDC控制器及各类传感器、执行机构组成的能够完成多种控制及管理功能的智能化自动化控制系统。酒店信息化在这一阶段应用的另一方向是酒店办公业务自动化，通过覆盖酒店管理主要业务部门的办公自动化（OA）系统，实现文档信息方便、快捷、准确地传递与管理。

（三）网络化阶段

以因特网（Internet）和数字化经济为主要特征的信息化冲击，使网络化建设成为酒店业整个信息化建设应用中的重要部分，于是以宽带高速数据网络为核心的“数字化酒店”（Cyber Hotel）应运而生。“数字化酒店”其含义不仅仅是酒店有宽带接入线路，方便客人在酒店快速上网，还包括以下内容：在网上创建公司网站可供客户浏览，可进行互动式的数据查询和提供客户自助服务，有市场销售、宣传推广、订房管理功能；运行酒店管理MIS系统；以因特网为基础，方便员工的移动办公系统。这一阶段的应用重点是网络营销和网上实时订房业务，正所谓“网络点击，无限商机”。酒店通过网络宣传企业形象和服务并支持远程预订。而酒店与顾客通过网上互动式交流，为顾客提供更为个性化的服务。

（四）集成化阶段

这个阶段主要是酒店各个管理模块的集成和酒店流程再造。酒店管理软件——宴会与销售管理、财务管理、人力管理、前台管理、餐饮和成本控制管理、工程设备管理、采购和仓库、客房服务、商业智能分析、远程数据库交换等各个模块之间无缝集成，同时还与多种饭店智能自动化系统如门锁管理系统有接口。针对酒店经营管理的全过程中的各个环节，电脑管理系统都有相应的功能模块来方便、快捷和规范地运转。酒店在网上宣传酒店设施、服务项目、餐饮特色、旅游景点、购物指南等卖点，客人在网上可选择预订酒店客房和服务项目，当客人完成预订后，系统就生成了一项预订记录。

酒店业务流程再造，就是将传统的组织结构向顾客导向的组织结构转变。酒店流程的再造不是为使用电脑系统而使用电脑系统，更重要的在于相应地转变和理顺酒店的组织结构，使得信息技术架构同酒店的新业务流程及组织的管理目标相互协调，形成酒店在信息时代的新竞争优势。

当顾客到达酒店，系统开始自动提示预订项目并在顾客确认后执行。顾客只要办理简单的手续就可以领取电子卡入住客房和选择消费项目。在住店过程中，顾客可以凭电子卡在酒店的其他部门签单消费。各种消费项目将通过系统迅速、精确地汇总在客人账上。楼层服务员通过运用自动化智能技术，不用频频敲门，便可以根据客房内安装的红外线安全消防监控系统，提示服务员及时补充客用品及清扫客房。当客人结账离店后，酒店管理者通过系统生成的报表汇总了解顾客的各种信息，包括顾客来源、消费项目、消费次数、需求次数、需求偏好和客人特殊要求等。这些数据经过集成化处理后将为经营管理者制定决策提供准确及时的信息，使酒店管理方法逐渐由经验管理转向科学管理。

（五）协同化阶段

进入互联网新经济时代，酒店业信息化的新境界是在集成化基础上的协同化应用。酒店通过互联网搭建统一的信息应用平台，将客户、酒店、员工、供应商、合作伙伴等各方联为一个整体，以实现纵览全局的跨行业、跨组织、跨地区、实时在线的、端对端数据无缝交换的业务协同运作，其重点在于各方联为一体直接向顾客提供个性化的服务。

案例分享

河套酒店的信息化应用①

随着社会经济的快速发展，信息化管理已经成为企业实现可持续化发展和提高市场竞争力的重要保障。作为一家大型企业，河套酒业也深谙此道，企业运用信息化手段提高管理效率，保持了在市场上的领先地位。在60余年的发展历程中，河套酒业一直在探寻和发掘符合企业特点的信息化建设道路，并做了很多大胆的尝试，且卓有成效。“未来，企业将把信息化建设放到很重要的位置去实施，要继续加大投入力度，搭建起一个所有信息都得到共享的完整的平台。力求实现公司各个层面、各个领域的信息化，把信息资源变为生产力，及时、准确、全面地指导生产，帮助决策。”河套酒业集团总经理王永强接受记者采访时如是说。

1. 内容丰富的信息化建设

信息化建设是企业生产、销售、服务各环节的核心支撑平台，并随着信息技术在企业中应用的不断深入显得越来越重要。目前，河套酒业的信息化建设平台广阔，内容丰富，主要包括以下几个方面：

网站建设。网站是企业对外宣传的主要工具之一，通过网站，相关方不仅可以了解企业的基本情况、企业文化、企业理念，也可以和企业进行互动，如客户投诉、代理、咨询等。“河套”非常重视网站的建设，投入专门的人力、物力建设和管理网站，配有专人每天将网站反馈的相关事宜转给相应部门，并经常性地根据公司的营销方向调整网站内容。通过网站长期不懈地宣传和互动交流，有力地促进企业的发展，提升了社会大众对“河套”品牌的认知程度，提高了企业的知名度和美誉度。

OA协同办公系统应用。“河套”目前使用的OA系统是遵循“精确管理”理念设计开发的管理软件，目前的应用范围涉及总公司、分公司和办事处的管理人员。应用的内容有新闻、通知、奖惩通报、网络寻呼、流程、ERP项目管理等。通过以上功能模块的应用，改变了公司传统的管理模式，突破了时间、空间、地域的限制，极大地提升了企业网上协同能力，提升了企业规章制度的执行效率和决策反应能力，促进了人员素质的提升。

① 案例来源：张晓梅，马威．来自xiangmu114微信公众号，2013-10-30.

ERP系统建设。当事务达到繁杂程度后，出错就会在所难免。ERP系统就是一个避免无意出错的业务管理工具，它是以系统化的管理思想为企业决策层及员工提供决策运行管理的平台，将工作内容与工作方式信息化，形成ERP管理的信息化体系。ERP系统是“河套”最重要和最复杂的管理工具，它涉及公司的销售、生产、采购、财务、质量、仓存、技术等各个方面，是企业内部各部门协作的平台，是企业经营活动过程和结果的最终体现。

防伪防窜系统的应用。防伪防窜系统，其作用是产品防伪识别和防窜识别，以保护消费者、经销商和公司的利益不受损害。主要通过贴标、喷码、激光打码等方法给产品附上一个信息，而且产品上的信息可以通过网络或电话查询该产品的生产日期、批次、出库时间、品种等生产流通信息。防窜识别用于预防和监控市场窜货问题，加强企业分销渠道及库存管理。

酒库管理自动化控制系统。2011年，“河套”引进和安装了酒库管理自动化控制系统，它充分利用现有的资源大大提高勾调精度，一次勾调成功率达98%以上，实现了“少人值守，生产过程全自动”的功能要求。企业实现了管道之间、罐体之间全封闭的运行，提高了产品的卫生程度与安全性；减少了人为繁杂的工作流程，实现了微机自动化管理，计算自动化、信息传输网络化、工序间数据共享化，大大降低了人工操作的差错率，在保证计量准确的同时，也增强了对生产质量的控制管理力度；提高了产品的一次合格率，缩短了酒的勾调周期。

企业邮局。电子邮件是当今最主要的通信手段之一，对于一个企业来说，企业邮局不仅是公司的官方电子邮件，也是宣传企业形象的又一重要途径。当员工离职时，企业可回收邮箱并保存邮箱内的业务通信信息，保证业务活动的连贯性。

档案室信息化管理。“河套”档案室2010年导入了媒体资产管理系统。档案室所有资料录入系统后，将其与公司办公平台链接起来，每位员工通过登录账号就可随时查询资料。除此之外，企业的监控系统、电子传真系统、企业官方微博等也都在积极发挥着信息交互、对外宣传的强大作用。

2. 为信息化建设创造条件

对于一个生产企业而言，重点要解决人、财、物、产、供、销的问题。河套酒业立足于公司多年来发展的经验和成果，着眼于企业管理的需求，通过一系列的前期市场调研、对比分析，最终确定了合作伙伴、管理软件以及导入时间。万事俱备后，河套酒业作为酒类行业“第一个敢吃螃蟹的人”，率先导入了信息化系统，在业内掀起了一股信息化的浪潮。

如2003年，企业与软件公司合作进行企业资源计划系统ERP的项目开发，新上了K3系统，它包括物流管理、财务管理、生产管理以及人力资源管理等内容。它是建立在信息技术的基础上，以系统化的管理思想为企业决策层及员工提供决策运营手段的管理平台。这个系统较之前的软件更加先进，反映数据更加全面，成本核算也更加准确。公司的业务管理水平得到了极大提升。

随着河套酒业规模不断扩大，新的管理需求不断产生，2009年，河套酒业制定了新的信息化战略以支撑企业的快速发展和腾飞。X3系统就这样开始承担起了它的历史使命。X3系统与之前的系统相比较，拥有更合理的系统架构设计，有利于今后的扩充和调整；公司间设置自动交易，能够有效减少上下游之间业务的错误概率；将销售公司和办事处的四大销售费用纳入系统管理；生产过程也纳入信息化管理，有利于整个生产过程精细化、透明化；成本自动计算，能实现当月业务完成后的第二天便可计算出成本。

在系统上线初期，每天都有数以万计的数据需要整理，然后导入系统中。在系统使用培训过程中，由于最终用户的理解能力和操作水平不一，项目组人员除了要进行集中讲授之外，还编写了操作手册，录制了培训视频，更多时候还要进行单独的辅导，保证每个用户都能够熟练地办理自己的业务。为了各个分厂的系统可以顺利上线，相关的负责人需要亲自到各下属企业去指导，保证信息化系统覆盖到整个集团。

在ERP即将上线之时，公司领导召集全员开会，让大家充分认识到信息化系统的重要作用，并不断坚定全员使用系统的信心和决心。ERP项目实施过程中，在对现有业务流程进行整改时项目组最担心大家出现畏难和抵触情绪，只有有效解决这一问题，才不会阻碍系统部署进度。在实施过程中，大家互相鼓励，互相帮助。当系统用户面临操作困难、设备故障、工作量加大时，大家努力克服，认真改进，有力地保证了项目的顺利实施。

信息化建设涉及很多系统，会面临很多困难。但摆在河套酒业面前的最主要的问题是观念、思维的转变：一方面是对企业内部管理的认识不够，另一方面是对企业员工认识不够。其次是业务流程的不断调整：原有流程旧体制的限制、现有业务多变导致流程不断作调整等因素，都可能会导致企业信息化的流程不能顺利进行，影响到企业的运作效率和效果。目前河套酒业的信息化系统程序较多，实施的范围比较广，要达到预期理想的效果还需要不断改进完善。

3. 信息化建设的远景目标

河套酒业通过信息化建设，创造出一个集成的办公环境，使所有的办公人员都处于同一个办公桌面的环境下一起工作，实现协同工作与知识管理，使企业的管理更加规范化、现代化，实现轻松管理，并能充分利用现有资源来有效提升企业的无形资产，从而带动整个企业迅速发展。未来的信息化建设，河套酒业将统一规划、统一建设、统一运营、统一管理，小步快走，分步实施。

王永强说："信息化建设，没有终点，只有不断发展，不断超越。未来企业将把信息化建设放到很重要的位置去实施，要继续加大投入力度，搭建起一个所有信息都得到共享的完整的平台。力求实现公司各个层面、各个领域的信息化，把信息资源变为生产力，及时、准确、全面地指导生产，帮助决策。"

第二节　酒店管理信息系统

信息是酒店日常经营与管理的重要内容，每天都会接收大量的内外部信息。内部的信息有消费者信息、财务信息、物资用品信息等，外部的信息有行业市场信息、经济金融信息、相关协作单位信息等，科学、合理并安全地处理这些信息是酒店经营过程中的必做工作，而大部分的酒店，特别是智慧酒店通过借助酒店管理信息系统的强大功能来实现这一任务。以信息化为着力点，将传统酒店与现代信息化管理有机结合，通过信息化操作实施方案，降人力提服务，实现降本增收。

一、酒店管理信息系统

管理信息系统（Management Information System，MIS）是信息科学的一个分支，是由人和计算机等组成的能进行信息的收集、传递、储存、加工、维护和使用的系统。

酒店管理信息系统（Hotel Management Information System，HMIS）是MIS中的一个重要分支，指利用计算机技术和通信技术为酒店经营管理和决策服务的人机相结合的综合系统。它是计算机管理系统在酒店中的具体应用，是服务酒店经营的，它既是酒店经营的辅助管理工具，也是酒店经营管理信息化的主要手段。

拓展阅读

HMIS应用历程

早在1963年MIS发展之初，美国的希尔顿酒店就率先将计算机（IBM小型机）用在了酒店管理之中。

由于MIS的引入，计算机的启用，酒店的管理更加规范，数据处理的速度大大加快，信息的传递更为迅速，而人员更简化，为酒店带来更好的效益。所以计算机酒店管理系统很快就在西方酒店业中普及开来，由此产生了MIS的一个分支HMIS。

严格来讲，HMIS起步于20世纪70年代初，由美国EECO公司率先研发、推出计算机酒店管理系统，主要应用于预订、排房、结账、客房、餐厅、查询、夜间作业和市场分析等业务管理。到20世纪70年代中后期，世界各国相继研发推出类似产品，并且应用范围逐渐扩大到财务、仓库、工资、人事等后台管理领域。

二、国内外的HMIS简介

（一）国外系统软件

1. 酒店系统鼻祖ECI（EECO）

ECI系统是美国易可（ECI）电脑公司最早于1969年开始研发的酒店管理信息系统。ECI公司是美国加州电子工程公司（Electronic Engineering CO., 简称EECO）属下的子公司，因此该软件也称为EECO系统。1970年，在美国夏威夷的喜来登酒店部署了全世界第一个ECI酒店电脑系统。经过20多年的发展，到了其鼎盛时期，在全世界有600多家用户。亚洲第一家采用饭店管理系统的是香港美丽华大酒店，于1977年就采用了ECI系统。EECO系统在鼎盛时期，在中国就有60余家用户，如杭州香格里拉、桂林文华、广州中国大饭店、青岛海天、香港美丽华大酒店等。

2. HIS酒店系统

酒店业资讯系统有限公司（Hotel Information Systems，简称HIS）于1977年成立，总部位于美国旧金山市，在中国香港、新加坡及泰国等地设有分公司，多年来为全球酒店业提供了高质量的应用系统及售后服务。目前HIS是美国上市公司MAI Systems Corporaion的全资公司，全盛时期在全世界80多个国家拥有4000多家用户，如在中国有北京王府、北京中国大饭店、上海希尔顿、广州花园、浙江世贸中心等客户，而香港采用HIS系统的高星级酒店最多时占了75%左右。目前该系统的市场占有率已下降。

3. Fidelio酒店系统

Fidelio软件公司在中国一般用中文名称"富达软件"，它于1987年10月在德国慕尼黑成立，成立4年即成为欧洲领先的酒店软件产品，成立6年跃居世界酒店管理供应商之首，后来该公司合并入美国Micro公司。截至2002年6月底，Fidelio已经在全球144个国家和地区的14000家酒店安装了近50000套系统。用户覆盖了99家知名的国际性酒店连锁集团和近6000家独立酒店。到目前为止，采用Fidelio系统的中国酒店企业超过了220家，其中五星级酒店超过120家，四星级酒店近100家，在中国的国际知名酒店管理集团大部分都使用Fidelio系统。①

4. Sinfonia

2006年，石基公司购得 Fidelio V7源码，与 Micros- Fidelio共享版权。2009年，石基公司推出Sinfonia version1.0，Sinfonia在Fidelio基础上针对中国用户做出了重新开发。

5. HMS

Infor是全球第三大企业管理软件供应商，近年来在酒店管理软件方面也有所动作，推出了自有酒店管理软件HMS，其系统的主要卖点是云平台和移动计算，可以很好地实现酒店集团化运营，同时也可以和Infor公司的其他酒

① 资料来源：百度文库，超级liya52.https://wenku.baidu.com/view/dc24926e571252d380eb6294dd88d0d233d43c80.html.

店管理软件很好地结合，如财务方面的Sun系统、收益管理的ezRMs等，是MICROS公司Opera PMS的竞争对手。在国产软件里，与HMS系统架构相同的有北京罗盘系统和杭州绿云（iHotel）系统。

6. Opera系统

Opera系统是美国MICROS公司在MICROS-Fidelio系统的基础上开发的新版本，作为企业级软件解决方案（OPERA Enterprise Solution）包含了OPERA前台管理系统（OPERA Property Management System，OPERA PMS）、OPERA销售宴会系统（OPERA Sales&Catering，OPERA S&C）、OPERA物业业主管理系统（OPERA Vacation Ownership System，OVOS）、OPERA工程管理系统、中央客户信息管理系统（OPERA Reservation System）和OPERA收益管理系统（OPERA Revenue Management）等。其中OPERA前台管理系统是其核心部分，简称OPERA PMS，它可以根据不同酒店之间运营的需求多样性，来合理地设置系统以贴合酒店的实际运作，并且除单体酒店模式外，还提供多酒店、连锁酒店模式。通过一个共享的数据库，支持多个酒店进行数据存取或者相互访问。

目前在世界范围内，特别是国外，PMS是使用最广泛的酒店管理系统。所以在后面章节里主要围绕PMS展开相关阐述。

（二）国内系统软件

1. 西湖软件（FOXHIS）

杭州西湖软件有限公司成立于1993年6月，是一家专门致力于旅游饭店业信息化建设、开发和服务的高科技企业，它的客户数量目前在国内居首位。该公司由浙江大学计算机系人工智能研究所创立，研发了西湖软件（即Foxhis系统），目前最新版为X5版。截至2012年拥有客户4000余家。2006年12月18日与北京中长石基信息技术股份有限公司合并。2007年，与石基公司一同使用石基信息（002153）的名称在深圳中小企业板上市。

2. 中软好泰

北京中软好泰酒店计算机管理系统工程有限责任公司（简称中软好泰公司）成立于1995年，研发了中软好泰系统CSHS。2006年，中软好泰公司被携程网收购，成为美国纳斯达克上市公司，截至2012年拥有客户4000余家。

3. 千里马酒店管理系统

千里马酒店管理系统最初由广东劳业电脑系统开发公司于1993年推出

DOS版，1998年推出Windows版（采用C/S结构，用VB开发，采用Windows NT/2000平台，使用SQL Server数据库），目前有300家左右饭店用户，主要分布在广东、湖北、湖南、四川等省市。劳业公司于1998年被香港万达电脑系统有限公司收购，改名为广州万迅电脑软件有限公司。

4. 北京石基公司系列软件

1998年，李仲初创办北京中长石基网络系统工程技术有限公司，专门从事酒店信息系统的研究与开发，2001年12月21日股份制改制后为北京中长石基信息技术股份有限公司。自2003年7月起，石基公司同MROS公司签订中国大陆市场（不包括香港、澳门、台湾）独家技术许可协议，全面代理了MICROS公司Fidelio和OPERA在中国大陆地区的全部销售。

另一方面，石基公司与北京世纪泰能科技有限公司共同设立北京泰能软件有限公司，石基公司以现金500万元出资，占公司注册资本金额的65%，专门为低星级酒店提供服务。石基公司又在2006年12月18日与当时国内最大的酒店信息系统提供商杭州西湖软件公司合并，并连续开发和收购了一系列酒店信息化产品：2007年收购餐饮信息化的香港Infrasys公司，2010年收购银行卡、收银一体化软件供应商南京银石，2011年收购餐饮信息化企业上海正品贵德，2013年4月收购中国电子器件工业有限公司55%的股份，同时石基开发了畅联（Chinaonline）、石基人力资源系统（HRMS）、成本控制系统（PC）等，形成了较为完整的产业链。

拓展阅读

我国HMIS发展历程

空白期：1976年以前，我国饭店业整个行业还不曾使用计算机。

发展期：我国饭店业最早使用计算机管理的酒店是杭州饭店，20世纪70年代末运用CROMEMCO微型机进行总台接待管理，可完成前台的接待、查询和结账等基础工作，开创了我国酒店计算机管理的先河。

成熟期：现在，HMIS在我国饭店管理中的作用越来越大，已经逐渐成为酒店经营管理中不可缺少的组成部分。随着计算机软件、硬件的发展，后来国内很多软件公司纷纷开始研制、推出由自己设计的计算机酒店管理系统，直到20世纪90年代国内系统才日趋成熟。

三、酒店管理信息系统发展趋势

随着信息技术的发展和酒店业本身经营方式的变革，酒店管理信息系统新的系统特点及发展方向不断涌现，逐渐从信息化演进到智慧化。其主要发展趋势包括以下几方面：

（一）专业化

随着市场竞争的加剧，酒店越来越注重目标市场的选择，通过开发个性化产品和提供个性化服务来赢得目标顾客。经济型酒店、现代商务酒店、青年旅馆、汽车旅馆、温泉度假村等都有各自明确的市场定位。不同酒店客人的旅行目的、住店需求有很大差别，这就要求酒店管理信息系统能够对顾客的需求进行详细分析，从而为不同的客户群提供不同的服务。因此，酒店管理信息系统的开发必须按照酒店本身的市场定位实现专业化与特色化。例如，经济型酒店不同于一般的星级酒店，它仅仅提供有限的服务。它的酒店管理信息系统必须简单明了，尽量做到培训简单、操作简单、维护方便、实施周期短。尽管经济型酒店单体系统往往功能要求简单，但由于这些酒店通常是连锁经营，因此集团化管理功能，如中央预订、常客预订、集团营销等是必不可少的。

（二）集团化

集团化经营策略是当前酒店业发展的必经之路。酒店的集团化管理不仅仅是指成员酒店的报表数据汇总、数据信息的上传下达等简单的管理，而是将集团下属所有酒店资源整合在一起，形成一个完整的系列。集团总部可以通过网络有效地管理各个酒店，及时了解各酒店的经营情况，各个酒店之间也可以通过互联网实现信息互传，并为客人提供服务。相对应的酒店管理信息系统就必须满足酒店集团化的要求。

集团化酒店管理信息系统是基于互联网的，包括集团中央预订系统、超常客计划、集团营销及客户管理系统、集团统一财务系统、集团统一采购系统等更高层次上的信息管理系统。目前集团化酒店信息管理系统的数据库结构主要有两种方式：一种是中央数据库方式，所有成员酒店及集团总部的数据集中存放在集团中央数据库，容易实现数据的一致性，有利于集团统一管理和控制。另一种是分布式数据库方式，集团中央数据库与成员酒店数据库相结合，数据分布存储、分布计算。集团和连锁酒店各自能强化自身的业务运算，效率较高，一次性投入的经济风险小，受网络设施影响较小，整体系统的安全性较高，容易被集团的各种酒店业主所接受，适合于发展连锁酒店的酒店集团。

（三）集成化

目前，酒店建设向着集成化、智能化的方向发展，酒店内部有许多系统，这些系统通过集成和互联才能更好地发挥作用。通过标准和协议，规范各系统之间的关系，使得资源能够合理配置，这样易于工程的实施和进行高效的运营维护，其结果是提高了酒店对客人的服务品质。酒店管理信息系统作为一个综合概念，经过不断地建设和发展，正逐渐形成一个涵盖数据采集、信息保存、信息处理、传输控制等功能的集成信息系统。目前酒店管理信息系统除一般集成电话交换机、门锁系统、语音信箱、VOD（视频点播）等系统外，通过互联网与银行、公安局中心数据库系统的集成已有许多酒店采用，而酒店管理信息系统与客房智能控制系统、酒店信息展示系统、客房管理系统的接口实现互联，将带动酒店的服务和管理达到更高层次。例如宾客抵达酒店只需要插入他的信用卡，操作自动登记系统就可以完成入住登记手续。再如用电话实现客房状态修改、语音信箱、自动问询、客房账目查询等，同时，通过管理信息系统还可以控制电子门锁、空调、灯光、热水等设备达到节能的目的，通过系统管理客房小酒吧，实现自动记账和监控，便于服务员及时补充饮料和食品。客房配备电脑或数字设备可以实现宾客自己结账，查询各种信息，还可以通过远程网络或网络处理公司商务。客人进店后，酒店前台系统通过接口对客房系统发出指令。客房电视系统接到指令后，在客人打开电视时会根据客人的母语显示相应的欢迎词，显示点播节目、账单查询和做好互动准备。

（四）标准化

随着酒店管理的发展和市场竞争的日趋激烈，各酒店逐步采用标准化、制度化及预算管理、目标管理、定额管理、数理统计等科学的管理方法。因此，目前的酒店管理系统大多按照酒店的标准化业务流程设计，对酒店的人流、物流和资金流进行统筹规划。酒店业涉及的信息系统和产品众多，酒店业的应用系统不同，各家供应商的软件系统也各不相同，如果缺乏统一的行业标准使各个供应商相互协调，一方面会造成各个子系统互不兼容，导致资源浪费，另一方面也会阻碍系统整体水平的提高，无法完全符合酒店的需要。而对于一家酒店，如果各部门使用的是不同的平台、不同的软件，当员工进行软件操作的时候，需要学习各种软件，不但使员工的学习成本增高，也会影响酒店的效率。而对于连锁酒店集团而言，酒店不但需要耗费大量财力去维护不同的平台，而且当未来同一连锁集团的酒店共享服务中心或实施电子商务时，平台整合的任务会非常困难和昂贵。

案例分享

酒店顾客信息的泄露

早在2013年，我国酒店行业某连锁酒店发生了客户信息泄露安全事件。酒店的开房记录被第三方存储，并且因为漏洞而泄露。出现信息泄露的根源在于信息存储公司管理机制不完善，该公司的系统要求酒店在提交开房记录的时候进行网页认证，但不是在酒店服务器上，而要通过该公司自己的服务器，理所当然地存下了客户的信息。另外，客户信息的数据同步是通过http协议实现的，需要认证，但是认证用户名、密码竟然都是明文传输的，各个途径都可能被轻松嗅探到，用这个认证信息可以从他们的数据服务器上获得所有酒店上传的客户开放信息。

2017年又有酒店信息泄露的消息，据TechWeb报道，近10月16日消息称全球11个国家的某酒店品牌的酒店支付系统被黑客入侵，大量数据外泄。泄露的信息包括持卡人姓名、卡号，到期日期和内部验证码等隐私信息。

这次数据泄露的原因，是由于第三方将含有恶意软件代码的卡片插入酒店的IT系统，通过酒店管理系统的漏洞，获取数据库的访问权限，提取与解密后，获取用户的私人信息。

为什么会发生这么多隐私信息泄露事件？中国单体酒店联盟主要发起人之一，北京浩泰富蓝科技有限公司总经理欧阳湘清先生认为，主要原因是国内大部分酒店管理软件所使用的酒店管理系统皆采用B/S架构。浩泰富蓝软件的集团化管理是在C/S构架基础上建立的，只在报表上整合集团财务、营销所必需信息，而入住信息均在各自酒店系统上自行保管。

信息泄露对酒店行业产生了较大的冲击，同时也给顾客人身和财产安全带来了巨大的威胁。在日益发达的信息技术时代，顾客信息及商业数据遭泄密的风险性更大了，如何保护酒店客人的隐私、防止信息泄露对酒店来说尤为重要，而酒店管理系统作为存储顾客信息的渠道，必须加强保护隐私的安全性。选择便捷实用，又尊重顾客、保护客户隐私的酒店管理系统是酒店工作的重中之重。

思考：

酒店应该在哪方面加强工作力度以增强酒店信息的安全性？

第三章

酒店管理系统

【导言】

酒店管理系统（property management system，PMS）集前台管理、电话预订管理、收银管理、统计查询管理、会员管理、房卡管理、库存管理、报表管理、经理查询、系统维护等于一身，通过数字化与网络化实现酒店的信息化。PMS可以概括为五大功能：客户（资料）管理、客房管理、财务管理、业务管理（包括预订、入住、在住、离店等）和接口管理，这五大功能涵盖了酒店的主要业务。本章主要介绍酒店管理系统的两种框架、五大业务功能以及酒店管理系统选择的原则。

【学习目标】

- 了解酒店管理系统两种框架以及它们的优缺点。
- 理解并掌握酒店管理系统的五大主要功能。
- 理解HMIS每种功能的实际应用。

【导入阅读】

打造智慧酒店　从升级PMS开始

2017年5月21日于杭州殊胜龙井酒店举办了“先之IHMA杭州分会线下学习沙龙”。绿云[①]浙江区副总经理林李纲、销售经理蒋忠华、品牌及传讯经理王燕出席了沙龙，活动现场林李纲还以《打造智慧酒店　从升级PMS开始》为主题进行了分享。

① 绿云，创建于2010年7月，是国内致力于酒店业信息化平台研发、服务和运行的高科技企业。

何为智慧酒店？

林李纲认为，所谓智慧酒店，是指酒店拥有一套完善的智能化体系，通过数字化与网络化实现酒店信息化，在保护客人个人隐私的同时提供个性化服务，并让客人感受到高科技带来的舒适和便利。酒店智慧化一方面能够降低酒店的物耗、能耗、人员成本，另一方面，由于连接了移动互联网，借助互联网的强大渗透力和无限传播性拓展酒店的直销分销渠道，为酒店提升订单量，创造新收益。

而智慧酒店的实现，有赖于传统PMS升级到云PMS。那么，云PMS与传统PMS相比有哪些优势足以构建智慧化的技术基石呢？

一、云PMS与传统PMS对比

1. 无限开放VS相对封闭

云PMS以互联网和云计算为技术基础进行开发，具有广泛的连接性，不再局限于酒店内部各功能单元的连接与管控，而是将酒店内外部资源无缝连接，进行资源的合理分配、二次整合，进而达到价值最大化。比如，集团与分店的信息实时传输、分店之间的会员共享、酒店联盟之间的资源置换、直连OTA、微信预订、酒店官网、在线支付、自助机等，都是具体体现。而传统PMS相对封闭，功能局限于酒店内部管控，且采购和维护成本较高，更无从谈集团化管控和在线营销，已不足以满足新时代的酒店发展需求和时代要求。

2. 服务模式不同

传统PMS由于采用C/S架构，必须采购客户机、服务器、操作系统和数据库，成本高维护麻烦。而基于网络和浏览器的云PMS为SaaS服务模式提供了技术基础，酒店可根据自身需求灵活选择功能模块、自由组合、合理配置，同时，可选择租赁或者购买的方式使用云PMS产品及服务。绿云一直是SaaS模式的倡导者，迄今已获得包括君澜在内的7000余家酒店的认可。

3. 部署方式不同

众所周知，传统PMS只能购买服务器在本地部署，集团与分店、分店与分店之间各自独立，这样的部署方式带来的结果就是信息的单向传输和滞后。至于集团管控、信息互传、全局营销、产品创新重组等则难以实现。而云PMS将服务器部署于云端，绿云更创造性地开发出了“集中+分布”的混合部署模式，为不同酒店提供了多种选择，不仅解决了上述痛点，更为PMS系统免费升级、定期迭代实现了落地。酒店无需考虑维护问题，而各种大数据交给专业的数据公司进行管理和维护，如同将钱交给银行或专业理财公司打理一样，更加安全可靠且成本低。

正是因为云PMS有诸多传统PMS不具备的优势，酒店如需变革转型智慧化，势必需要升级到云PMS。

二、技术+产品 绿云全力为酒店智慧化服务

1. 手机PMS——躺着也能看数据报表

得益于移动互联网和智能手机的快速发展，手机PMS应运而生。直连电脑端PMS，酒店管理者随时随地查看酒店运营数据和各种报表，躺着也能掌握全局，高效便捷，让管理者的碎片时间更有价值！

2. 多种在线直销渠道一起运用

从电子卡券领取、酒店预订到在线选房，从iPad/自助机自助登记到微信开门，从微信支付自助退房到在线点评、优惠券、红包分享，绿云为酒店公众号打造了完美的闭环和流畅的用户体验。而微官网、微商城、红包+优惠券+互动游戏为微信预订提供了更多流量和订单，无疑是当下最有效的在线直销渠道之一。

3. 打造酒店联盟及综合预订平台

绿云先后为四方联盟、中国精品酒店联盟、簇盟、云盟等提供技术支撑，让联盟成员互联互通、互惠互利。同时，也为瘦西湖度假村、台儿庄旅游景区打造了综合预订平台，更联合天府银行打造了金融+互联网+酒店的天府易住平台。同时，也为松赞精品酒店开发了个性化深度旅游环线产品。

云PMS带来的创新和变革远不止于此，更多的可能性和更大的想象空间，等待云PMS厂商和酒店去尽情描绘。

资料来源：iHotel. 搜狐网 .http://www.sohu.com/a/143166491_744585.

第一节 酒店管理系统框架

顾客的信息安全指数与酒店的管理制度、管理系统等因素息息相关，尤其是管理系统的构架，酒店管理系统所采用最基本的有B/S、C/S两种架构。C/S和B/S是当今世界开发模式技术架构的两大主流技术。C/S是美国Borland

公司最早研发，B/S是美国微软公司研发。目前，这两项技术已被世界各国所掌握，国内公司以C/S和B/S技术开发出的产品也很多。

一、B/S架构

B/S架构的全称为Browser/Server，即浏览器/服务器结构。B/S架构的产品就是把服务器放在互联网上，使用者通过浏览网页来使用系统。选择B/S架构的酒店的所有数据，包括客人开房信息、酒店财务数据等都会通过互联网的服务器保存。如果服务器遭遇攻击，数据有被窃取的风险。

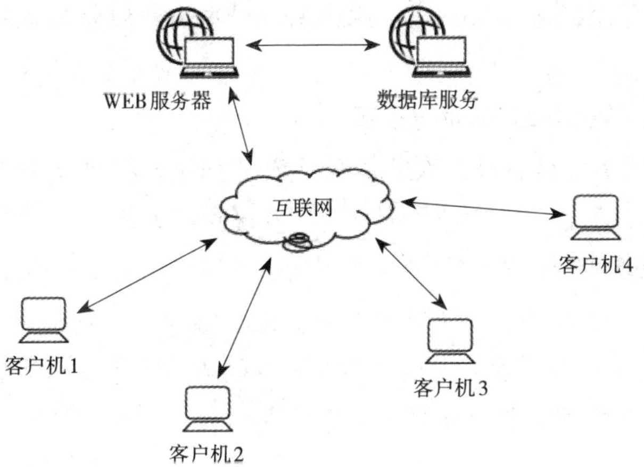

图3-1　B/S结构示意图

B/S架构软件的优势与劣势如下[①]：

1. 维护和升级方式简单

目前，软件系统的改进和升级越来越频繁，B/S架构的产品明显体现着更为方便的特性。对一个中大型的单位来说，系统管理人员如果需要实地管理几百甚至上千部电脑，效率和工作量是可想而知的，但B/S架构的软件只需要他管理服务器就行了，所有的客户端只是浏览器，根本不需要做任何的维护。无论用户的规模有多大，有多少分支机构都不会增加任何维护升级的工作量，所有的操作只需要针对服务器进行；如果是异地，只需要把服务器连接专网即可，实现远程维护、升级和共享。所以客户机越来越“瘦”，而服务器越来

① 穆林. 信息化的酒店管理[M]. 北京：中国轻工业出版社，2013.

越“胖”是将来信息化发展的主流方向。今后，软件升级和维护会越来越容易，使用起来会越来越简单，这对用户人力、物力、时间、费用的节省是显而易见的。因此，维护和升级革命的方式是“瘦”客户机，“胖”服务器。

2. 成本降低，选择更多

大家都知道Windows在桌面电脑上几乎一统天下，浏览器成为了标准配置，但在服务器操作系统上Windows并不是处于绝对的统治地位。现在的趋势是凡使用B/S架构的应用管理软件，只需安装在Linux服务器上即可，而且安全性高。所以服务器操作系统的选择是很多的，不管选用哪种操作系统都可以让大部分人使用Windows作为桌面操作系统，这就使得免费的Linux操作系统快速发展起来，Linux除了操作系统是免费的以外，连数据库也是免费的。

3. 应用服务器运行数据负荷较重

由于B/S架构管理软件只安装在服务器端（Server）上，网络管理人员只需要管理服务器就行了，用户界面主要事务逻辑在服务器（Server）端完全通过WWW浏览器实现，极少部分事务逻辑在前端（Browser）实现，所有的客户端只有浏览器，网络管理人员只需要做硬件维护。但是，应用服务器运行数据负荷较重，一旦发生服务器“崩溃”等问题，后果不堪设想。因此，许多单位都备有数据库存储服务器，以防万一。

二、C/S架构

C/S架构即Client/Server（客户机/服务器）结构，酒店将服务器安装在本地，其他机器以安装客户端的形式连接服务器，以实现数据同步。C/S架构的软件在功能上更完善更丰富，数据安全更有保障，响应速度也更快。

C/S架构软件的优势与劣势：

1. 应用服务器运行数据负荷较轻

最简单的C/S体系结构的数据库应用由两部分组成，即客户应用程序和数据库服务器程序。二者可分别称为前台程序与后台程序。运行数据库服务器程序的机器，也称为应用服务器。一旦服务器程序被启动，就随时等待响应客户程序发来的请求；客户应用程序运行在用户自己的电脑上，对应于数据库服务器，可称为客户电脑，当需要对数据库中的数据进行任何操作时，客户程序就自动地寻找服务器程序，并向其发出请求，服务器程序根据预定的规则作出应答，送回结果，应用服务器运行数据负荷较轻。

2. 数据的储存管理功能较为透明

在数据库应用中，数据的储存管理功能，是由服务器程序和客户应用程序分别独立进行的，前台应用可以违反规则，并且通常把那些不同的（不管是已知还是未知的）运行数据，在服务器程序中不集中实现，例如访问者的权限、编号可以重复、必须有客户才能建立订单这样的规则。所有这些，对于工作在前台程序上的最终用户是“透明”的，他们无须过问（通常也无法干涉）背后的过程，就可以完成自己的一切工作。在客户机/服务器架构的应用中，前台程序不是非常“瘦小”，麻烦的事情都交给了服务器和网络。在C/S体系下，数据库不能真正成为公共、专业化的仓库，它受到独立的专门管理。

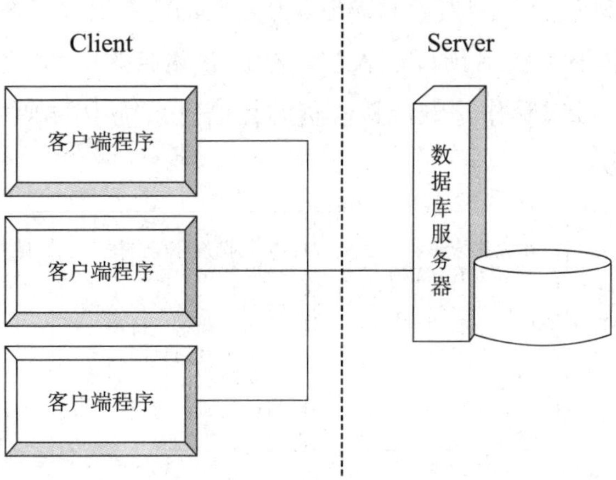

图3-2　C/S结构示意图

3. C/S架构的劣势是高昂的维护成本且投资大

首先，采用C/S架构，要选择适当的数据库平台来实现数据库数据的真正“统一”，使分布于两地的数据同步完全交由数据库系统去管理，但逻辑上两地的操作者要直接访问同一个数据库才能有效实现。如果需要建立“实时”的数据同步，就必须在两地间建立实时的通信连接，保持两地的数据库服务器在线运行，网络管理工作人员既要对服务器维护管理，又要对客户端维护和管理，这需要高昂的投资和复杂的技术支持，维护成本很高，维护任务量大。

其次，传统的C/S架构的软件需要针对不同的操作系统开发不同版本的软件，由于产品的更新换代快，代价高和低效率已经不适应工作需要，这也是许多酒店未采用这种构架的重要原因之一。在JAVA这样的跨平台语言出现之后，B/S架构更是猛烈冲击C/S，并对其形成威胁和挑战。而就信息安全性来讲，C/S一般面向相对固定的用户群，对信息安全的控制能力很强。一般像酒店业对于顾客信息安全性要求高的信息系统而言，采用C/S结构适宜。酒店在选择软件时要以尊重客户、保护客户的原则为前提，不可过于依赖互联网的B/S架构酒店管理系统。

三、PMS的核心功能

PMS作为酒店最早实现信息化的部分之一，是酒店管理信息系统最重要的组成部分。PMS的核心功能可以概括为五大功能：客户（资料）管理、客房管理、业务管理（包括预订、入住、在住、离店等）、账务管理和接口管理，这五大功能可以看作是酒店核心资源在信息系统中的映射，功能之间的关系如图3-3所示。

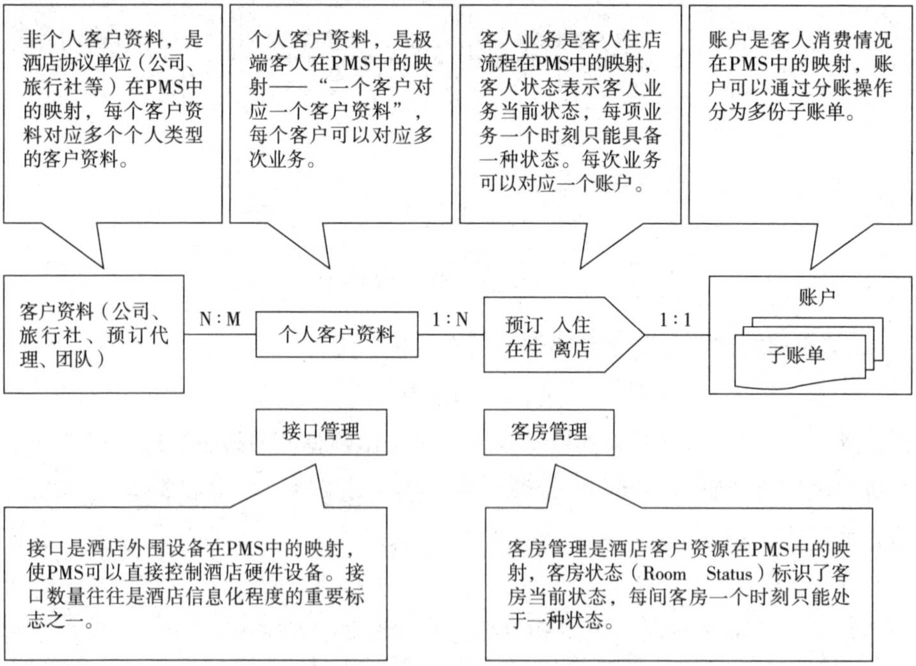

图3-3 PMS核心功能与酒店服务和管理关系描述

第二节　客户资料管理模块

一、客户资料

从功能上来看，客户管理就是把顾客的信息记录在客户资料（Profile，在某些PMS中又被称为客史资料）中，其本质是完成客户在信息系统中的映射：个人客户资料，是酒店客人在PMS中的映射；非个人客户资料，是酒店协议单位（公司、旅行社、预定代理、团队等）在PMS中的映射。客户资料是整个PMS系统运行的基础，预订操作、入住操作、收银与账户操作全部要以客户为对象，同时，客户资料也用来记录客人信息，使得酒店可以打造个性化服务，提高酒店服务质量与用户体验满意度。除了用于内部管理，PMS的客户资料管理功能也成为酒店会员管理的基础。

二、顾客消费历史

客户管理的关键在于精确地记录顾客的消费历史、兴趣爱好等信息，而高质量的员工、完善的培训体系是完成这一工作的重要保障。客户信息除了作为提高服务质量的依据，还能为企业决策提供支持。

客户资料管理模块维护酒店客人的信息，如：

（1）基本信息，如姓名、单位、地址、联系方式等。

（2）业务信息，客人的过往预订、历史消费金额等。

（3）消费偏好信息，如客人喜欢入住的房型房号、客人喜欢的朝向、餐饮信息等。

客户资料管理模块是PMS的基础。预订操作、入住操作、收银与账户操作均以客户资料作为对象，同时，客户资料也用来记录客人信息，让酒店可以打造个性化服务，提高酒店服务质量。客户资料与酒店服务和管理的关系如图3–4所示。

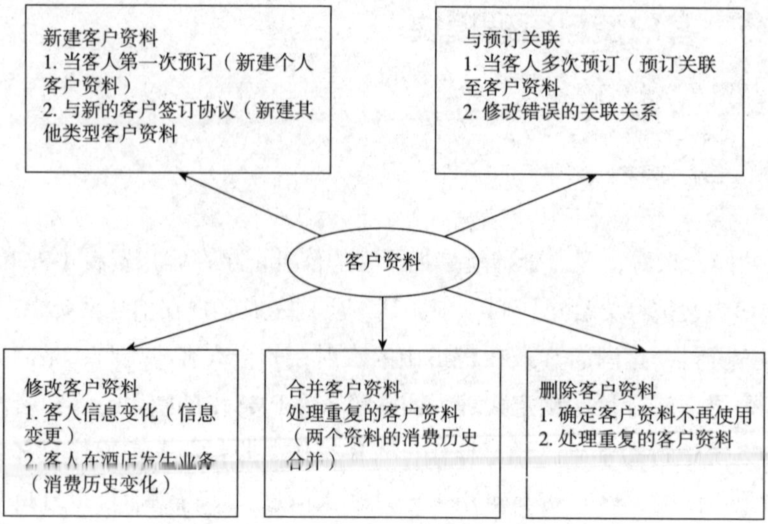

图3-4　客户资料操作与酒店服务和管理的关系

三、会员管理

除了用于内部管理，PMS中的客户资料功能也成为酒店会员管理的基础，从本质上讲，会员管理就是增加了积分、优惠、奖励、会员级别等功能的“动态”客户资料，其目的是为了更好地分类和分析顾客，进而有利于酒店的营销和服务。

公司类型的客户资料中记录了顾客的基本信息，每当顾客与酒店发生业务往来时，业务信息都被记录在顾客资料中，交易历史不但记录了每一笔交易，也统计了每一位顾客的消费金额、客房价格、总收入等信息，为酒店进一步开展销售活动提供了依据。

第三节　业务管理模块

业务管理（预订、登记入住、在店管理、离店）就是处理酒店对客服务流程，是酒店处理与客人之间业务的主要操作。其中预订模块使酒店可以迅速地处理客人预订，生成预订号码，打印或发送预订确认函，并及时准确生成关于预订、客房、收入和预测的报表。预订信息既可以由酒店预订员直接录入，也可以由外部预订信息导入，而外部预订信息有可能是酒店或者集团预订网站，也可能是第三方预订代理商或者其他合作伙伴。在预订完成之后，酒店内部的预订记录、客房存量信息、预测等信息自动更新。除此之外，预订信息会在客人入住时自动转换为入住信息，并且生成一个预抵客人的名单。

一、入住操作

入住操作在客人办理入住手续时使用，完成收取客人入住押金、房间分配、房卡操作等，从实质上看，PMS五大模块配合完成顾客的入住操作：

（1）在客户管理方面：将顾客本次业务设定为“执行”，准备计入顾客历史营业收入。

（2）在业务管理方面：将客人状态由预抵变更为在住。

（3）在账务管理方面：将客户设为开启状态，便于对顾客进行账务操作。

（4）在客房管理方面：将客房状态由空闲修改为占用。

（5）接口管理方面：PMS通过接口模块操作门锁系统、客房控制系统等，完成为客人制作房卡、启动客房控制系统等功能。

二、新建预订

为客人完成新建预订操作，PMS五大模块分别完成以下处理（表3-1）。

表3-1　PMS五大模块与新建预订的关系

功能模块	实施处理
客户管理模块	在客户未来业务中记录顾客预订
业务管理模块	增加客户新预订，预订初始状态为“预期到达”
账务管理模块	为新预订开立账户便于收取预订保证金和入账操作
客房管理模块	如果提前为客人分配房间，客人入住当日将该客房状态修改为“预抵”
接口管理模块	预订网站接口获取预订信息，将信息直接输入PMS
	调用信用卡接口完成信用卡担保预订操作
	调用E-mail接口发送预订确认函

三、顾客在店状态

入住操作一旦完成，顾客变更为在店状态，PMS五大模块配合完成以下功能：

（1）客户管理方面：将顾客本次业务设定为“执行”，计入顾客历史营业收入。

（2）业务管理方面：将顾客状态由“预抵”变更为“在住”，在预期离店日期，状态变更为“预期离店”。

（3）账务管理方面：将客户账户保持开启状态，便于对顾客进行账务操作。保持账户监控状态，当账户超过额度限制时，拒绝挂账操作，提醒顾客补缴押金或增加预授权金额。

（4）客房管理方面：在每次夜审期间，将所有占用房由“占用净”修改为“占用脏”，当客房客人当天离店时，客房状态由“占用”变更为“预离”。

（5）接口管理方面：PMS通过接口模块与电视系统、客房控制系统、电话交换机等进行数据交换，完成提高服务质量、电话计费、电话权限变更等功能。

表3-2　PMS五大模块与入住操作的关系

功能模块	实施处理
客户管理模块	如果顾客正常入住，客户信息中业务量增加；如顾客未入住，将顾客标记为“No Show”
业务管理模块	预订状态由“预订”修改为“在住”
账务管理模块	将住店客人账户设为激活状态，便于收银和结账操作
客房管理模块	将客房状态由“空净”（Vacant clean）修改为“占用净”（Occupied Clean）；夜审后，将所有在住客房由“清洁”修改为“脏”；当客人成为预离状态时，将客房状态修改为“预离”
接口管理模块	调用信用卡接口完成信用卡预授权操作
	调用门锁接口制作钥匙
	调用电话交换机接口开启电话权限，进行电话计费、叫早服务等

四、顾客离店

顾客离店操作分为两类，正常离店与提前离店，PMS五大模块将配合完成以下功能：

（1）客户管理方面：将顾客本次业务设定为“关闭”，待夜审后计入顾客历史营业收入。

（2）业务管理方面：如果顾客状态为预期离店，则使用正常离店操作将顾客状态变更为“离店”；如果顾客状态为在住，应使用提前离店操作将顾客状态变更为“离店”。

（3）账务管理方面：将顾客账户余额予以结算。顾客可以选择现金结算、支票结算、信用卡结算和计入应收账户等。PMS将信用卡结算当作特殊的应收账款来处理，信用卡和应收账款转入应收账款管理模块进行处理。

（4）客房管理方面：将占用房由“占用”（包括“占用净”与“占用脏”）或者“预离”修改为“空闲脏”。

（5）接口管理方面：PMS通过接口关闭长途电话、修改客房控制系统状态、注销房卡等，完成对客服务流程。

表3-3　PMS五大模块与离店操作的关系

功能模块	实施处理
客户管理模块	夜审后，将顾客收入计入客户资料，完成对顾客的信息更新和数据统计，如入住天数、收入、餐饮收入等
业务管理模块	顾客业务状态由“在住”修改为“离店”
账务管理模块	结清住店客人账户，将账户设为“关闭”状态，依据支付方式不同，分别计入酒店不同收入项目（现金、支票、应收账款等）
客房管理模块	将客房状态由“在住”或者“预离”修改为“空”
接口管理模块	调用信用卡接口完成转账操作
	调用门锁接口退还钥匙
	调用电话交换机接口关闭电话权限，进行电话计费统计等

第四节　客房管理模块

客房管理模块是PMS的重要功能，它主要目的在于加强前厅部和客房部的信息沟通和相互协作，实现优质的对客服务，同时提高客房资源的使用效率和维护水平，多数客房管理模块具备以下功能：

（1）实时房态管理；

（2）客人入住时辅助分房；

（3）提供客房使用信息；

（4）组织客房清洁；

（5）提供辅助服务；

（6）生成各种管理报表。

客房管理模块将每个房间的状态展示给前台职员，前台职员只要输入房间号，就可以立即获得该客房的实时状态。当一间客房清理完毕时，客房部职员可以直接修改客房状态或者通过客房服务中心修改房态，这一信息被马上更新，前台职员可以实时获取实时房态。房态报告也可以在需要时打印出来。

客房管理模块在客人登记入住时能自动地处理房态和费用，管理模块在前台接待、总机和礼宾部的计算机上显示顾客信息，使前台能及时了解客人的情况。这些模块也使管理者能高效地安排客房服务员的工作量、工作进度等，并生成客房工作报表，另外，通过接口模块连接电话交换机，酒店可以更快捷实现自动叫醒服务、消息留言服务等功能，为这些辅助性的顾客服务活动提供强有力的帮助。

一、房态管理

在给客人分配房间之前，前台接待员必须获取酒店实时的、准确的房间状态信息。房间状态可以根据未来可用信息（通过预订数据决定）和现在的可用信息（通过客人入住信息、客房部数据决定）做相应的改变。

未来可用信息非常重要，是因为它不光可能会影响住店客人的停留日期，通过它还可以获取以后几天的可用房数据，给予前台员工可靠的房态信息，这样可以大大增强前台员工在提高入住率的同时保障顾客需求的能力。

拓展阅读

PMS提高客房工作效率

马克先生在星期四入住酒店，原打算星期五结账离店。但他在星期五工作期间发现自己必须留下来过完周末（星期五、星期六两个晚上），于是他来到前台要求延期续住（Extended），前台员工需要尽快答复客人的延期续住要求。在没有PMS的时代，前台员工不仅需要查看现在的客房状态，更重要的是需要查阅星期五、星期六晚上的预订信息，而预订信息被保存在预订部。因此，在没有PMS的时代，预订部与前台有大量的信息往来，在这一时期，从管理架构来看，预订部是前厅部的一部分。

PMS的运用完全改变了这一流程，在客人提出延期续住要求时，前台员工在PMS中查询房态信息和预订信息，从而迅速答复客人。比如在本例中，前台员工查询酒店管理系统发现：尽管周五晚上酒店业务并不繁忙，但酒店周六晚上客房已经全部预订。这显然引出了一个需要根据酒店制度加以解决的问题，但让问题在星期五就浮出水面，比在星期六客满时才发现要好得多。

客房状态是客房能迅速、及时销售的关键，常见客房状态定义如表3-4所示。为使前台职员在顾客登记期间能够正确地分配客房，目前可用房信息（Room availability）是绝对的基准信息。在没有PMS的时代，由于前台员工与客房部服务员之间信息交互不够顺畅，分配房间经常会出现错误，如前台将客人分配至占用房（Occupied）导致重复开房（Double check-in），客房部员工误将住客房（Occupied Dirty）当作走客房（Vacant Dirty）进行清洁而导致客人物品被丢弃。

表3-4　客房状态一览表

房态类别	房态	说明	备注
常规状态（所有PMS都具备的客房状态）	空房（Vacant）	客房处于空闲状态	
	占用（Occupied）	客房处于出租状态	
	清洁（Clean）	客房完成清扫并确认，处于清洁状态	

续表

房态类别	房态	说明	备注
常规状态（所有PMS都具备的客房状态）	脏（Dirty）	客房处于不清洁状态，需要打扫	一般情况下，夜审完成后，PMS将酒店所有占用房状态由“清洁”变更为“脏”
	维修（OO/OS，Out of Order/Out of Services）	客房处于“不可用”状态	OO和OS是完全不同的两种房态，OO房不含在出租率的计算中
附加状态（不同的PMS、不同的酒店设置，可能会有所不同）	预期抵达（Expected）	客房处于空闲状态，但有预订客人被分至该客房，今天该客人即将入住，是“空闲”状态的特殊情况	如果客房此时处于脏的状态，应该优先清洁；如果入住客人属于VIP，应按照酒店流程处理
	预期离店（Due Out）	客房处于占用状态，但客人今天预期离店，是“占用”状态的特殊情况	前厅部需注意客人账目，确认客人离店或者延期续住，为客人离店做好准备。客房部应该注意查房，防止跑账等情况发生
	检查（Inspected）	表明该客房已经经过客房部督导人员的检查，是介于“清洁”“脏”的中间状态	通过设定PMS中的参数，酒店可以实现“只有经过检查的客房才能出售”的功能
特殊状态（酒店在特殊状态下出现的房态）	沉睡房（Sleep）	前厅部显示该客房为“空房”，客房部显示客房为“占用”	由于前厅不知道客人的存在，酒店无法获取收入，客房在“沉睡”
	逃账房（Skip）	前厅部显示该客房为“占用”，客房部显示客房为“空房”	前厅认为客人尚在酒店，但客人很可能已经逃账
维修	OO（Out of Order）	维修	客房问题比较严重需要维修，而这一问题往往不是由于管理而是由于工程问题所致，如卫生间漏水
	OS（Out of Services）	维护	客房由于内部原因暂停出售，如封楼

在使用PMS之后，客房管理模块对客房状态进行集中控制，及时更新客房状态的变化，使前台员工能够在入住登记时快速准确地分配房间，而客房服务员也可以根据客房状态安排客房清洁工作。例如：当前台接待员为客人办理入住手续后，客房状态自动从空净（vacant clean，VC）变更为占用

净（occupied clean，OC），而这一信息会自动更新传达至客房部员工。当一位客房服务员完成清洁，将客房状态由空脏（vacant dirty，ND）变更为空净（vacant clean，VC）后，这一信息也会自动更新至前台，前台员工即可将客房再次出售。

案例分享

刘易斯来前台入住登记，前台员工小孟将客人分配至2503客房，给客人做完房卡后正要在PMS上进行操作，忽然旁边客人摔伤，小孟连忙跑去搀扶客人，也想着帮助客人后及时去完成操作，后来一忙就忘记了客房2503在客人入住后的实际房态应该是占用（Occupied）。由于小孟忘记在PMS上进行操作，在系统中2503的房态依然是空闲（Vacant），而前台员工对于客房状态的信息掌握完全依赖于PMS，所以前台员工认为2503客房的状态还是空闲，这就是客房差异。而2503客房的状态处于沉睡房（Sleep），会影响酒店的营业收入。

另外，如果另一位客人办理入住登记，前台员工有可能将客人分配至2503客房，由此产生重复开房（Double check-in）的后果。

客房差异（Room Discrepancy），也经常被称为客房矛盾，是指客房部与前厅部对某间客房信息的理解存在差别，常见的差别是客房状态差异（Room status discripancy）和客房人数差别（Room Person Discripancy），其中的客房状态差异是指客房部与前厅部对某间客房的状态记录信息存在差别，这些差异会严重地影响酒店的顾客满意度和酒店的盈利能力。在使用PMS前，客房状态差异主要是因为前厅部与客房部在沟通上的时间差异所致，而使用PMS后，客房状态差异也时有发生，这主要因为员工没有按照工作标准操作PMS。避免客房差异的主要方法是加强客房部的查房工作，不断地将客房部与前厅部的客房信息进行比较，与此同时，也需要加强员工培训，强化工作流程的完整性。

除了客房状态差异外，客房人数差异也是多见的客房差异，即客人入住登记人数与实际入住人数不一致，这不光影响了酒店加床等潜在收入的获得，更重要的是，我国公安部门要求每位住店客人必须办理入住登记手续并提交有效身份证明，客房人数差异会对酒店经营产生极大影响。

在产生客房差异后，通过客房管理模块生成客房差异报表（Rooms Discrepancy Report），给管理者指出特定客房的状态必须核实以避免沉睡房

（Slep）和逃账房（Skip）的产生，这一报表列出所有前厅部与客房部之间的客房信息差异，这也是客房管理模块的重要功能。

维修房设置（OO–OS）也是客房管理模块的重要功能，在客房服务员发现客房故障后，根据实际情况，将客房状态设置为OO（Out of order）或OS（Out of services）。当客房出现严重的工程问题需要维修时，将客房状态修改为OO，及时通知工程部门进行维修，在维修完毕并检查合格后，再将客房状态修改为VC状态。如果客房由于酒店经营原因（如淡季封楼），应该将客房状态修改为OS，待需要时再将客房状态修改为VC。

出租率到底是一个什么样的数字？

在许多酒店有争议，在Fidelio（OPERA）PMS中：

出租率（Occupied）= 占用房间数量/可卖房（Total rooms to sell）数量

而可卖房（Total rooms to sell）数量 = 总房间数（Total hotel rooms）– OO房数量

总之，房态管理是客房管理模块的核心功能，图3–5标示了酒店对客服务流程与客房状态之间的关系。

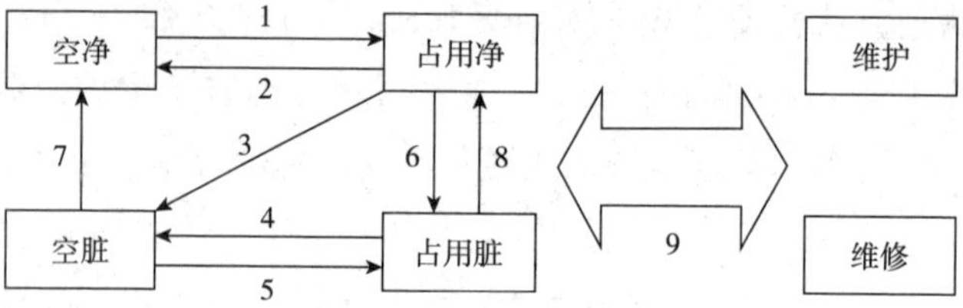

图3–5　酒店服务与客房状态之间的关系

二、客房与房费分配

客房管理模块还用于帮助前台职员在顾客登记入住时分配客房和房费。该模块既可以自动分配，也可以由前台员工手工输入房号或者根据选房条件进行客房分配。

自动客房分配将根据酒店管理层确定的参数来实现，客房可以根据预先指定的楼层或者按照客房使用的折旧率来选定，计算机可以跟踪客房使用频率来排列客房，系统根据所有客房存量中平均分布住宿负载的原则分配客房，以保证每间客房的损耗趋于平均，降低酒店损坏率。如果酒店并没有制定特定的选房条件，客房管理模块就按照客房号码的大小顺序来分配，在这样的情况下，往往会造成楼层低的客房使用率过高，最终引发客房提前损坏。

交互式客房和房费分配程序是客房管理模块的常见功能。在需要提高客房分配的针对性和速度时，这样的功能对前台员工很有帮助。比如，在一个拥有800间客房的酒店，前台员工就可以通过一系列查询来缩小分配的范围，诸如楼层、客房朝向、无烟楼层、连通房等。这样就可以使登记入住、更换客房等操作更加方便快捷，并满足顾客个性化需求。

为了迎合顾客偏好并确保登记入住流程的流畅，客房管理模块通常具备超驰功能，即前台员工强行分配非VC房给客人，这一功能可以应付很多常见的情况，如客人早晨来到酒店，恰好此时客房尚未清扫完毕，客人的客房处于脏（Dirty）状态，此时前台可以使用超驰功能为客人先分配一间脏房同时告知客人客房暂时不可以使用，但客人可以将行李寄存后去用餐或者办理其他事宜，这样的处理无疑比告知客人“暂时没房，请等待，且不要走太远”要容易接受得多。

在酒店出租率高峰期和有大型团队入住时，为了提高客房使用率，让客房分配得更合理，如让同一团队的客人尽可能入住同一楼层，让低价订房的旅行客人和高价渠道的商务客人尽可能不住在同一楼层，酒店前厅经理经常会提前将客房分配或者专门设立客房分配职位来完成这一工作，这样做的目的都是为了在大型的酒店中更好地、更合理地来分配客房资源。

最后要明确的是，客房类型总是被设定了房价，当客人入住的房型发生变更时，如客人所预订房型无房，客人升级到高一级房型，员工必须在客房管理模块中修改房价，以防止发生因遗忘而导致的损失。

三、住店客人信息

客房管理模块还提供了查询顾客信息的功能，这一查询功能必须区分不同的员工权限，如礼宾员、总机接线员、前台接待员分别可以查询详细程度不同的顾客信息，包括姓名、到店时间、房号等，具备权限的员工还可以查询详细的客人喜好、消费历史等，这样的设定对于提高员工对顾客的认知，增强对顾客的个性化服务很有帮助。

顾客信息也有可能从客房管理模块传送到销售点，以加速对顾客购买行为收费的确认和授权过程。当一个客人在餐厅用餐完毕后，餐厅收银员通过询问客人的房号和入住登记的姓名，可以确认特定客房的客人，这样就可以使费用过账到错误的顾客账单上的可能性减至最小，在有些情况下，这些费用会被错误地过账到已经退房的顾客，甚至是某一个并不存在的客人账单下。尽管酒店一卡通的普遍使用使得酒店可以通过刷客人房卡来收到“验明正身”的效果，但顾客信息依然是一个有效的核实方法。

四、服务员分配

客房清洁是客房部服务员的重要工作，而每日客房部早会的工作分配则是一天工作的基础，客房管理模块提供了完整的客房服务员分配的功能，能够帮助酒店客房管理者完成如下功能：

（1）预测需要清清的客房数目和工作量；

（2）根据工作量安排客房服务员的工作；

（3）分配工作量；

（4）衡量工作量。

客房管理模块通过处理现有客房数量和预计抵达客人数量来预测需要清理的客房数量，根据客房数量、房态、入住人数的不同来计算工作量。最后，在酒店的工作量标准基础上，结合酒店楼层区域分布，为每个客房服务员分配合适的客房数量并指定房号。

在初次进入客房去清理时，客房服务员可以使用PMS的客房电话接口模块输入自己的员工号码、房间号（不一定是必须的）以及房态修改码来修改客房状态，这样PMS会记录下这个修改的时间，这样客房管理模块就可以统计劳动生产率。劳动生产率由计算一个客房服务员花在一间客房的平均时间和一个班次里清洁的客房数目（或完成的工作量）得出，生产力报告使管理者能够在整个班次跟踪客房人员分布的同时，也清楚潜在的效率提升点。

在客房管理模块生成客房工单过程中，调用客户资料管理模块和业务管理模块，将相应的顾客信息和预订信息一并生成至工单中，可以有效提高客房服务员的工作效率和服务质量，如客房工单中记录了客人非常喜欢香蕉，客房服务员在送水果时就可以选择给该客人多送点香蕉，而当客房服务员得知客人对花粉过敏时，客人的欢迎鲜花这一项服务则应该被取消。

第五节　顾客财务模块

顾客账务模块运用信息系统来实现对客人账务的管理，并极大地改变了传统的客户账务管理方式。客人账务维护的信息化使得原有的账单卡、分类账单、过账机制得以简化，计算机控制着顾客的信用额度，并提供多种灵活的支付方式，当客人消费发生时，系统自动检测消费金额是否超过客人信用额度，超过信用额度的抛账操作将无法完成，而通过审核的抛账操作计入客人账户。结账时，账单余额自动传送到客人账户。而每日夜深时，系统自动将每笔收入汇总并计入酒店收入。

从财务的角度来看，酒店管理系统最重要的部分是顾客账务模块，电子账单的建立使得远程销售点可以将费用直接抛至住店客人和非住店客人账户上。顾客账务模块使得管理层能够在对客服务期间，对客户账务进行控制。这一模块主要负责费用抛账、自动更新（审核）账户信息、显示/打印账单，此外，顾客账务模块还给诸如账单处理、账户余额、收银员对账、财务审计、应收账款等领域提供了信息化的控制手段。顾客账务操作与酒店服务之间的关系如图3-6所示：

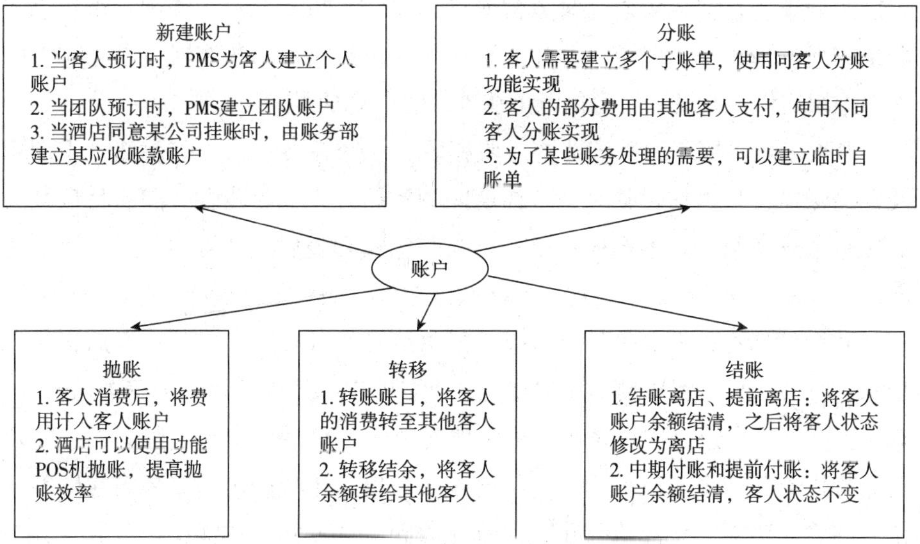

图3-6　账户操作与酒店服务和管理的关系

一、账户类型

酒店管理系统可以确保在顾客预订完成时准备好一张客人账单，如果客人没有预订，则该账单在入住时生成，账单包含的客人入住的基本信息有：

（1）顾客姓名；

（2）地址；

（3）客房号码；

（4）账号单。

酒店提供了不同的账单类型，其中个人账单也叫做“客房账单”或者“顾客账单”，指派给住店顾客，其作用是记录他们和酒店之间的服务与费用。团队账单一般对应于不止一个顾客或房间，包含着不转账至个人账单的一些交易记录，团队账单一般用于给多数团队和会议提供所需的记账服务。

非住客账单是为那些产生店内费用的非住店顾客设立的账单，这些人包括会议客人、餐饮顾客、企业客户等，非顾客账户号在账户建立时指派，并可以制作在专用的账户卡上。如果消费行为由非顾客账户收费，收银员一般会要求顾客出示账户卡，以确认转账有效。

顾客账务模块的功能在于能够执行持续的转账和审核流程，这通常依赖于控制账单的存在，可以为每个营业点创建一个控制账单，并用它来跟踪转账至其他账单（个人账单、非住客账单）的所有事务。控制账单是强有力的内部控制文件，并极大地简化了正在进行的审计功能。

半永久账单用于跟踪转账的应收账款，一个在登记入住前就建立了信用授权的顾客，可以在付款时将入住期间的费用计入应收账款，酒店将该顾客的账单余额转至一张半永久账单，以跟踪记账和随后从认可的第三方收取付款，一旦未结算的余额被付清，半永久账单就会被关闭并删除。

永久账单能够用来跟踪由信用卡公司结算的顾客账单余额，酒店将为每个和它有合同付款程序的实体建立一张永久账单，比如，可以为美国运通卡、Visa、万事达卡建立永久账单，如果顾客要使用信用卡支付，顾客账务模块就会将该余额转至对应信用卡公司的永久账单，永久账单使得酒店在顾客逗留时间之外仍能够跟踪应收账款，只要酒店继续和该实体保持业务联系，对应的永久账单就会一直存在。

二、将费用转至账户

一般来说，客人账单下的消费有两种来源：一种是PMS本身或者POS终端生成的，被称为抛账，如客人的餐饮消费抛账、通过电话交换机接口计入客人账单下的电话费；另一种由顾客账务模块自己生成，如在系统夜审期间，房费以及服务费将自动转账至所有的住店客人账单上。尽管顾客账务模块在操作时的细节不尽相同，大多数模块为了确保金额正确地转账到对应的账单，将依靠特殊的数据录入格式，一般包含以下信息：

（1）房号；

（2）识别码；

（3）参考码；

（4）费用总额。

在输入一个房号（或账户号）后，顾客账务模块会要求再输入一个识别码，这是当一个客人有多个子账单时区分子账单使用。参考码中通常填写该笔交易对应的原始凭证号码，是为了更好地实现酒店内部控制。

最后的数据录入要求输入费用总额，在接受一个费用并将之转账到某个账单之前，顾客账务模块会启动信用监控程序，这个程序将比较现有的账单余额和由管理层预先设定的信用限额，如果该费用没有超过信用限额，则转账操作成功，否则转账不成功，系统弹出转账失败提示。

三、夜审程序

在PMS出现之前，夜审意味着大量的工作，夜审员需要手工完成所有房费、服务费和部门转账费用的操作，夜审员还要平衡所有顾客、非顾客的账户并制作各种报表。在PMS出现之后，夜审程序会完成所有这些任务，PMS使夜审更加简化。

夜审程序执行的主要内容包括制作各种报表、房态更新、费用过账，最后，将系统日期更新一日。在夜审期间，顾客账务模块会自动地把房费、服务费和其他固定费用转账给每个出租客房的账单下，此外，该模块会根据收银员班次自动平衡部门账户，并生成一张试算平衡表。顾客账务模块还能够在两个账单之间传递费用。

四、账务结算

打印清晰细化的顾客账单可以显著地减少顾客对账单费用的争议。如某次结账时，刘女士认为出现在她账单上的长途电话费用有误，此时，前台员工可以根据账单上的参考码找到对应的电话记录，随后就可以确认电话打出的源头（房间号）以及所拨叫的电话号码，这个过程使酒店能快速、有针对性地解决个人账单金额争议问题。而对于许多争议账单，客人消费的原始凭证、签字就成为非常重要的解决争议的依据。

酒店可以通过程序设定的夜审程序，提前打印当天预计结账离店的顾客账单（通常在早晨7：00）。预先打印账单可以明显地加速结账过程，减少顾客投诉，同时预先打印账单也可以减少停电等故障带来的损失。如果客人账单在打印后发生变更（如有新的费用抛账至账单），可以将预先打印的账单作废，重新打印后按照新的费用结算。

在账务结算中，滞后收费是指顾客结账离店后才将顾客的消费费用转到账单上，信用卡授权的使用让酒店可以追讨该费用。在这样的背景下，快速结账服务（Express Check Out）随即产生，即客人提前签署授权支付入住期间费用，在客人结账离店日，酒店提前打印客人消费明细并由客房门下塞入客房，客人在客房内审核费用无误并签字后直接离店，这样的服务使结账离店操作更加快捷。

第六节　外围设备管理（接口模块）

随着酒店业信息化的发展进程，酒店用到的各种设备越来越多，通过接口实现由PMS对外围设备的控制，是提高酒店信息化程度的重要方法。是否具备接口是PMS是否先进的关键技术指标，支持接口的数量也代表了PMS的主要性能，目前主流PMS系统，普遍可以支持电话交换机、电子门锁、信用卡设备、POS收银设备等外围设备。

接口对酒店服务的影响，不仅体现在速度方面，还体现在质量上的提升。如支持电话交换机数据写入功能，当客人在前台入住之后，入住的姓名等信息被写入电话交换机，这样当该客房客人打电话到酒店总机时，总机就可以在屏幕上直接看到客人姓名、房号等信息，有效地提高了酒店对客服务质量。

还有的酒店安装了客房控制系统，可以将客人本次入住的客房设置（空调温度设置、电视频道、灯光亮度）等信息存入客人资料，当客人下次入住时，酒店可以“现场还原”，将客人上次离店时的状态重置，令客人有宾至如归之感。

常见酒店外围设备及接口有：

（1）预订系统（酒店官网、集团网站、第三方预订等）；

（2）电话交换机（电话计费、等级控制、电话Min吧报账、房态控制）；

（3）网络交换机（宽带计费）；

（4）VOD点播（VOD计费）；

（5）信用卡（信用卡支付）；

（6）电子门锁（发卡、制卡）；

（7）收银点（抛账、收银等）；

（8）客房控制系统（客房电话、客房移动电话）；

（9）能源控制（客房温度控制、灯光、电视频道等）；

（10）公安传输（身份证自动上传）；

（11）身份证扫描仪（身份证扫描、客人信息输入一体化完成）；

（12）RFID识别（客人远程识别）；

（13）收益管理（根据出租率、历史数据等信息，动态计算合适的房价等）；

（14）自动Mini吧（实现Mini吧自动计费功能）。

第七节　酒店管理系统选择原则

一、选择原则

酒店管理系统在现代酒店管理中，已经成为不可或缺的辅助工具。面对现在市面上出现的众多管理系统，作为酒店的管理者应该怎样来选出适合本酒店的系统呢？

首先，从酒店管理系统总体发展思路上来看：

第一，专业化。不要认为只要是IT公司就可以开发酒店管理软件系统。事实上，酒店管理软件从总体策划到正常运转是一项复杂而困难的专业化工程，如果没有一定的酒店知识，就难以与酒店员工进行良好的交流和合作；如果对酒店软件的安装、培训及维护缺乏经验，就无法保障工程的顺利实施和按时完成；还有就是不能提供长期的系统维护和版本升级等问题。很多酒店引进软件失败或软件的使用效果不佳，其主要原因就在于此。

第二，稳定性。一些酒店过分强调“二次开发”。当然，并非不能进行二次开发，我们强调的是不能在实施培训的同时进行二次开发，那无疑是一场灾难。我们希望酒店能够理解并尊重软件开发和实施的规律，酒店的合理需求可以落实到软件中，但是需要时间，需要严谨充分的稳定性测试。规范的做法是通过版本升级来实现功能的完善。某些功能暂时不能满足酒店需求时，应当首先强调整个系统的稳定性——系统稳定比功能完善更加重要。还有一些酒店希望通过管理软件来解决酒店的一切管理问题，这是不切实际的想法，一套软件能做到的是固化管理流程、加强监控、实现无纸办公，并不能替代必要的人为参与。

第三，适用性。功能并非越多越好，酒店应该从自身的管理精度以及雇员文化水平出发选择软件。一个庞大的系统往往会增加实施难度，拖延工程进度，可能使整套系统难以投入运行。事实上许多功能平时很少用到，或是无法与酒店的实际情况相适应，求全责备很可能导致劳民伤财。对酒店来说，软件投资是一个很重要的环节，应当避免对适用性欠考虑所致的投资过高和投资过低造成性能下降这两种倾向。

第四，培训。重视酒店有关人员前期的学习培训。培训的目的是要求他们能够上岗独立操作、独立思考和处理常见的问题。如果希望提高工作效率，减少使用过程中的误操作，酒店工作人员必须认真接受培训和考试。

第五，要正确对待“洋货”与“国货”。有很多酒店过分迷信国外知名品牌，认为进口的一定就是好的，贵的一定就棒，这是一种偏见。酒店管理软件是用来搞好酒店内部管理和提高对客服务品质的，住店客人并不知道你用的是国产软件还是国外软件。因此不考虑酒店本身的实际情况，盲目追求软件的高档品牌显然是不可取的。值得骄傲的是，现在我国自主开发的酒店管理软件已进入到五星级酒店，有的国际著名酒店集团也已经开始使用中国国产软件。国产的优秀酒店管理系统，在技术上并不落后于国外产品，在功能、性能上也可与国外产品相媲美，在售后服务、本地特色化方面更明显优于国外产品，现在主要的差距是在一些管理理念和软件品牌上，国产软件仍需学习提升。

二、选择标准

具体应该怎样来选择适合自己的酒店管理系统呢？酒店可以从以下几个方面来着手考察：

（1）功能性强：酒店管理软件，是针对酒店管理用的，酒店管理软件应含有前台收银、商品管理（如一次性用品、食品、客房用品等）、会员管理、客史中心、协议管理、财务分析等功能，而市面上有些酒店管理软件，仅仅是简单的前台收银系统，忽略了酒店运营的管理细节和部门之间的协同办公需要，根本就满足不了酒店完善的管理服务需求。

（2）操作简单：软件好不好，用了才知道，不好的软件，用户得一个星期甚至更长时间才能学会，而好的软件，上手性很好，一两天就会，操作起来很方便。

（3）报表详细：报表作为酒店管理系统一个重要的部分，可能有些用户认为，我只要能看到今天收了多少钱就好了，其他的不重要。但事实并非如此，酒店管理软件中很多报表，当时可能用不到，可到了真正要查账的时候，没有的话，就很麻烦了。尤其那些审核中心的报表，是财务总监能否察觉有无财务疏漏的关键。

（4）高效地杜绝财务漏洞：这是非常关键却又是最容易被用户忽略的一项功能。酒店管理系统的主要作用就是辅助酒店提高工作效率，同时杜绝财务漏洞。酒店所有的利润都跟总台账务有关，如果总台某些服务员素质低或粗心大意，往往会给酒店带来很大的损失。如果酒店没有用酒店管理软件，或酒店管理软件跟门锁软件没有捆绑，那么客人入住的时候，假如前台服务员直接在门锁软件中发一张房卡，不进行登记，酒店负责人可能根本不知道。如果酒店管理系统跟门锁系统进行了对接，客人要入住，必须在酒店管理系统中发房卡，而且发房卡之前，必须先入账再发卡，这样就有效防止某些漏洞的出现，同时也提高了工作效率，减轻了前厅的接待压力。

（5）扩展性能好：如有些酒店需要在软件中增加发房卡的功能，增加电话收费的功能，或增加读二代身份证的功能，让酒店管理系统成为载体，把其他配套的设备都能够很好地兼容进来，免去一些不必要的麻烦，减轻前厅的工作压力，提高工作效率，当然，这些都需要酒店管理系统开发商具有二次开发的能力。

（6）维护方便：现在的电脑由于各种原因，总有系统重装的时候，系统重装了，软件系统需要重新安装。软件安装应快捷，软件设置应方便；另外前台人员变动性比较大，在新员工入职后能否进行及时的软件培训，也是售后维护的关键所在。

（7）在线升级：有些软件就像杀毒软件一样，升级程序会自动检测是否有新的升级内容，如果有就会自动升级，这样客户可及时地用到最新的软件功能，来服务酒店的管理。

（8）可持续发展：一套好的软件需要专业软件提供商，根据行业发展需要进行不断地开发完善，可持续地满足客户在不同时期的管理需要。所有我们在选择软件时一定要选择那些公司发展相对稳定，有行业创新能力的软件企业来合作。

所以，在选择酒店管理软件时，一定要注意上面这些情况。另外在购买酒店管理软件的时候，千万不能仅用价格来判定一个软件的好坏。只有适合酒店自身的，才是最好的。

拓展阅读

PMS酒店管理系统四大趋势

由迈点网主办，以“酒店如何漫步云端落地有升”为主题的第十六届中国酒店业新发现研讨会，于2019年4月23日在福州闽江世纪金源会展大饭店举行，众荟信息慧云事业部副总经理刘宝利先生应邀出席并发表了名为“漫步云端的酒店PMS”演讲。此次演讲以PMS的发展进程和用户体验的诉求为切入点，由浅入深地揭示了未来PMS四大趋势。以下是该次演讲的精华内容。

1. 更加自动化

除了直连、自助选房、预付、增值服务预设、使用智能门锁等提升宾客体验的功能外，针对酒店自身来说，未来PMS将引申到一个新的概念——价格自动发布，酒店的价格发布通常是人工干预的，但是人工干预难免出现错误，通过计算机能够自动发布更准确的价格，同时解放人力来为宾客提供更加完善的服务。

2. 大数据的PMS

市场环境无时无刻不在发生变化，所以要了解未来市场需求，PMS收集的数据将不仅限于酒店自身的数据，而是更广泛、更全量的数据，包括宏观市场需求数据、周边竞争数据、交通数据、天气数据等多维度的数据。只有将过去的小数据和过去的大数据，包括未来大数据的全量数据进行综合分析，才能真正把握未来，最终使酒店获得收益。

3. 人工智能的PMS

随着云端的落地，PMS就势必会利用对房价和库存的管控，成为酒店智慧一体化的支柱，融合收益管理功能，更好地把适合的产品，在合适的时间，以合适的价格，通过合适的渠道卖给合适的客人，从而助力酒店收益最大化。从精准营销、品牌定位提升、房型配置、客流分析到市场、订单、房价预测再到点评、预订机会转化分析、流失分析、产品分析，都可以由基于全量数据的用户画像、预测算法等方式，趋于零误差。另外，未来的PMS将通过对操作员的需求进行适配，而具备自主学习功能。

4. PMS将趋近于平台化、服务化

PMS早已和水、电一样，成为酒店的刚需。而功能强大的PMS，投资、运维费用庞大，未必适合小型连锁或单体酒店，故以自身情况按需选择尤为重要，定制化、安全性高的PMS将给酒店带来最大助力。

未来能够让酒店得以“漫步云端”的PMS，必定是平台化、自动化、大数据、人工智能的结合体，如同四肢缺一不可。PMS基础数据部分，也将迎来一次大规模的扩充机会！

资料来源：http://www.vbotplus.com/hydt/121.html。发布者：麦田酒店管理系统。

案例分享

亚朵酒店，不期而遇的温暖

在各行各业竞争激烈的当代社会，在各大酒店纷纷拼豪华装修，选取黄金地段的背景下，2013年，一股清流涌现，提倡人文、温暖、有趣的“在路上”第四空间生活方式，致力于向新中产消费者提供优质的酒店服务与生活方式的产品的亚朵酒店诞生了。“亚朵”这个名字的由来是创业者在一次旅行中，意外走进了亚朵村，为当地的自然、清新、淳朴所触动，那里虽不富足，但人与人之间诚实、信任，心存善意，常怀幸福，故以此为名创立了“亚朵”。亚朵酒店LOGO为一个变形的“A”，既是一个微笑的形象，象征亚朵酒店是一家令人舒心的酒店，同时，它也是一扇等待开启的门，有无穷无尽的美好等着客人一起去发现。

亚朵瞄准新中产消费者，这群目标消费者充满人文情怀，重视文化体验，亚朵抓住这一特点，打造不一样的住宿体验。以位于广东省茂名市的亚朵酒店为例，让我们一起欣赏一下这家不一样的酒店。

亚朵·初见——极致服务

一入大厅，你可能感觉不到是进入了一家酒店，因为常用的大堂、康体、行政层等设施通通都没在这里出现。高达9米、纵深感十足的挑高3层LOFT设计让空间十分开阔，原木色和白色的主色调让人不由自主觉得安心和舒服。

在刚进门的那刻，前台就已经注意到你，第一时间为你奉上一杯暖暖的茶，让你倍感亲切。无需繁多的登记手续，无需住房押金。简单地登记个人

亚朵酒店外景

成都亚朵轻居酒店

亚朵酒店高级房内景

亚朵酒店室内摆设

福建三坊七巷亚朵酒店图书馆

信息即可拿到房卡，开始享受亚朵酒店的精细服务。

亚朵·宿归——回归自然

酒店一共有126间客房，分别设有雅致房、高级房、几木房等。住房都在8楼以上的高层，远离底层带来噪声的困扰，而且每个房间都非常通透明亮。

简约北欧风的客房，素雅的色彩搭配和恰到好处的空间格局能让人瞬间放松下来，却完全没有其他酒店里整洁干净却总带了些些疏离的感觉。

淡色系的被套触感柔软，日式色织水洗棉比普通纯棉更柔软透气，十分亲肤细腻，皮肤瞬间就爱上了这轻柔的触感。配上一张具有记忆棉的Planet Bed床垫，让你从劳累中解脱，恢复体力。

亚朵·相招——味觉盛宴

“相招”是亚朵的餐厅，干净整洁的用餐环境，配上绝佳视野的大玻璃窗，客人一边用餐，一边欣赏茂名的美景。

每一座城市都有属于它的独特味道，每一个地方的亚朵都会提供当地的特色美食。像具有茂名地方特色的捞粉白粥等，名厨厨艺精湛，菜品种类多样，菜品随时上新，这不仅仅是亚朵的早餐厨房，更是一个味觉盛宴的天堂。而更让人心动的是，无需额外费用，加入亚朵会员，即可免费享用早餐！

亚朵·竹居——静谧时光

免费借阅读书馆，一直是亚朵的最大特色之一。里面的书籍，种类繁多，且以经典书目为主，也有不少口碑很好的畅销书。

有亚朵就有“竹居”，这里是7×24小时阅读空间，是每一座城市的精神驿站，在匆忙的旅程之余，让自己歇息在书海里。在竹居内还为客人提供了独立的书桌、苹果电脑、笔记便笺、打印机以及当日的地方新闻报刊。

无论是否入驻酒店，大家都可以在竹居自由浏览、无偿借阅书籍，亚朵生活体系内还支持异地归还，归还有积分相送，以聊表一颗喜爱读书的心。

在酒店管理系统选择上，为了避免酒店管理行业的痛点，诸如酒店管理漏洞多，财务不安全风险大；客源被OTA牢牢锁死，没有自己的会员，营销方式单一；软件无法定制，无法更改管理模式；软件售后服务差，成本高等。亚朵酒店选择了广州麦田科技有限公司的PMS系统，更加智能化，且在防护管理漏洞，与OTA直连，发展自己的会员等方面表现良好，大大提高了亚朵酒店的经营与管理效率。

资料来源：茂名论坛. https://bbs.gdmm.com/forum.php?mod=viewthread&tid=3147682&page=1. 有删减修改。

第四章

智慧酒店接口功能

【导言】

酒店属于服务型企业，在经营的过程中需要与许多部门交换数据。在设计智慧酒店系统时要提供相应的接口功能。PMS是酒店信息化、智能化的核心，它掌握着房间状态、宾客信息等核心数据，其他任何需要与酒店客人交互的智能设备，均需要得到PMS系统的接口支持。接口使PMS可以访问各种系统，而不需要改变PMS的主要结构。

本章将详细叙述智慧酒店管理系统的各种接口，其中主要接口包括：

（1）预订系统接口；

（2）POS；

（3）电话接口；

（4）门锁；

（5）客房控制（空调灯光）；

（6）身份证扫描、公安上传系统；

（7）其他（自助设备）。

以上只是最常见的外围系统，许多酒店还根据自身需要配置了更丰富的外围设备，也需要PMS提供更加完善的接口，如顾客自助系统（Kisok）、视频点播系统（VOD）等。PMS支持的接口种类和数量是PMS先进程度的关键指标，接口的多少也反映了酒店信息化的先进程度。例如：目前流行的 OPERA PMS系统，分为全服务版（Full Services）、简化版（Express）和精简版（Lite），这三个版本在功能上完全一样，唯一的区别在于开放的接口数量，全服务版没有数量限制，精简版可以开放40个，而Lite版本可以开放20个。随着世界各地的旅行者越来越习惯使用计算机，酒店行业信息化、智慧化程度不断提高，这一领域将呈现快速发展的趋势。

【学习目标】

- 了解智慧酒店的几种重要的接口功能。
- 了解每种接口的功能与用途。

【导入阅读】

忘带身份证，刷脸也能住酒店？近日，记者在杭州拱墅区的逸酒店体验飞猪未来酒店的刷脸入住，直接点击刷脸机触摸屏上的“未携带身份证件”，输入身份证号码，电脑启动摄像头，人脸识别后，不到1分钟就办理完入住手续。

以前，顾客如果没带身份证要入住酒店特别烦琐，需要去酒店附近派出所开一份证明。今后，通过全新的面部识别技术，直接连接公安系统认证，住店旅客将快速、准确地一次性完成身份验证。飞猪酒店事业部运营总监徐翔表示，杭州拱墅区内，将有5家酒店的入住管理流程将可“刷脸入住”，还将进驻西溪天堂的酒店群落。

据悉，刷脸入住得到了公安系统的支持。在拱墅区作为试点，由飞猪和悉点科技合作共同完成刷脸入住的升级。悉点系统支持飞猪直连PMS（酒店管理系统）直接对接公安系统认证，双方结合实现信息实时互通。飞猪打通了公安系统认证到PMS的全流程，成为酒店方、PMS以及公安系统中间重要的支撑平台。

关于刷脸入住系统的优势，逸酒店销售经理蔡梁介绍道：酒店原本的入住系统需要两次身份认证，第一次身份认证输入酒店系统，第二次身份认证链接公安系统，所以整个流程会很复杂，耗时长。刷脸入住系统直接将酒店、飞猪、公安系统打通，入住酒店只需要一次身份认证，对酒店和客人都大大节省了时间。这套系统直接与公安系统打通，客人即使没带身份证也能刷脸入住。据悉，悉点的刷脸认证目前的准确率已经达到99.8%。

飞猪未来酒店的规划里，不断在尝试应用“黑科技”。诸如在线VR选房、自助Check-in、智能门锁以及离店提前预约水单发票等服务，希望能在帮助酒店减少成本、营销增值、提升酒店的管理水平的同时，也带给用户实实在在的便捷。

业内人士分析，酒店智能化是未来大势所趋，希望更多的尝试能够真正促进酒店行业管理系统的智能化，真正服务升级。

资料来源：中国新闻网．http://auto.chinanews.com/life/2017/03-02/8163401.shtml.

思考：

（1）是什么接口功能使得消费者刷脸就可以入住酒店？

（2）除此之外，你还了解哪些酒店接口功能，它们为酒店的经营与管理带来什么帮助？

第一节　预订系统接口

一、自动连接功能

预订是酒店业第一个实现信息化的领域。在1958年，喜来登就实现了电子化预订，1969年PMS诞生后，酒店业把预订系统和PMS系统的自动对接作为酒店预订的基本功能，20世纪70年代流行的全球分销系统（global distribution system GDS）具备了自动接口的功能，各大酒店集团建设的集团中央预订系统（central reservation system，CRS）也具备自动连接PMS的功能，如万豪酒店集团的 MASHA、洲际酒店集团的Holidex等，大幅度降低了预订的工作量，提高了预订的实时性。

但在中国，由于酒店以单体酒店为主，且中国酒店信息化的进程是“先有PMS，后有预订系统（这里的预订系统主要指集团预订和第三方网络预订等）”，所以许多酒店并没有建立网络预订系统与PMS的自动接口，网络预订的背后依然需要人工操作，大幅度地提高了人工成本，也造成了预订响应速度不及时、价格更新缓慢和房间数量不同步等问题。

二、预订系统接口的功能

预订与PMS的接口，可以实现将预订系统（包括酒店官方网站、第三方预订平台等）与PMS系统自动对接，预订系统的信息可以直接进入PMS系统完成预订，从而实现预订的无人化，预订接口通常可以实现以下功能（图4-1）：

（1）新建预订。

（2）预订变更（通常必须将原预订取消后再次预订，以防止产生数据变更不及时的现象）。

（3）预订状态确认（依据客人入住与否可以分为入住 check-in、取消 Canceled、未入住NO show）。

（4）佣金自动计算。

（5）管理众多网络渠道，包括新兴渠道的实时数据通信。

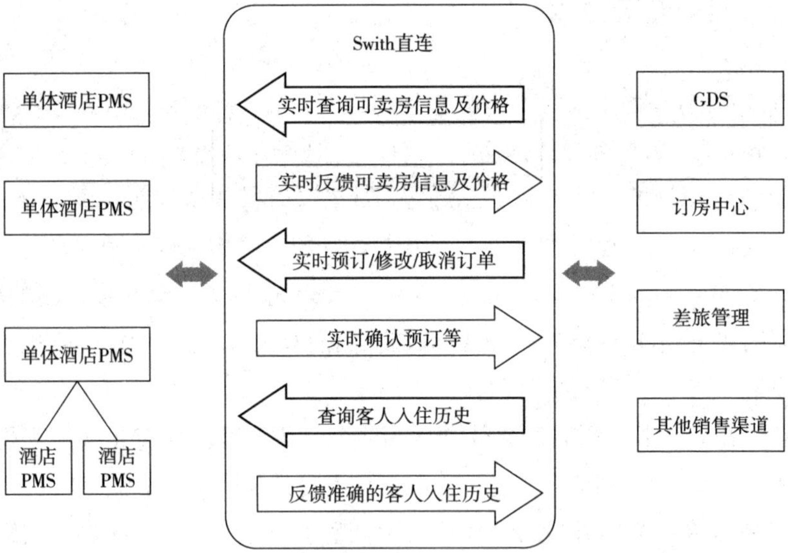

图4-1　预订系统接口可以实现多种预订渠道的管理与实时操作

三、预订系统接口的性能评价

预订系统接口优化了预订的流程（图4-2、图4-3），大幅度提高了预订的速度，同时也改善了客户体验。在这一技术背景下，集团预订中心、区域预订中心等管理模式逐步建立。另外，在预订系统接口的建设过程中，由于预

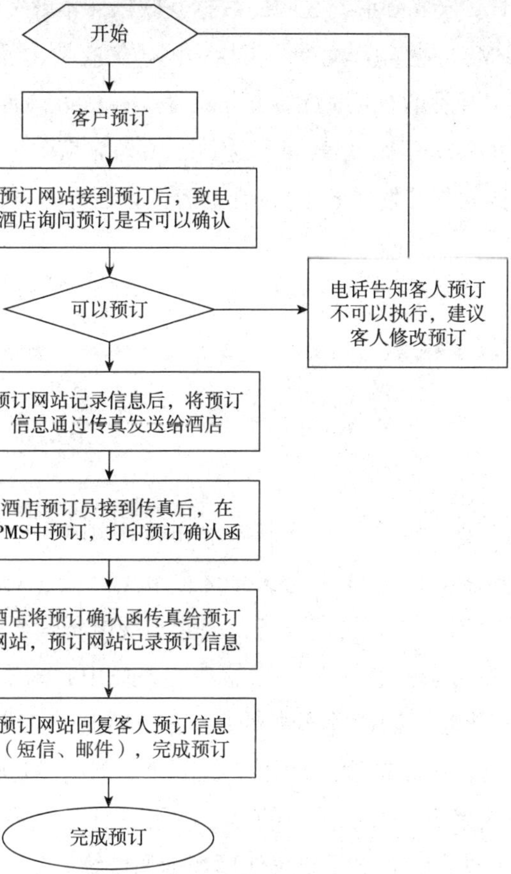

图4-2　未使用预订系统接口的预订流程

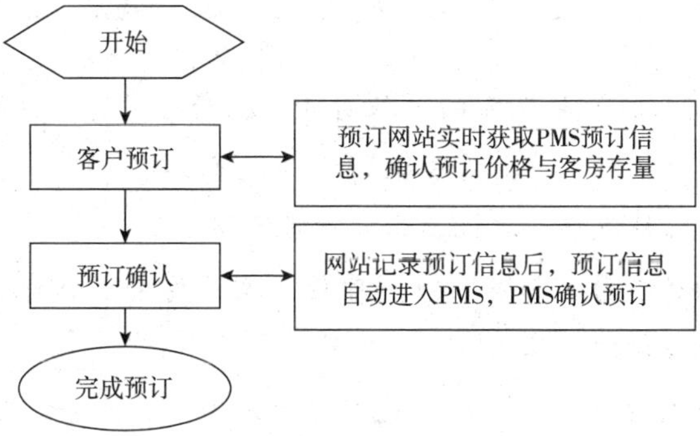

图4-3　使用预订系统接口的预订流程

订网站、第三方预订平台与PMS分属不同企业，系统的兼容性是最重要的指标，而双向信息互通故障是最容易出现的问题，如万豪MASHA系统虽然已使用多年，但MASHA与Opra系统之间的数据互联依然不够完美，从技术角度来看，预订系统、PMS的融合开发是解决这一问题的有效途径，如MICROS公司（Opera的开发商）开发的Opera ORS（opera reservation system）可以将预订系统、Opera PMS和Opera S&C系统进行连接，另外北京中长石基公司开发的畅联系统、上海德比软件开发的Hotelier在兼容性方面也有不错的表现。

第二节　POS系统

一、POS

POS（Point of Sales）原本的含义是销售节点，把它安装在信用卡的特约商户和受理网点中与计算机联成网络，就能实现电子资金自动转账，它具有支持消费、预授权、余额查询和转账等功能，使用起来安全、快捷、可靠。POS被广泛地用在零售、酒店等多个行业。在酒店业中，POS是安装了收银软件的电子收款设备，可以被酒店运用在各个营业部门。这样的设备使得收银员服务与结账的效率更高，更重要的是，收银员可以直接操作顾客账户，完成抛账（Posting）操作，而不需要再使用烦琐的传统流程。

拓展阅读

在1993年国家旅游局颁布的《旅游涉外饭店星级的划分》（在2003年的第五版中，该标准名称修改为《星级饭店的划分与评定》）中，明确要求三星级及以上酒店，必须提供一次性总账单结账服务。

这就要求顾客在每一个营业点消费后，收银员除了现金结算外，必须提供将客人的消费金额计入客人账户的操作，即“抛账”。

在没有POS的时代，收银员应先打电话到前台询问客人账户余额是否足够挂账，在确认可以挂账后，在挂账单（俗称“水单”）上填写房号、客人姓名、消费项目、消费金额等信息，客人签字后送至前台入账。

在使用POS后，各营业点收银员可以直接操作顾客账户，实时完成抛账操作，如果顾客账户超过限额，POS接口会返回账户超限额而拒绝抛账操作。

拓展阅读

国内智能POS机具的技术标准不断完善，为消费者交易过程提供了技术支持和安全保障。通过数据加密技术、数据签名技术、安全应用协议及安全认证体系等基础安全技术，使得支付过程中的用户信息及交易信息得到保护，确保安全。此外，基于GPS技术，POS行业开发移动POS，为持卡人提供更安全、更有效率的支付服务。

2015年我国酒店行业智能POS机需求量为5.3万台，2016年酒店行业智能POS机需求总量为7.8万台。2015年我国酒店行业智能POS机需求市场规模为1.39亿元，2016年酒店行业智能POS机需求市场规模为1.83亿元。

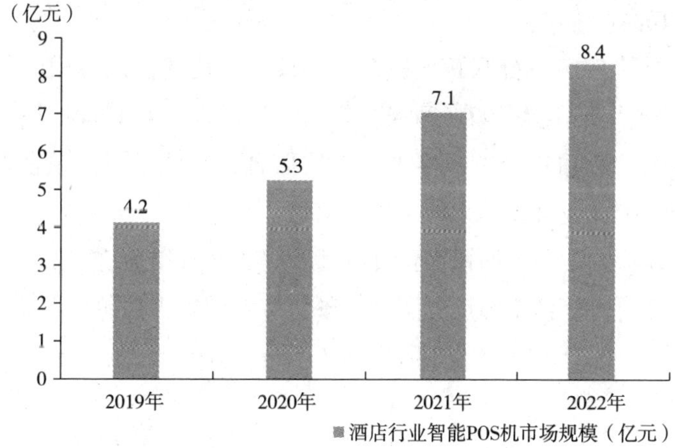

图4-4 2019-2023年我国酒店行业智能POS机市场规模预测

资料来源：智研咨询发布的《2018-2024年中国酒店市场深调研及投资战略研究报告》，有删减。

二、POS/PMS接口的功能

酒店POS与PMS通过接口相连，数据就可以直接从POS系统传送到不同的前台模块和后台模块，以做进一步的处理。POS接口的使用极大地减少了转账错误，并将收费之后的工作量降到最低。与此同时，接口的使用使得每一次抛账都是“实时”完成，即抛账时间就是消费的发生时间，这又为酒店的决策提供了时间信息，如餐饮管理系统可以设定营业时段，将6：00–10：00的营业收入计入早餐收入，而10：00–14：00的收入计入午餐收入。

（一）POS/PMS接口可传递的信息

1. 费用信息

POS/PMS接口是一个双向接口，不仅用于POS将消费信息传递给PMS系统，这一接口还需要传递以下信息：

（1）账单编号。

（2）顾客账户当前状态是否是住店客人，状态是在店（Checked-in）、离店（Checked out），还是非住店客人（Pass By）。

（3）顾客账户余额是否超过限额（High balance）。

2. 消费信息

配合优秀的PMS系统和POS系统，不仅可以传递费用方面的信息，还可以传递顾客的消费信息，如将客人点餐明细记录在顾客管理模块，这样在客人下次入住时，就可以查阅顾客上次点餐信息，有效地提高顾客满意度。所以，POS/PMS接口还可以用来传递以下信息：

（1）顾客基本信息（如顾客预订电话号码、客人结算方式）。

（2）顾客消费信息（如点单明细、餐台号、用餐人数等）。

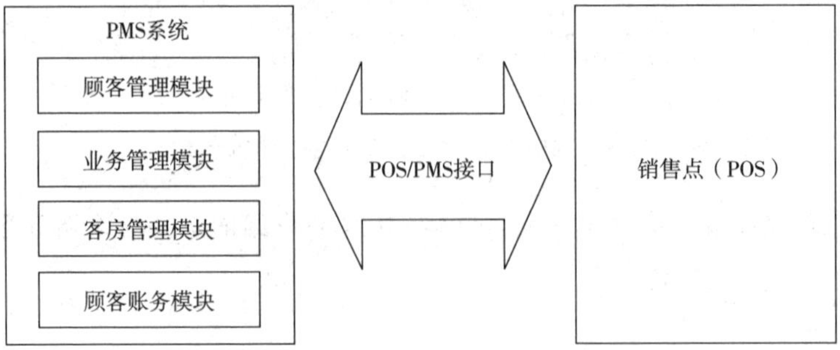

图4–5 POS/PMS接口功能

三、POS系统的局限性

（一）增加了开支

酒店POS系统在整个酒店的数目和使用位置取决于一系列因素，需要注意的是，一旦设置POS点，不仅意味着需要在开业时增加硬件设备购置费用和软件费用，也需要增加必要的人员开支。在POS设置时，需要考虑以下因素：

（1）业务的规模和类型（如酒店出售储值卡，尽管涉及营业收入，但由于发生次数少且金额大，就没有必要设置POS，可以将该操作交由营销部或者财务部来完成）。

（2）实际情况限制（如有些酒店商场采用外包的营业模式，POS的设置就会因为账期等问题存在难度）。

（3）通信需求（如营业点是否有网络接口，如果是外卖营业点就很难提供稳定的网络接口）。

（4）安全考虑。

（二）可能的风险

尽管PMS/POS接口给酒店带来了明显的好处，但除了硬件与维护的成本外还有一些潜在的风险需要考虑：

（1）从POS传送来的数据可能不符合PMS的数据格式，即接口不匹配或不兼容。

（2）在PMS夜审时，可能导致POS的数据丢失。

（3）接口技术扩大了酒店信息系统的规模，存在潜在的故障点。

四、POS适宜放置的营业区域

（一）大型度假酒店

通常，一个大型度假酒店可能将POS放置在以下营业区域：

（1）餐厅。

（2）酒吧和休闲区。

（3）大堂吧。

（4）客房服务中心。

（5）商场。

（6）康乐部。

（7）客房送餐部。

（二）较小型的商务型酒店

在规模较小的商务型酒店，POS仅被设置在餐厅，而其他营业点一般是这样处理的：

（1）大堂吧（未设置POS，因为大堂吧消费大多采用现金结算或微信、支付宝结算，由于距离前台很近，个别的挂账操作由收银员将水单送至前台入账）。

（2）商场（外包，不接受挂账）。

（3）客房送餐和客房服务中心（未设置POS，直接操作PMS完成挂账操作）。

以上分析了POS接口的功能与风险，但随着POS和PMS技术的不断成熟，部署POS与PMS的接口已经成为行业的通行做法，而选择成熟的PMS和POS产品也成为降低故障的有效方法。另外，随着酒店信息化的不断发展，POS设备将会不断丰富，助力酒店实现智慧化，从而进一步提高酒店的服务质量。

拓展阅读

POS的工作原理

POS系统基本原理是先将商品资料创建于计算机文件内，通过计算机收银机联机架构，商品上的条码通过收银设备上光学读取设备直接读入后（或由键盘直接输入代号）马上可以显示商品信息（单价、部门、折扣……），加速收银速度，提高收银准确性。每笔商品销售明细资料（售价、部门、时段、客层）自动记录下来，再由联机架构传回计算机。经由计算机计算处理即能生成各种销售统计分析信息做为经营管理决策依据。

POS机是通过读卡器读取银行卡上的持卡人磁条信息，由POS操作人员输入交易金额，持卡人输入个人识别信息（即密码），POS把这些信息通过银联中心上送发卡银行系统，完成联机交易，给出成功与否的信息，并打印相应的票据。POS的应用实现了信用卡、借记卡等银行卡的联机消费，保证了交易的安全、快捷和准确，避免了手工查询黑名单和压单等繁杂劳动，提高了工作效率。

第三节　电话交换机系统

一、酒店电话机和电话交换机接口

酒店电话机（Hotel Telephone）是指专门为酒店订制的高品质电话交换机。电话交换机又叫程控交换机，是一种特殊用途的用户交换机。有若干电话机共用外线，被广泛应用于酒店行业。电话机简便易用、专门为酒店量身定做，客人无需任何参考说明资料就能使用，同时还能让客人方便快捷地了解及使用酒店的服务和餐饮、休闲、会议等设施，更能提升酒店形象及品牌忠诚度。

电话交换机接口是PMS与电话交换机之间的接口，用来将酒店电话费用进行计时计费、转账、统计等操作。

二、酒店电话交换机接口的功能

一般来说，电话交换机接口可以实现如下功能：

（1）自动识别外拨电话。

（2）自动线路选择。

（3）识别特殊电话号码（400和800电话、声讯台等）。

（4）电话计费，为不同的电话机设定不同的电话费率。

（5）电话级别设定（如散客入住自动开通国内长途，团队入住仅开通内线电话，客人离店后一律关闭外线电话）。

（6）客房状态修改。

（7）客房mini吧入账。

（8）语音信箱。

不仅是顾客的电话控制，电话计费系统同时也控制酒店办公电话的计费、统计，用于酒店进行合理的成本控制。

三、电话交换机接口的优点

电话交换机接口给酒店带来了许多显著的优点，如：

（1）增强了顾客服务以及顾客满意度。

（2）大幅度减少总机接线员的工作。

（3）改进电话计费方法。

（4）降低电话费用支出。

（5）自动将电话费用转至顾客账户。

（6）自动生成通话详细记录。

（7）生成详细的通话统计，如按照主叫号码、被叫号码统计，按照部门统计、时段统计等。

电话交换机接口减少了总机接线员的工作量，酒店的总机部门既减少了时间又节省了人力，另外，详细的通话记录减少了顾客对话费的争议，提高了酒店结账操作的时间，使前台业务运行更加流畅。

四、智慧酒店电话交换新趋势

随着酒店智慧化、信息化的不断发展，在酒店通信领域，两个重要的趋势显现：

1. 互联网的发展、移动通信普及使得客人对固定电话的依赖度大幅度降低，很多客人通过互联网软件进行交流（如QQ、微信或者微博），而移动电话不但拨打更加方便，甚至资费也比酒店固定电话更低。

2. 内部通信机制的多样化，如除了固定电话、内部网络移动电话等外，还有将内部通信、PMS、手机短信等进行融合的趋势。

总之，依托电话交换机与PMS的接口，酒店可以实现更多信息的推送，酒店电话机已经成为酒店与顾客交互的新渠道。如FCS公司发布的新产品Mobiltel，可在客房里安装手提电话，客人离开房间时，随身携带该电话，因此不耽误其接听客房来电，客人用手提电话呼叫后，客人的账面会自动显示话费。

拓展阅读

中国游客患上“Wi-Fi依赖症”

网上近年流传一则笑话：到海边度假，法国人来了问：“附近美女多吗？”德国人来了整天潜水，意大利人每天晒日光浴，中国人则问：“有Wi-Fi吗？”数据显示，2014年，中国出境游人数首次突破1亿人次。随着越来越多的国人走出国门，一出国就到处蹭Wi-Fi也成了中国人的突出形象之一，有人称之为“Wi-Fi依赖症”。

为什么中国人这么特别呢？有人认为，这无可厚非，智能手机的深入普及已经使中国人对网络越来越依赖，依赖Wi-Fi主要还是资费原因。也有人认为，这种依赖实际上是一种“对人际交往”的焦虑，因此时时强调“存在感”。还有学者认为，中国人和西方人有不同的文化和旅游消费习惯，但如果中国人出游能从“看热闹”转向“看门道”，Wi-Fi依赖症或许会减弱很多。

“中国人现在是‘Wi-Fi迷’”——这是法国接待中国团组与游客的酒店、餐馆、商店的共识。专门带赴法中国旅游团的导游李先生告诉记者，近来中国旅游团的一个主要诉求就是上网，老中青三代都如此。有些酒店不提供免费Wi-Fi，中国团就会表示不满。如果一个酒店只有在大厅提供免费无线网，你会看到许多中国游客待在大厅不离开。

另外一名王姓导游对记者说，还有一个新现象是旅行团带好无线网络发射器出门，自己用或给游客用。如某旅游团常常由领队带着无线网络发射器，每天一上车就是游客们先联网，十分热闹。

有人曾形容道：传统的旅行方式是上车睡觉，下车吃饭、拍照、上厕所，而今变成了上车睡觉、玩手机、看视频，下车吃饭、玩手机、刷微信微博。

由于中国出境游人数与日俱增，对于中国游客的需求，不少旅游国家反应灵敏。在日本，提供免费Wi-Fi的服务正在全国推广。目前，日本多家网络服务公司合作针对访日游客开发软件，让游客通过智能手机下载软件后，可以在日本20多万个地点免费使用Wi-Fi。

在韩国，首尔市与韩国三大移动运营商已经制订计划，陆续在首尔旅游景点、公园、主要市场、街道等设Wi-Fi点，即“首尔Wi-Fi”。到2015年底，首尔市设立1万个公共Wi-Fi点。

法国雅高酒店集团一名负责人对记者说，过去欧洲酒店大多上网需要另外付钱，由于中国团组来得多，雅高旗下的欧洲酒店系列如宜必思、美爵、诺富特、索菲特、普尔曼等均已完全实现免费互联网服务，许多中国游客对此表示欢迎。“我们将上网步骤写了中文给中国游客，因为他们上网的需求最迫切”，巴黎拉德芳斯新凯旋厅美爵酒店一名高管告诉记者。

资料来源：西安晚报．http://epaper.xiancn.com/xawb/html/2015-07/06/content_374772.htm.

第四节 电子门锁系统

一、电子门锁系统及其分类

电子门锁系统（electronic locking system，EIS）是基于计算机加密技术的客房门锁，用来代替传统机械门锁。电子门锁的安装需在酒店装修时实施，后期的更换往往会带来许多不必要的麻烦。

（一）从总体结构上分

从总体结构来看，电子门锁分为离线式（off-line）和在线式（on-line）两种：

这里的在线和离线主要指门锁与钥匙制作设备（通常是一台计算机）是否通过线路相联。

1. 离线式电子门锁

离线式中每一把门锁均是独立的，只需装入电池即可正常工作。

2. 在线式电子门锁

在线式中每一把门锁均通过专用线路与钥匙制作设备连接，在使用客房控制系统的酒店，门锁可以通过客房控制系统“间接”地与酒店PMS连接，也算做在线式的门锁。

（二）从门锁介质上分

1. LC卡电子门锁

LC卡（感应卡）门锁的门锁价格低，但门卡较贵。

2. 磁条卡电子门锁

磁条卡电子门锁的门锁价格较高，但门卡成本很低。如喜达屋、万豪等酒店集团均使用磁条卡门锁，客人离店时可以将门卡带走，实现门卡和会员卡的一体化，更有利于酒店的推广。

案例分享

刘先生9月1日入住酒店202客房，9月2日离店，前台员工为客人制作了钥匙，9月2日11：30分，刘先生匆匆赶回客房急着退房，却发现钥匙无法打开，客人急忙联系前台员工开门，刘先生等开门收拾完东西来到前台时，已经是12：30分，根据酒店规定收银员要求刘先生补缴半天房费，客人不满产生投诉。

分析：

除了密码不同步，电子门锁还存在时钟不同步的情况，即门锁制作设备的时钟与门锁内部时钟时间不同步，此时也会使门锁无法打开。这一案例中就涉及门锁的时钟同步问题。

理论上，刘先生客房钥匙会在9月2日12：00前有效，但由于长期没有做时钟同步，202客房的门锁时钟已经有了误差，客人11：30分开门时，202客房门锁时钟已经是12：03分，超过了钥匙的有效时间，所以客人的钥匙自然无法打开房门。

避免时钟误差的方法，除了选择高质量的门锁外，酒店应制定门锁管理规定，定期使用数据卡全面同步门锁时钟。

二、电子门锁的控制机制

电子门锁系统一般可以产生不同等级的控制钥匙，如客房部员工使用的能够打开若干个楼层的钥匙（经常被称为“楼层卡”），还有用于酒店保安部的钥匙，还有能够打开整个酒店的钥匙（经常被称为Master Key）。与此同时，每一把门锁还拥有一把机械钥匙，用于在特殊情况下打开门锁（如门锁不同步、时钟不同步、电池耗尽等情况）。

三、电子门锁的安全机制

电子门锁内部还具备安全机制，当客人房门没有闭紧或者房卡没有拔出时，门锁发出警告声音提醒客人。如果钥匙插在锁中的时间超过了规定的时间间隔，系统就会自动抹掉钥匙上的密码，以防止钥匙丢失产生的损失。

使用电子门锁的显著优点就是管理者可以查阅钥匙进出记录，这对于降低客房安全事故等方面效果明显。

案例分享

客人李先生一家入住了两间连通房（2501和2503），即两间客房中有一个相连的房门，客人打算父母住其中的一间，孩子住另一间。客人登记入住时他们领取了两间客房的钥匙，一同进入了第一间客房（2501），他们发现两间客房之间的门早已打开。第二天早晨一家人结账离店，在整个入住期间他们都没有使用过第二间客房的钥匙（2503的钥匙）。

在这样的情况下，如果酒店使用的是离线式的门锁，当2503客房再次被售出，客人拿着前台员工给他制作的钥匙来到客房时，他的钥匙将不能打开房门（可以称为密码不同步），此时前台员工需要使用一种特殊设计的钥匙牌给客房门锁重新编程，这个过程一般被称为“同步”。

如果酒店使用在线式门锁，当2503客房再次被售出时，客人的钥匙依然可以打开房门，因为在线式门锁的钥匙制作设备与门锁保持实时通信。

四、电子门锁的发展趋势

电子门锁是酒店普及率非常高的基本装备，而用来开门的设备逐步变得多样化，已经出现了客房密码门锁，客人可以在网上完成登记入住手续并获取密码，这样就可以不经过前台而直接进入客房。而通过物联网技术，将智能手机作为房门钥匙的技术也非常成熟。

电子门锁的另一个趋势就是酒店会员系统、会员卡与门锁钥匙的融合，如杭州黄龙饭店当客人离店时，可以将房卡带走，带走的房卡就是会员卡，当客人下次入住时，只要身上带着会员卡，系统就会自动识别客人并办理好登记入住手续。

第五节　客房控制系统

一、客房控制系统

客房控制系统，又称客房管理系统，是通过信息化手段，对客房供电系统、门锁、照明、空调、门窗开闭、电视等多个设备进行集中管理控制，并通过接口与PMS进行连接的系统，是酒店信息化、智能化发展的新趋势。

在客房控制系统诞生之前，将客房的设备与PMS系统相联是一种“各自为政”的做法，如有的酒店将空调系统与PMS连接，做到客人入住后空调的及时打开，起到节能降耗的作用；有的酒店将客房门锁与PMS连接，实现门锁的实时控制。但随着客房设备的增加，这种分散的做法难度越来越大，客房控制系统的使用使各种设备的连接“集中管控”。

案例分享

作为同一业主的两个不同酒店，金茂三亚度假大酒店一、二期（即金茂三亚希尔顿酒店和金茂三亚丽思卡尔顿酒店）拥有非常相似的地理位置，而两家酒店分别使用了不同的客房设备的管理方法，是对比理解客房控制系统的优秀案例。

希尔顿酒店客房沿用传统客房门磁插卡取电系统，而丽思卡尔顿酒店客房采用了客房控制系统。客房控制系统有两大节能措施：①通过自动红外扫描探测有无客人来确定开断客房电源，这样可以避免因客人出门忘记拔出门卡造成的电能浪费；②增加了阳台落地窗限位开关并接入客房管理系统，在阳台窗达到一定开度时，系统会自动把空调设定为低速运行以节约电能。

客房控制系统与门磁插卡取电系统相比有以下优势：①有效节约电能；②提高客房舒适度；③便于管理。

二、正确运用客房控制系统

某酒店是一家北京市的四星级度假酒店，拥有客房200间，客房部25人，每人每天完成12间客房的清洁。

某酒店客房部的工作流程和大多数酒店相同：楼层服务员清洁客房之后，需要告知客房服务中心，客房服务中心再通知客房主管，主管查房合格后在房态表中签字并送至客房服务中心，客房服务中心才能“放房”，即在PMS中将已经清清好的客房状态修改为“清洁”。

（一）客房控制系统可能存在的缺陷

（1）由于酒店客人离店、入住时间集中，短时间大量的客房被清洁后主管没时间查房和放房，做好的房间无法销售，影响了客房销售，前厅部和客房部矛盾多。

（2）使用对讲机沟通效果差，由于许多员工说方言，经常出现房号修改错误而引起顾客投诉，投诉后由于无法追溯员工而互相推诿扯皮。

（3）客房部早班清洁高峰，客房服务中心只有2名员工，电话经常占线，引起客人投诉。

（二）客房控制系统的改进

通常的做法是酒店可以增加PMS接口，通过该接口将PMS与酒店电话交换机连接，楼层服务员就可以通过电话直接修改房态，如208客房清洁完成后，员工直接使用208客房电话拨打 ×0035，在听到一声长“嘀”响过之后，PMS中的208客房被修改为“清洁待检查”状态，系统自动发送短消息给客房主管告知查房，主管查房后再通过电话直接修改房态为“清清”。对于优秀的员工，可以直接授权修改房态“清洁”，减少了查房环节。

在系统升级后，客房部效率明显提升，主要表现在：

（1）通过接口方式自动完成房态修改，系统根据来电号码判断房号，减少了出错的可能性，客人投诉降低；

（2）明显提高了工作效率，客房服务员人均清洁客房数量提高到14间，减少楼层人员编制2人，减少客房服务中心人员2人，减少主管1人。

第六节　公安户籍管理接口

一、公安户籍管理的必要性

酒店是特种行业，需要特殊管理，而公安机关是特行的管理单位，因此，有权对登记的信息随时进行查询。公安户籍管理接口负责把每天入住酒店的宾客资料通过网络传输给公安局，以方便公安人员进行流动人员管理，查询在逃嫌疑犯或者案犯。

据公安局规定，所有以营利为目的提供住宿服务的宾馆、酒店、招待所、旅馆、会所、酒店公寓必须安装人员管理系统，该系统由酒店所在地区公安局专门指定，一般一个地区所使用的公安传输系统是统一的。公安户籍管理接口对酒店的安全管理有重要意义，更是一个重要的社会管理工具。

现阶段酒店涉及客人证件信息需求主要体现在以下两方面：

（1）客人住店时需要把客人证件信息和住店信息传输到公安旅业系统中，以备公安部门查询。

（2）在以服务为王的酒店业，作为一种更有效和准确度更高的客人个人信息收集途径，为未来给客人提供更个性化服务提供准确的服务依据。

二、公安户籍管理系统

以北京石基昆仑软件有限公司开发的“石基证件识别与公安接口系统（简称KSI）”为例，介绍公安户籍管理接口的功能、工作流程。

KSI是石基IP Hotel数字酒店解决方案的一部分，通过KSI系统，酒店可以在客人出示证件之后，只需扫描一下，就可同时实现向公安旅业系统传输住店客人信息和酒店PMS客人个人信息的自动存档，从而有效地减少客人等候时间，节约了酒店内部资源并提高了工作效率。

（一）KSI的功能

一次证件扫描，即可完成向酒店PMS和旅业系统传输和写入客人住店信息，减少客人等候时间；

实现酒店前台多点同时录入客人信息到PMS Profile界面和旅业系统，提高了前台服务效率；

客人的退房信息（包括提前退房、延期住宿）同时写入到酒店PMS和旅业系统，做到客人信息及时准确有效的报备；

客人的换房信息同时写入酒店PMS和旅业系统，做到客人信息及时准确有效的报备。

应用KSI前：

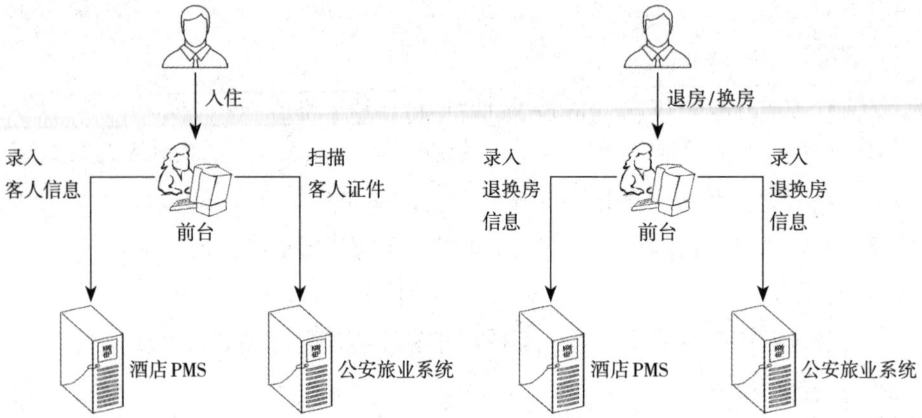

应用KSI后：

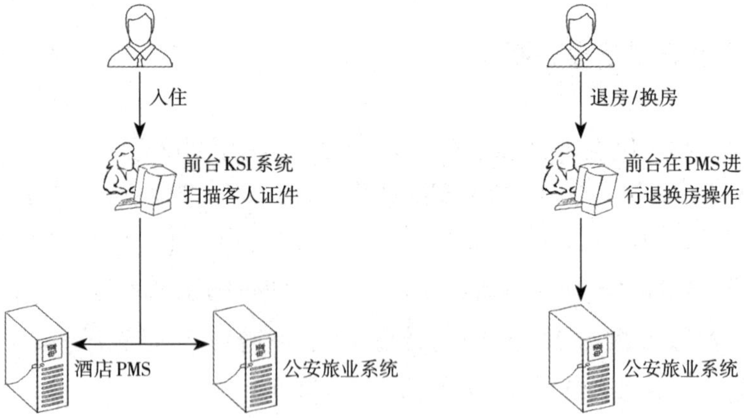

（二）KSI流程步骤

客人到达酒店，出示证件并通过KSI进行证件扫描；

KSI系统自动把客人信息传输到PSB系统和酒店PMS系统Profile界面；

客人换房、提前离店、延住等信息自动传输到旅业系统；

客人离店信息自动传输到旅业系统。

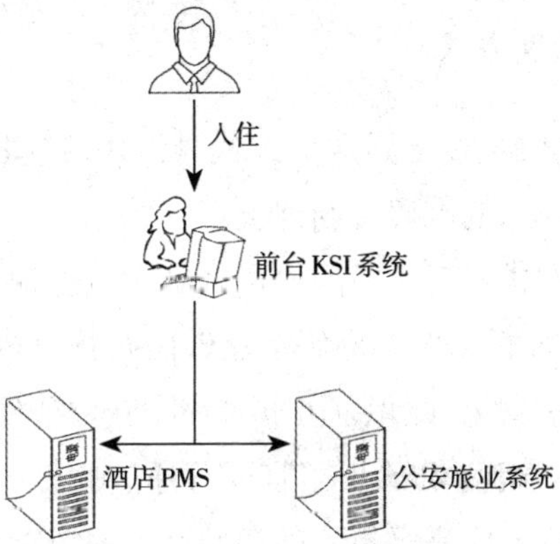

图4-6 KSI流程图

（三）KSI系统特点

1. 酒店PMS集成

支持Opera/Fidelio所有版本PMS，无需手工录入，提高了客人信息的准确程度；提高了前台服务效率。

使用方便，培训简单快捷。

2. 公安旅业系统接口传输

客人证件扫描数据自动传输到公安旅业系统中；

客人住店信息如：换房、延期住宿、离店等信息自动传输到公安旅业系统中；

客人证件无需二次扫描。

3. 设置灵活

支持Opera/Fidelio自定义界面；

支持字典转换；

支持Opera/Fidelio姓名填写规则。

4. 稳定高效

KSI能准确获取多种证件类型；

KSI能高效扫描证件信息；

KSI能实现长时间无休眠稳定运行。

5. KSI支持多种类型和证件版本

KSI可识别二代身份证、标准护照、港澳通行证、回乡证、台胞证。

（四）KSI证件识别方式

读取芯片方式：KSI可以通过读取二代身份证内嵌芯片获取证件信息，此识别方式提高了获取信息的准确性与速度。

证件条形码扫描方式：对于护照、回乡证、台胞证，KSI通过扫描证件条码获取证件信息（获取的证件条形码信息转由扫描仪内置的公安部证件编译规范自动转换成个人信息）。此识别方式提高了获取证件的速度。

普通扫描方式：一代身份证、军官证等通过此方式获取证件信息。此识别方式可识别多种证件，以满足持不同证照客人的需求。

案例分享

酒店管理信息系统的服务接口功能使得系统不仅能连接内部的各个服务接口，还有远程查询接口、公安户籍管理接口、外网业务接口等等。通过联接公安户籍接口，可以实时追踪一些不法分子在酒店的踪迹，一起看看下面的案例。

相信大家都听说过一个词语叫作“老赖”，这个词语主要是指信用分低下被政府拉进黑名单的人。现在住酒店都要求实名认证，本人必须带着身份证过来登记才可以入住。可是就有一个这样的“老赖”耍小聪明拿着别人的身份证过来登记，在他沾沾自喜的时候，殊不知早已经被警方盯上了，没有用自己的身份证也被警方盯上了，这是什么情况呢？事情发生在台州，这名男子的信誉度有损，所以他在住酒店的时候，拿了一张别人的身份证登记入住。

这张身份证是前几年的时候有个人借他钱一时没有还上，就把身份证给他做了抵押。他认为拿一张别人的身份证警察肯定是察觉不了的，但没有想到的是，就因为这张身份证将警察引了过来。这名男子之前也用过这张身份证，但是没有被发现。这次是因为当地民警刚好查到了这家酒店的登记信息，这个身份证号赫然就是前两年的一名网上通缉的逃犯！

民警来到这家酒店准备将这名网上通缉的逃犯抓捕归案的时候却发现根

本不是这个人，后来通过这名男子的协助调查，警方顺利地抓到了这名网络逃犯。

案例来源：百家号－麦麦说点事。

第七节　OTA接口

移动互联网的发展，各种在线旅游分销商（Online Travel Agent，OTA）为人们预订酒店提供了更加便捷的机会，人们只需要动一动手指，就可以通过携程、艺龙、去哪儿等OTA平台预订心仪的酒店。因此，实现PMS与OTA通过接口连接，可以实现用户、酒店与OTA平台信息同步化，为酒店商家提升效率、提高收益，为消费者提供更便捷、更智能的住宿服务。酒店与商家亦可通过大数据进一步挖掘消费需求，开发智慧酒店盈利的新增长点。

相对于国外特别是北美酒店市场，其信息化发达，集团运作成熟度较高，我国酒店的信息化、智能化相对落后。一个非常重要的原因是各大PMS厂商不开放的态度和不同体系OTA之间的相互排斥。国内酒店不想与OTA做直连的原因往往出于直连订单的额外费用问题、对实时房态进行保护的考虑，也有的是担心无法主动地控制和确认订单，还有涉及酒店的数据安全问题等等。如何克服这些障碍实现OTA与PMS的直连是行业亟待解决的问题。

PMS软件掌握着酒店大量核心数据，OTA纷纷希望借助入股PMS软件，以便更好地对接酒店资源。目前，总体来讲，可分为四大派系，分别是携程派、阿里派、逐渐崛起的美团派和其他派系。

一、携程派

携程先后收购了中软好泰、慧评网与佳驰酒店软件服务商，并且在2015年3月将其旗下慧评网分离出来成立了众荟公司，力拓酒店大数据业务。2015年5月，携程战略性收购艺龙37.6%的股份，成为艺龙第一大股东。同年10月份，携程通过百度换股拥有了去哪儿45%的投票权。在被收购之前，艺龙以投资和自建的方式先后拥有住哲、云掌柜、好栈友三家酒店PMS服务商，去哪儿拥有去呼呼PMS指挥系统。因此，融合多方力量，携程的PMS成为实力更强、更加综合的系统。2016年6月，众荟信息挂牌新三板，被喻为中国酒店“大数据第一股”。目前，众荟有三大业务板块，PMS（酒店管理系统）、智能住宿解决方案“入住通”、酒店大数据应用平台（包括酒店口碑管理系统“慧评”和大数据收益管理解决方案“RMS+”等）。2018年7月，众荟再度重组，此次重组完成后，众荟的中高端酒店PMS“慧云”、中小酒店PMS“众荟管家”（去呼呼和客栈通合并后的新品牌）和入住通业务将由携程接手，众荟自身则保留大数据应用平台。截至2018年下半年[①]，众荟覆盖了大量的高中低端酒店及客栈等不同层次和类型的住宿，为25万余家酒店提供PMS服务，每天监测的行业大数据超过40万家酒店。而在入住通智能住宿解决方案方面，众荟的酒店用户超过15万家，成为行业的领跑者。

二、阿里派

阿里在2014年以28亿元入股石基信息（北京中长石基信息技术有限公司）之后，通过石基信息收购了酒店PMS厂商千里马。通过一系列的布局，阿里系下主要有石基信息、西软、opera、泰能、千里马等酒店PMS厂商。目前，石基信息在中国五星级酒店业信息管理系统市场占有超过九成的市场份额，同时旗下千里马也覆盖到了中高端酒店和连锁酒店集团。通过PMS系统，酒店PMS厂商可帮助酒店和OTA实现直连和数据交换，在一定程度上减少OTA和平台上的酒店订单无法及时核实、用户到店无房的事件发生。

三、美团派

2015年7月，美团成立了酒店旅游事业群，2012年，以团购切入酒店在线分销市场，美团在经济连锁酒店、客栈领域等方面不断扩大，同时也开始逐步布局酒店PMS领域。2018年5月23日，美团宣布已完成对国内行业领先的酒店云PMS企业级服务商上海别样红信息技术有限公司（下简称“别样红”）的全资收购。别样红将继续保持品牌独立，并将与美团紧密协同，共同

① http://Finance.china.com.cn.

建设酒店互联网开放平台，为酒店商家提升效率、提高收益，进而为消费者提供更便捷、更智能的酒店住宿服务。

四、其他派系

传统的PMS有金天鹅、金蝶酒店管理软件、罗盘酒店管理软件、华仪软件等。比如成立于2003年的金天鹅，为C/B/S模式，占据中小酒店市场份额80%以上。旗下的微信订房、千里眼、天鹅会等产品更是占据了2014年整个酒店圈。用友软件成立于1998年，是中国最大的ERP、CRM、人力资源管理、商业分析、内审、小微企业管理软件，在三星级以上酒店使用较多。

新兴的PMS有诸如绿云科技和番茄来了。绿云科技成立于2010年，在2014年以6位数的价格买下"iHotel"域名，意在打造一流酒店信息化平台，并与君澜酒店等多家知名酒店集团展开合作。2015年6月又与携程旗下众荟进行战略合作，建立分销渠道与酒店PMS直连接口。番茄来了成立于2013年，已经完成千万元融资。它以自己开发的免费客栈管理系统为入口，建立一个目的地旅游产品的B2B2C平台。番茄来了现已对接美团、阿里、去哪儿，包括海外的OTA，形成一个运营开放的平台。

拓展阅读

酒店PMS与OTA直连破局在哪？

直连作为中国酒店分销技术的一个环节屡屡被业内人士提及，直连技术厂商也动作频频，石基有畅联与去啊实现系统直连，万迅有千里马与艺龙实现系统直连，中软好泰和佳驰软件也有自己的Switch接口与携程实现直连。OTA商家和直连技术厂商打得火热，但是各酒店似乎并不买账，目前国内的酒店直连的趋势并不容乐观。

PMS是酒店信息化、智能化的核心，它掌握着房间状态、宾客信息等核心数据，其他任何需要与酒店客人交互的智能设备，均需要得到PMS系统的接口支持。目前，携程、艺龙等OTA公司采用Ebooking平台和预留房，无法克服酒店库存、价格以及客人预订信息实时传递的软肋。酒店房间状态、宾客信息等核心数据的获得，均需要得到PMS系统的接口支持。只有将酒店管理系统与OTA实现直连，才能解决实时预订和确认的问题。

多重阻力，酒店直连陷入困境

目前，直连技术商在酒店直连市场里一直处于尴尬局面——不仅实现数据直连的酒店数量偏少，而且通过直连通道实现的预订间夜量也是增长缓慢。导致这种局面出现的原因是多方面的。

各PMS厂商互设壁垒，对外部不开放直连接口。国内PMS厂商都开发了自己Switch直连技术，因此拒绝向其他厂商开放其PMS接口，致使他们的用户都未能突破原有的PMS酒店客户群。每家PMS厂商都意图画地为牢，通过技术垄断在酒店直连市场占据相应的份额。

还有一点不得不提的是，直连技术厂商往往会受到强势OTA的排斥。目前中国酒店在线分销市场呈现的是“一超多强”格局，携程雄霸天下，其他的OTA艺龙、去哪儿割据一方。这种格局是通过OTA预留房体系去维系的，而预留房的技术实现手段却是半手工操作的Ebooking系统。对已占据主要市场份额的携程来说，把直连的数据给了自己体系的中软和佳驰，但不愿意第三方的势力通过直连插足它与酒店间的生意。基于自身利益，酒店分销产业链各方在数据接口开放上采取的封闭政策，是一种“共输”的策略，致使中国酒店直连分销渠道的局面始终未能打开，人为的壁垒造成酒店分销效率的停滞不前。

而从酒店的角度看，直连最大的顾忌就是数据安全。OTA与PMS厂商之间的合作，是否会造成酒店的客人数据丢失？或酒店被OTA控制的现象？为此，记者采访了纳入携程大数据体系的PMS生产商佳驰软件CEO陈小昆：“其实实现直连，数据部署在云服务器相比传统部署在本地，是更稳定、更安全了，酒店完全可以放心使用。与OTA直连并不意味着酒店被控制，PMS与携程是战略合作的关系，携程提供给我们的接口，其他OTA如艺龙、去哪儿也可对我们开放接口，这样酒店与OTA的合作会有更多的选择、更多的新玩法，不仅酒店淡季时能在OTA获得重点的推荐位置，也有利于提高酒店前台的工作效率，为客人带来更好的服务，何乐不为呢？酒店有对接多分销渠道的要求，不会只满足于直连一家OTA。但是，又害怕酒店的住房数据被OTA一手掌控，所以直连一直徘徊不前。”

吃螃蟹者尝甜头，直连拥有巨大发展空间

目前，去啊平台与5000多家酒店PMS系统的直连打通。携程已经和希尔顿、香格里拉、如家、锦江集团、汉庭、万豪等酒店连锁达成直连。随着旅游服务线上趋势化，分销商和资源方的合作也会更加深入，相信直连是今后的必然趋势。

酒店在线分销通常包含多种渠道，比较典型的是国内外的众多OTA网站和酒店自有的官网预订引擎。各个渠道都有不同的接口、规则和功能来支持酒店的价格策略。手工管理复杂的分销渠道体系会耗费大量的时间，增加犯高代价错误的风险，很难实现预订收入和利润的最大化。

系统直连后，OTA与酒店之间的信息和订单的传输全部由系统自动完成，不再依靠传统的传真、电话、邮件等人工交互方式，不仅大大节约了酒店和在线分销商的信息维护成本，也提高了订单处理的运营效率，减少了价格及房态信息不对称的情况，真正意义上实现了预订的即时确认，极大程度地提高了客人的服务体验。

开元酒店集团信息技术总经理傅全勇表示，实现与在线旅行分销商的技术对接是多赢的合作模式。首先，在线旅行分销商向客户展现酒店准确信息，真正做到了实时房价和库存；其次，在线旅行分销商发生的订单即时落到集团中央订房系统，提升了客户预订体验；第三，这有助于实际产量的提升，直连技术极大地提升了双方的运营效率，降低了人工成本，按照目前携程旅行网在开元的订单产量，每年可以为开元节省工作时间约18000小时。

PMS掌握着酒店客服、管理信息的命脉，OTA作为酒店的主要分销渠道，实现直连是酒店走向信息化、智慧化的必经之路。随着直连通道的建设和服务前置化的推进，数据可以在不同系统之间自由流动，相信越来越多的工作可以在PMS上完成，进而真正提升酒店的运营效率，提高客人的体验感。

资料来源：文蕾.酒店PMS与OTA直连破局在哪？在线旅讯. http://info.hotel.hc360.com/2015/05/131037600750.shtml.

第五章

智慧营业点

【导言】

尽管POS并不仅限于餐饮业，也可以用在酒店的其他部门，如康乐、水疗（SPA）、商场等，但餐厅毫无疑问是POS应用最多的部门，所以许多人将POS认为是餐饮管理系统，需要注意这是两个不同的定义。第四章的第二节以及本章对POS做出较为详细的介绍，而餐饮管理系统服务于餐饮部门或企业的日常管理，是为了满足餐饮业发展、科学管理、餐馆管理、提高效率的管理系统（将在第六章进行阐述）。POS系统由硬件和软件组成，包括POS录入设备、POS打印机和POS结账设备，而软件协调硬件统一协作完成销售点管理工作。本章主要介绍POS的硬件、软件与几种常见的酒店POS系统。

【学习目标】

- 了解POS的硬件设备以及它们的功能，理解并分析各种POS录入设备的优缺点。
- 了解POS软件的重要内容。
- 了解几种常见的酒店POS系统。

第一节　POS硬件

一、POS录入设备

POS录入设备是指完成服务员或收银员录入操作的工具。目前，常见的各种POS录入设备的对比，如表5-1所示，有些POS设备连有现金抽屉。酒店存在多个现金抽屉连接在一个POS机的现象，这样可以加强对现金的管理和控制，尤其是多个收银员在同一班次工作时，每个收银员都可以分配到一个单独的现金抽屉，在班次结束时便于酒店进行收入审计。

表5-1　各种POS录入设备对比分析

点餐方式	优点	缺点
手工书写点餐	简单，低成本，培训周期短，点餐时记录速度快，可以使员工缩写和简称	服务送单需多处送单，人员成本高且会空岗；收银员依然需要入单，并未减少录入工作量，字迹经常难以辨别，无法记录上菜时间
普通台式机	成本低廉，操作方便，操作速度一般	操作效率低于触摸屏，占用空间较多
触摸屏点餐	成本中等，可靠度高，操作速度快，点餐时记录速度快，可以使用缩写和简称等；流程规范，减少送单时间	成本较高，增加维护工作量
无线设备——点菜宝	成本中等，可靠度高；操作速度较快	不能手工输入，不能输入定制要求，需要单独设置信号基站，需要良好的设备维护和充电
无线设备——PDA	成本较高，可靠度高，可以手工输入	操作速度慢，需要可靠的无线网络信号；需要良好的设备维护和充电
无线设备——iPad	成本较高，可靠度高，操作速度一般，非常直观、时尚；直接代替菜单使用，节省菜单制作费用，节能环保，提高点餐客户体验	可靠度与无线网络信号有关，需要良好的设备维护和充电

除此之外，作出以下几点说明：

1. 现代化点餐方式，点餐系统需要与厨房打印机配合使用，使用厨房打印来代替人工送单，但厨房打印机的设置和使用需要注意：

（1）需要维护打印机，防止缺纸、电源故障、网络不通等现象的发生；

（2）多档口出单需要特别注意，比如海鲜档外包独立核算，当客人点海鲜时，需要厨房、海鲜档同时出单，又或者烤鸭，除了烧腊档口外，有些酒店需要面点制作配合的主食，需要2个或2个以上的档口出单；

（3）由于系统有出现故障的可能，当对质量有很高的要求时，需要配合电话传达以确保“万无一失”；

（4）打印机有时候会出现“乱码”，主要是由于字库不支持该字符，比如“芝士焗海螺”中的“焗”字，可以采用增加字库来解决，也可以使用“拆字”或者“别字”来应对，比如以“火局”或者“局”来代替。

2. 点餐可以增加传菜功能来控制菜品，同时统计每一道菜品的上菜时间，提高管理效率，但这样会增加工作量。

3. 从流程来看，使用点菜宝、PDA和iPad类的无线设备流程最为简单，可以在点餐的同时完成录入的工作，之后只需要落单即可。但在实际使用中，往往出现客人点餐速度太快员工跟不上的情况，所以无线设备使用反而较少。

三种无线设备中速度最快的点菜宝，被大量地运用在社会餐饮，尤其是火锅店中，因为此类餐饮企业菜品种类较少，菜品代码简单，客人特殊要求少，使用点菜宝可以实现迅速点餐。

iPad被运用在一些高端的餐饮企业中，这是由于高档餐厅强调客户体验，时尚、直观的iPad点餐的确是不错的选择。

如果使用了无线设备来点餐，又出现跟不上客人速度的情况，一方面企业应加强员工培训，提高点餐速度，另一方面也应该注意，信息化设备并不能完全代替传统手段，使用记忆和纸笔结合的方法快速来记录客人需求，再录入无线设备是最简单的解决方法。

4. 各种点餐方式只有模式的不同，并没有高低贵贱之分，在任何情况下，“没有最好的系统，只有最适合的系统”是第一原则。比如，在某四星级饭店的餐厅，点餐流程设计为：手工书写点餐（一式两联）→服务员前往收银台入单→厨房出单→收银。之所以使用手工书写点餐而没有使用触摸屏，是由于该酒店以会议为主，散客仅2%，每天餐厅散客零点不超过1桌，使用手工书写简单、成本低且不会对餐厅质量有大的影响，而没有使用服务员人工多联送单的方式，是由于酒店餐厅和厨房分属不同楼层，距离很远，人工送单成本很高。可以看出，这一设计其实结合了手工书写点餐和触摸屏点餐两种方式，效果较好。

在大多数连锁酒店中，触摸屏是使用最为广泛的录入设备，主流POS系统已经将触摸屏作为标准输入设备（如MICROS系统和Infrasys系统）。基于触摸屏的餐饮系统已经非常成熟，可以适用于所有类型的餐饮服务业务（从高星级酒店到麦当劳、肯德基等快餐业），可以由顾客自己下单而不用和服务员交流。

触摸屏的一个明显好处是比传统PC机节省空间，可以挂在墙体、天花板上，这样它的使用就更加灵活，这对于空间紧张的餐厅来讲节约空间非常有效。

二、POS打印机

餐饮信息系统中打印机分为两种：账单打印机（也称为本地打印机）和厨房打印机。账单打印机放置于收银台用于打印顾客账单、顾客点单明细；厨房打印机则被安装在厨房或者酒吧吧台，用于打印客人点单并由厨房人员操作。

餐饮信息系统中的打印机应用使得餐厅（经常称为厅面）与厨房（也称为后厨）的沟通发生了质变，餐厅服务员或者传菜员不再需要拿着手写的单据前往厨房各个档口送单，在加菜、催菜时，也不需要“往返跑”。在服务员录入单据后，账单打印机自动打出客人点单明细（可以一式多联，分别放置于客人台面、服务员上菜控制和收银等），厨房打印机根据菜品制作档口输出制作单据，如热菜、凉菜、面点等。账单打印机与厨房打印机并没有严格的区分，如某酒店当客人点酒水时，账单打印机不但打印客人账单，还可以打印收入报表和各种单据。

1. 账单打印机

账单打印机（本地打印机）一般放置于收银台，多数账单打印机具有这些功能：①即时打印账单；②延迟打印账单；③保留打印账单。

2. 厨房打印机

厨房打印机通常放置在厨房的制作区域和服务吧台，当客人点单信息被录入后，相应的信息被发送至对应的厨房打印机上（如热菜发送至中厨房或者西厨房，而主食被发送至面点房或西点房，也存在某道菜需要多个厨房合作的情况，就会在多个档口出单，如京酱肉丝需要中厨房准备肉丝而面点房准备薄饼）。

无论哪种打印机，都需要相应的维护以保证系统稳定运行，收银员和后厨人员需要保证打印机的供电、网络畅通和纸张供应，以避免因不出单而导致的服务缺陷，对于非常重要的点单（如VIP客人电脑、客房送餐服务等），使用电话等方式进行再次确认是避免服务缺陷的有效做法。

三、结算设备

POS/PMS接口是POS将费用转至顾客账户的渠道，如果POS在酒店餐厅使用，POS/PMS接口就是非常重要的结算模块。

第二节 POS软件及常见的酒店POS系统

一、POS系统功能

在餐饮信息系统中，硬件设备只是基础,POS软件指引着整个系统的运作，POS软件除了完成日常经营操作外，还可以进行数据统计和报表生成。最基本的POS系统包括以下重要内容：

（1）菜品信息。记录了餐厅的菜单信息，包括菜品编号、价格、出菜档口等；还包括菜品配方、材料和烹制时间等信息，用以进行餐饮的成本控制；同时也包括菜品数量、沽清信息，完成餐厅与后厨的信息沟通，减少服务缺陷的产生。

（2）菜品销售信息。记录菜品的销售数量、销售时间、价格等，便于未来的销售分析。

（3）员工信息。记录了员工姓名、账号、操作日志等，以便于未来的统计，当错误操作发生时，员工操作日志是检查故障发生点的重要依据。

二、常见的酒店POS系统

1. MICROS系统

MICROS系统是美国MICRS公司开发的POS系统，使用集团有万豪集团、雅高集团、凯悦集团等国际连锁酒店集团。

2. Groumate系统（Infrasys）

Groumate系统是香港 Infrasys公司的产品，所以也经常被称为 Infrasys系统，该公司已经于2007年被石基公司收购，使用集团有香格里拉集团、喜达屋集团、洲际酒店集团等。

3. 国产软件（高星级酒店）

在中国本土高星级酒店中，POS一般由PMS供应商一同提供，如西湖软件、中软好泰等。另外从技术上，国产PMS可以搭配 Infrasys系统，但由于观念、成本等方面的制约，这一方案使用较少。

第六章

智慧餐饮管理系统

【导言】

酒店管理者一直致力于在实施成本控制的同时提高营业收入，而实施这些工作最大的障碍在于缺少关于酒店业务详细、及时的信息，管理者需要准确、及时的信息去评估现有业务的效率。采取手工方式收集详细信息的成本非常高昂，只有愈加智慧化、信息化的餐饮信息系统才能够低成本地提供准确、及时的信息，以实现酒店提高营业收入和实施成本控制的目标。

销售节点（POS）系统不等同于餐饮信息系统，一般POS产生了大量营业信息，并通过POS/PMS接口传递至PMS系统，但POS还保存了大量基础信息和工作信息，如：菜品信息、销售信息、配方（食谱）信息与劳动力成本信息等。可以说，与POS不同，餐饮信息系统不仅是产生收入的工具，更是成本控制的利器。成熟的餐饮信息系统，除了完成点单、收银操作，更可以帮助酒店管理者实施成本核算和控制，而控制的内容不仅限于可变成本（如原材料、辅料），更可以提高不变成本的使用效率（如人力成本）。本章主要介绍智慧餐饮管理系统的概述、主要信息类型、几种常见的餐饮管理系统。

【学习目标】

- 了解餐饮行业的痛点及智慧餐饮管理系统的特点。
- 了解智慧餐饮信息系统的主要信息类型。
- 了解几种常见的餐饮信息系统与当今时代背景下的智慧餐饮信息系统新议题。

第一节 智慧餐饮管理系统

一、餐饮管理系统的发展

总体来讲，餐饮管理系统可以分为四个时代：

（1）1.0时代：手写菜单。最原始的方式，菜单从服务员传递到后厨再到前台收银员处。人工操作，动作较慢，容易出现错误。比较适合规模小、客流量小的饭馆或餐厅。

（2）2.0时代：点菜宝模式。2001年，点菜宝首次应用于美国洛杉矶一家高级酒店。餐厅服务员手拿点菜宝为消费者点菜，当消费者报出菜名时，服务员就在点菜宝上进行实时输入，随即将点餐数据传送至收银台与厨房，服务人员不用手工记录，也不用奔波于顾客、餐台和收银台之间。点菜宝的成本较低，随着无线网络的广泛使用，点菜宝普及到餐饮行业更多的大、中、小酒店或餐厅。

（3）3.0时代：真正的智能化管理时代。2011年，以安卓平板电脑和iPad作为电子菜谱载体的智能终端点菜系统出现了。通过触屏，消费者不仅能够看到丰富的菜品样式，还能了解到菜品的原材料、烹饪方法以及营养价值。这种点菜方式以消费者为中心，提倡自主和个性化，为消费者带来人性化的点餐体验。通过该点餐系统，消费者可以轻松完成点菜、退菜、加菜、下单、结算、评价菜品等一系列操作，不仅增加了消费者的愉悦感，而且降低了酒店餐饮部的人力成本。

（4）移动支付时代：伴随着微信小程序和移动支付的进一步发展，客户通过扫描二维码等方式，在手机上可以直接下单、付款，甚至追踪菜品的烹饪进度，店家也同时在移动客户端进行发布活动信息之类的销售活动。

二、餐饮管理系统推广的障碍

据数据统计，中国有超过600万家餐饮商户，其中有很多商户在昂贵的餐饮管理软件上花费超过万元，然而这些软件并没有帮助他们更有效地工作。全国每年有近百万家以上的餐饮商户倒闭，但又有近百万家餐饮商户重新开张。2017年我国餐饮收入39644亿元，比上年增长10.7%[①]。餐饮行业是一个市场化竞争程度最高的行业之一，主要面临以下四大痛点：

1. 成本高

餐饮企业“高房租”“高能源”“高人工”“高物料”“低利润”的四高一低，让餐饮企业举步维艰。

2. 缺能力

不懂对餐厅数据的及时把控及预见，不会营销策略的制定，不具备数据统计系统和分析能力。

3. 管理难

几乎人人都很忙，但整体效率低下；且很难找出原因，不知该如何改善。

4. 品质差

没有智能管理系统，因流程不合理造成服务混乱，菜品品质全随厨师心情。

三、智慧餐饮管理系统的优势

智慧餐饮管理系统定位为：提供餐饮整体智能化方案，为商户提供点菜、外卖、会员管理与营销、移动支付等多种功能，致力于为商户提供零成本智能化餐饮系统升级方案及营销方案。

智慧餐饮管理系统是一套功能强大的会员卡管理系统和客户管理系统，软件将会员消费、会员基本信息以及各种查询统计等紧密结合起来，操作简单方便，界面美观大方，能满足餐饮行业进行会员制管理、会员卡管理、会员积分管理、会员消费管理的需求，科学的管理方法会给商家带来更大的效益。

案例分享

毛家饭店的智慧餐饮

位于重庆长寿古镇的毛家饭店是一家经营湖南乡土风味的餐厅。毛家饭

① 智能化餐饮管理系统，实现人、财、物、管理化平台. 搜狐. 创业邦。

店相继被中国连锁经营协会、中国烹饪协会吸收为会员单位，并荣获“中华餐饮名店”“全国餐饮百强企业”“全国绿色餐饮企业”称号。

餐饮企业成功的经营和管理不仅能使一家餐厅拥有稳定的顾客群和经济效益，更能在业内树立优质的品牌形象，提高知名度。没有使用管理系统前，餐厅前台是完全由人工来管理，在点单方式上，一直采用手工的点菜单下单，先和顾客确定好点菜单上的菜品后，再到收银台分单，然后再由服务员分单到厨房，浪费了下单的时间。在就餐高峰期，不仅影响了上菜速度，降低了翻台率，也减少了服务员直接为顾客服务的时间，降低了顾客服务的质量。

信息化管理，决定了餐饮业的未来，而新技术的延伸，为餐饮业带来全新管理模式。科脉天天饮食餐饮管理系统帮助重庆毛家饭店实现了服务水准的大提升：通过真实、完整的流水数据汇总，有效地为管理层提供决策依据。完善的会员系统管理，提高顾客的忠诚度，大大增加了客流量。科脉天天饮食餐饮软件先进的信息化管理平台，帮助重庆毛家饭店有效实现了标准化流程，降低了成本，提高运作效率。

根据重庆毛家饭店的管理需求，科脉为其定制了科脉天天饮食+联信点菜宝方案，提高了毛家饭店门店的日常管理效率，具体为其带来了以下效益：

（1）简单快捷的操作提高了点单速度。系统支持前台触摸屏及键盘使用，多次下单，一张总单，可实现厨部及时收到分单，制作出品，传菜收到完整单据。在点单、传菜、收银等环节实现高效有序的楼面运作，极大提高了点单速度，节省楼面人力，保障收银安全。

（2）高稳定性的厨打功能，完全避免了漏单现象，提高了顾客满意度。为顾客提供多种结算方式，重新规划服务流程，提高服务效率。

（3）营业数据统计报表。统计报表为老板的决策分析提供可靠的数据。统计报表分类更细，类型更多，财务及管理人员可更为细致地了解营业情况，分析营运状态。

（4）优化了各门店管理。软件稳定、易用，不仅提高了员工的工作效率，同时减轻了管理者的工作量，帮助管理人员有效分析营业情况及掌握运营成本，有效摆脱了传统运作模式因营业数据手工不能及时反映、管理行为严重滞后等情况发生。强大的功能模块，适合毛家饭店向连锁的模式发展。

案例来源：科脉技术.毛家饭店的智慧餐饮. http://www.kemai.com.cn/szlld 671.html.

第二节 智慧餐饮管理系统信息

一、菜品信息

菜品信息是餐饮业最基本的信息，主要包括：菜品基础信息、菜品改码信息、菜品部门/营业区、配方信息与套餐信息。

（一）菜品基础信息

每一个餐厅的产品（尽管该产品有可能是一道菜品或者一份酒水，也有可能是场租、破碎赔偿、外卖餐盒等，但在本书中把餐厅的所有产品都称为"菜品"），都需要在餐饮信息系统中进行设置，其中包含的信息有：

（1）菜品编号，用于标识菜品，可以结合红外条码扫描系统实现迅速入单。

（2）菜品名称。

（3）部门，用于报表分析时的统计，如分类统计菜品、注释、酒水的营业额。

（4）类别，用于点餐时的区分，如开胃菜、头盘、主菜、汤品、甜品等，对于厨房制作时非常有用。

（5）折扣等级，用于对折扣权限进行控制，如海鲜、酒水不打折，代购不打折。

（6）价格，菜品在不同营业区域的价格可以不同，如客房送餐的价格比餐厅的更高。

（7）打印机信息，根据该菜品的制作部门，由不同的厨房打印机出单，也存在有些菜品需要多台厨房打印机出单的情况。

（8）改码，即客人对菜品的特殊要求，既有关于菜品的，如牛排的火候、也有关于客人口味的，如配料不要葱、姜、蒜、香菜等。

（9）在基本信息之外，菜品还可以设置"自定义"，即菜品名称、价格等信息可以自由输入，这样就可以应对客人的非常规菜品要求，需要注意的是，使用自定义会降低POS操作的速度，需要在管理中特别注意。

（二）菜品改码信息

改码信息中存储了顾客对菜品的特殊要求。改码既可以用来描述客人对菜品的口味要求，如不放葱、姜、蒜、香菜，不放辣椒等，也可以用来对菜品进行定制，比如牛排的成熟度、蔬菜的做法等。对于时令蔬菜，经常使用原材料加上烹制方法改码来实现，如菜品选择生菜，在改码中选择做法清炒、蚝油、蒜茸、白灼等。

（三）菜品部门/营业区

菜品部门/营业区反映菜品与各营业区的对应关系，如有些酒店西餐厅、中餐厅只分别提供西餐菜品和中餐菜品，而有些酒店可以在西餐厅点中餐菜品，这些需求可以通过菜品部门/营业区对应关系来设置。

（四）配方信息

配方信息是指各菜品的原料成分。正确输入配方信息后，餐饮管理系统可以根据菜品销售量对原材料使用情况进行计算，并结合采购库存系统中的原材料价格计算理想的菜品成本，是餐饮成本核算时的重要功能。

（五）套餐信息

套餐是酒店为了获取长期用户并实现利益最大化而采取的一种销售形式，是多个产品的组合。餐厅可以预设套餐，餐饮管理系统可以将套餐销售分解为菜品，以便于实现销售统计和成本核算。

二、销售信息

餐饮信息系统存储和维护餐厅业务相关的数据，其本质是将菜品信息与菜品销售情况进行关联。与PMS不同，餐饮信息系统以日结作为经营结束的标志，日结后，生成并打印餐厅日营业报表，汇总一天的营业情况，日营业报表包括日营业额、桌（单）数、用餐人数、每单金额、人均消费等信息，与PMS建立接口的餐饮系统，还可以提供PMS-POS接口信息数据查询，用以分析用餐客人将费用转至PMS和应收账户（City Ledger）处理的情况。PMS-

POS接口提高了整个系统的复杂度，客人的支付方式将影响营业日报表的数据，如客人现金结算、住店客人将费用计入PMS中的房费、客人将费用计入PMS中的应收账户，都会影响营业报表的数据。

如果酒店建立了PMS–POS接口，餐饮信息系统的日结应该在PMS日审之前完成，这样就可以正确地将餐厅本日营业信息汇总至酒店营业日报表，保证酒店营业日报表的准确与及时。但很多酒店餐厅营业时间持续较长，为了不影响日审的进行，酒店的变通处理方法是夜审早于餐厅的日结，在这样的情况下，酒店营业日报表存在隔日统计的情况，即今天酒店营业报表中反映的是部分餐厅/营业区域今日营业收入（夜审前已经完成日结的餐厅/营业区域）和部分餐厅/营业区域昨天营业收入（昨日夜审前尚未完成日结的餐厅/营业区域）。

餐饮信息系统可以从多个角度统计和分析销售数据，包括消费时段、营业区域、销售员、菜品种类等，给餐厅管理人员提供多种分析维度，如按照时段划分，可以分析不同餐别（早餐、午餐、晚餐、下午茶、宵夜）的销售情况，根据菜品销售量划分，可以分析不同菜品的销售情况，便于及时更新/删除菜品或者对菜品进行价格调整和改良。销售信息是餐厅菜品调整、价格变化和促销活动的重要依据。

三、配方管理与成本核算

成本控制始终是餐饮管理的核心内容，与客房不同，可变成本在餐饮成本中占据主要部分，对餐饮原材料的管理和控制就成为餐饮成本控制的核心。配方管理是根据菜品的成本卡，对每道菜品设定配方，这样餐饮信息系统就可以根据菜品的点单量来计算原材料的理论使用量，结合原材料成本，计算出每道菜品的理论成本总额、毛利率等关键参数。将每道菜的理论成本与菜品的销售量相结合，餐饮信息系统就可以动态地得出理想成本（或最优成本）。

之所以称之为理想成本，是指这是在理论状态下的成本总额，由于各个方面的原因，如物料的损耗（既包括合理损耗，如切配中的损耗、酒水的损耗，也包括非合理损耗，如客人投诉、退菜导致的菜品成本提高），实际的成本通常会高于理想成本，但通过餐饮信息系统所给出的理想成本与实际发生成本的比值，就可以大致反映酒店餐饮成本控制的水平，而努力使实际发生成本趋近于理想成本的过程，就是餐饮成本控制的主要工作。

配方管理使得每日酒店消耗的原材料可以及时统计，给酒店采购提供了方便。由于市场行情的波动，采购价格经常发生变化，将餐饮信息系统与库存采购系统进行连接，直接读取采购系统中的采购价格，就可以精确、实时地实施餐饮成本核算。

四、劳动力成本

员工成本是餐饮成本中的另一个主要组成部分，餐饮信息系统也为度量员工工作效率、实施劳动力成本分析提供了工具，系统根据服务员的上下班操作记录、点餐和收银操作记录，统计每一位员工的工作时间、点单数量、点单金额等信息，为餐厅管理提供更多的依据。

拓展阅读

如何选择适合的餐饮信息管理系统

随着互联网信息技术的发展，餐饮信息化成为餐饮企业，特别是餐饮连锁企业提高运营能力，提高企业经营效益和管理水平必不可少的手段。如何选择信息技术提供方，以及如何了解其技术成熟程度，都是餐饮企业在信息化过程中必须要注意的问题。

数据完整性问题

数据的完整性是指在交易过程中，系统无论是本地交易，还是云端交易，其数据都是完整的；无论是物理删除，还是逻辑删除，都能在最终结算的时候，查找到交易记录。有些系统在这方面不够完善，导致交易数据不完整，出现交易漏洞，给企业带来损失。

支付异步处理问题

支付异步问题是指在交易中，交易和支付行为其实不是同步完成的。交易动作完成以后，信息要传递到支付中心，支付中心在接到指令后，再进行真实的账款结算，然后把交易结果信息反馈到交易系统，在这个过程中交易和支付之间有一个时间差的问题。如果系统不完善，在出现交易成功而支付不成功时，就会导致前端交易和后端结算不一致，使企业账目出现混乱，也就是平常说的账轧不平。

主扫和被扫的支付方式

支付主扫和被扫，这个问题很简单，主扫就是收银时扫描顾客出示的二维码；被扫就是顾客扫描企业的二维码付款。

通常主扫是一个成熟支付过程的业务需求，可以规范支付业务，被扫往往因为不受系统控制，存在交易管理上的漏洞。

比如二维码被店内员工或心怀不轨的“顾客”换成自己的个人账户；再比如收银员收到支付后，在系统中撤销订单，从中获取私利。

发生这两种情况时，如果交易系统中没有事先做好业务操作追踪日志，就完全无法追溯交易踪迹，最直接的结果就是致使商家受到经济损失。

业务操作的可追溯问题

业务操作的追溯是指在交易过程中，对pos机的管理者或操作者的操作进行管理和监控。每一次操作，无论是有效的还是无效的，都会在操作信息中留下痕迹，可以追溯到具体某个时间某个人进行的某次操作，以及操作后的结果。

做好业务操作的追溯，就可以很简单地解决被扫问题中的漏洞，发现情况不对，立即查看操作日志，就能够及时追回商家的经济损失。

小票打印和丢单问题

小票打印和丢单，是餐饮管理系统中一种比较常见的问题。如果一个餐饮管理系统有丢单的情况出现，我们可以初步认定，这个系统在一开始设计的时候就存在漏洞，不完善的系统想要再调整结构，就比较困难。

对于餐饮企业来说，出现丢单，将会造成前厅和后厨之间的信息传送断裂，无法及时为客户提供相应的服务，造成客户和企业之间的矛盾与纠纷，导致客户流失。

案例分享

餐饮信息化管理系统存在漏洞给企业造成的损失

案例一

某小餐厅，后厨3人，前厅2人兼任服务和收银工作。某天，在用餐高峰来了一桌客人，以看不懂菜单或其他理由，拖住其中一名服务员，趁另外一名服务员也在忙碌的时候，客人A假装去卫生间，路过收银台时，将店内收款二维码换成自己的私人二维码。那么，在餐厅发现不对劲之前，所有的收益都会被扫到客人A的账户中。

分析：在这个案例中，如果店内采用支付主扫的管理系统，那么就能够直接规避二维码被替换的风险。

案例二

某餐厅收银员，在工作一段时间后，发现收银系统中既没有可以查看的操作日志，又无法追溯历史订单，于是产生了一个“大胆的”想法。他谎称餐厅收银系统崩溃，让客人扫他的私人二维码付款，同时将系统中客人的用餐订单撤销/删除，由于无法追溯，所以最终的销售支付报表是平的，餐厅遭受了损失，收银员从中谋取私利。

分析：这个案例中，餐厅选用了不完善、存在漏洞的信息管理系统，这无疑是为不法分子敞开了犯罪的大门。如果选用业务操作可追溯的系统，那么不法分子的犯规行为将无处遁形。

小结

智慧化、信息化是餐饮发展的大趋势，无论企业主动还是被动地接受这个趋势，在选择餐饮管理信息系统时，都必须注意本案例中提到的问题，避免企业遭受不必要的损失。

资料来源：职业餐饮网．http://www.canyin168.com/glyy/cygl/glct/201811/76664.html.

第三节　常见餐饮管理系统

成熟的POS产品，本身就是非常完善的餐饮信息系统，所以 MICROS和Infrasys系统都可以看做是优秀的餐饮信息系统，而国产软件在这一领域发展较弱，国产POS所配套的餐饮信息系统在配方管理、成本分析、员工劳动生产率分析等方面尚存在一定差距，而国际品牌酒店，依托成熟的产品线，形成PMS+POS+餐饮信息系统+采购、库存与成本控制系统（MICROS公司MC

系统和石基PICC系统）+财务总账系统，打造了融合前后台应用的销售-成本信息集成产品，同时搭配无线点餐、排队系统、iPad点餐等外围系统，竞争性很强。可以说，餐饮信息系统已经不仅仅是单独的软件和硬件，而已经逐步发展成为集餐饮预订、服务、收银、厨房管理、成本控制为一体的餐饮管理平台。

拓展阅读

智慧手机下单

随着互联网，特别是移动互联网的发展，各种手机APP为人们的生活带来了极大的便利。用手机点餐成为影响消费者体验和满意度的重要因素，因此，方便快捷的手机一键下单功能成为衡量餐饮信息系统优劣的重要指标。

把线下餐厅搬到线上，将线上和线下相互结合，合理利用，可以方便消费者和管理者。将软件下载安装到手机、收银机上、电脑上，或者直接用微信或支付宝等第三方平台进行扫描二维码，然后让顾客点菜。对于菜品的价格、样式都能够一目了然。如果店家想要更换菜品，将店中的菜谱重新制作也较为便捷。对于商家来说，不仅大大减轻了服务员的工作压力，也节省了成本。对顾客而言，不仅新奇，并且所有食材一目了然。同时这还是一种现代化、信息化、合理化管理的体现，店铺的日常经营、收入、食材使用和消费情况都会出现在APP上，商户可以随时查询，摆脱了依托传统纸质数据的各种麻烦。

1. 手机APP点餐

手机点餐对于节省人力、提高效率都有显著作用，有利于数据信息的流动和管理，手机点餐对实现CRM会员管理营销至关重要。

2. 微信扫码点餐

顾客从点餐、下单到支付都通过微信平台完成，提高了效率，通过微信支付把顾客从线下实体转移到了线上，根据后台数据精准分析用户构成，便于商户对菜品口味和服务做出监测和调整。

案例分享

粤菜餐饮巨无霸——红子鸡集团信息化成功①

红子鸡餐饮集团有限公司是一家主营酒店业、餐饮业的大型私营企业集团，现旗下拥有星级酒店1家，大型餐饮企业5家。红子鸡集团作为餐饮业的一个品牌，连续几年被评为先进企业、纳税先进企业、守信企业、私营企业50强，并且为社会捐资办学、赈灾等社会福利事业作出不小贡献，得到了社会各界的广泛认同和赞赏。

是什么让红子鸡保持骄人业绩的同时企业品牌价值不断攀升呢？这其中很重要的因素就是红子鸡管理者们别具一格的经营思路。

首先，以新潮时尚、大规模、特色模式为主打进入上海餐饮市场，以特色经营形成品牌经营；主要建立以下具有红子鸡独特的特色模式：

1. 溜冰传菜，以溜冰传菜的方式为来客送菜，这在上海是首例。由于红子鸡的营业面积大，用溜冰传菜的方式不仅提高了传菜速度，保持了菜的鲜热度，同时顾客在品尝美味的过程中又欣赏了溜冰表演，对顾客来说一举两得。这种传菜方式在业内也堪称一绝。

2. 艺术与饮食的完美结合。内部装饰古朴，温馨雅致。餐厅墙上挂了上百幅古书画的临摹作品，近百件夏商时代的青铜器复制品栩栩如生，文化氛围浓郁。顾客在用餐的同时也感受到了中国文化。

3. 红子鸡的自选海鲜超市，其宽敞的自选冷藏陈列柜简洁明亮，海鲜品陈列令人一目了然，提高了食品质量的透明度，使顾客吃得放心，吃得满意。

4. “食中乐”表演。酒楼大堂每天设有歌舞表演，顾客用餐始终沉浸在喜气融融的气氛之中。美好的氛围在留住老客人的同时又吸引了新客人。

其次，打造红子鸡特色菜肴自成一派，以特色佳肴留住客人。红子鸡菜肴以海鲜为主，同时推出大众化特色鲍翅，特聘香港名厨主理，百余位港粤厨师同时掌勺献技，色、香、味、形俱全，让宾客一饱口福。红子鸡酒楼消费标准兼顾高中低不同需要，无论是商务宴请、婚庆寿宴，还是亲朋小聚，都能为宾客提供理想的选择。

再次，借助先进的信息化技术，为企业建立一套高效的餐饮信息化作业

① 案例来源：许成文. 餐饮信息化成功案例. 百度文库. https：//wenku.baidu.com/view/667e85299b6648d7c1c746f9.html.

流程。红子鸡的每家店营业面积都比较大，如果只注重了消费的特色氛围和菜肴而降低了服务效率，客户也不会认可。只有在保证服务品质和服务效率的基础上打造引人入胜的特色经营，才能起到珠联璧合的作用，而这些就必须借助高科技信息化技术。高科技信息技术与特色经营相辅相成，才能成就红子鸡品牌。

红子鸡从产品稳定性和售后服务保障出发，在经过多方面的严格筛选后，选择了知名软件企业上海正品贵德软件公司作为其长期战略合作伙伴，与红子鸡集团进行全面信息化合作。

红子鸡的信息化系统注重功能实效性。下面我们抽取其中的一些点作简单介绍。说明对一个超大型餐饮企业来说，借助信息技术可以起到哪些帮助。

一、厨房自动送打、自动出单，提高运营效率

红子鸡的每家店营业面积都比较大，以往点单需要先通过点菜员写菜单然后给传菜部，传菜部再把菜单送到厨房去。这样的话，有几个问题存在：一是点菜员的字迹如果不清晰，就很容易给厨房做菜造成不便。二是厨房人工跑单环节多，影响了做菜和上菜的速度，即使不出现差错客人的满意度也会降低。而通过厨房自动送打业务，传菜员不需要手写菜单，同时传菜部也轻松不少，菜单会通过电脑自动打印出来，差错率降低，也不存在厨房人员看不懂写菜员字迹而搞错菜品的问题。

然而，依靠电脑自动打单进行厨房传菜的话，如果电脑出单经常出现问题，比如少打单子、多打单或卡机等情况出现，那么其电脑系统的运用效果就适得其反了，不仅不能给餐饮管理带来便捷和高效，还会影响餐厅的正常营业。那么，如何做到使电脑系统为企业高效运行服务呢？

首先，为了保证像红子鸡这样的超大型餐饮厨房打印机的电脑出单的准确性和可靠性，红子鸡采用了正品贵德软件公司设计的餐饮智能厨房高效传菜流程，该流程针对大中型餐饮企业厨房传菜实施三级衡量标准，采用了双向式、多极预警、自动处理的国内领先的厨房打印技术，在这种稳定可靠的厨房送打技术支持下，电脑自动将菜品分门别类地打印到厨房各个制作点，不会出现不同环节还要再次分类制作的情况，出菜速度提高，厨师根据菜名及要求进行制作，简便而快捷。现在像红子鸡旗舰店美食总汇2万多平方米、红子鸡豪皇店等15万平方米等超大型餐饮店，完全做到日常营业期信息系统无人值守，这在国内都是很少见的。

实行电脑系统的厨房送打，为企业节省了大量人力、物力和时间，同时，经营效率却提高。其中最有感触的便是传菜部的人员了，原本一旦出单有错，他们就会被厨房和点菜部责怪，但其实问题并不仅仅是他们造成的，如今通过用厨房电脑自动打单，所有的点菜单都通过电脑系统清晰、快捷地传到相关的部门，他们只需核对销单即可。另外该电脑系统操作简便、易用，非常容易上手，打出来的单子清楚、明了。因此运用该系统提高了整体经营效率，客户满意度也大幅度提高。

二、绩效考核提高员工服务积极性，提升服务质量

通过软件系统的应用，企业可以了解每个员工为企业所作出的贡献。企业给予做出重大贡献的优秀人员奖励，从而提高了员工为顾客服务的主动性，也提高了服务质量。原先红子鸡并没有实行电脑统计分析每个员工服务时间和效益的做法，因此员工们认为他们做得再多服务得再好也与自己没有什么关系，效益的增加是企业的，他们没有把自己与企业联系起来，把自己看成企业真正的一分子。因此时而出现单间小姐拒绝客人在她的单间就餐，顾客叫单时服务不够及时，服务时热情度不高等情况。

而在管理上，领导者也只能用经验管理，而不是量化管理。用了餐饮管理软件后，软件能准确统计出每一个服务员的服务人次、菜肴销售额等，这样通过一段时间的总结就能计算出他为企业带来的经济效益。如系统给出销售人员、服务人员、厨师等的业绩分析，对他们的工作成果进行量化管理，然后给予公平的奖惩。这大大增强了员工工作的主动性和自觉性，使得员工把自己的利益与企业的利益联系起来，从而提高了红子鸡的整体服务水平和管理水平。

三、规范服务流程，企业信誉度大大增加

规范的服务流程可以使企业的效率提高。红子鸡在使用餐饮管理系统后，结账有严格的流程。收款员在打入餐单时必须严格审核，客人结账之前，服务台小姐还要对原始单和结账单做进一步审核。当客人要求结账时，计算机准确、快捷地打出一张详细条目的结账单，对餐厅来说结账的准确率提高，账目一目了然，月末算账方便，同时也防止了收银员收银舞弊的可能性，对客人来说可以放心消费，企业在顾客心目中的信誉大大增强。

四、强大的数据分析、查询及报表功能，帮助企业改进调整管理方法

在经营管理上，通过系统翔实的收银明细及汇总报表、折扣明细表、退

菜、赠菜明细表等可以及时发现企业管理上的漏洞，了解管理上哪里还有不足，帮助企业准确把握正确的经营方向。在辅助经营的基础上，红子鸡通过软件中丰富的查询分析功能指导企业经营，比如通过电脑系统统计每天的出菜情况可以了解哪些是滞销菜，哪些是畅销菜，从而了解顾客的偏好，从而有针对性地制定出菜品体系和定价策略。有些餐饮企业尽管顾客盈门，但到月末结算时却发现并不盈利，里面有很多原因，如收银时账目出错，价格制定不合理等各种原因，而通过使用正品贵德餐饮管理软件，这些问题都迎刃而解。

思考：

你认为红子鸡集团的成功得益于什么？

第七章

智慧市场营销

【导言】

通常，酒店销售部和宴会服务部会产生多得让人难以置信的文件、合同。预测、销售、预订、报表生成是销售部员工的主要工作，占据了销售部员工每天的大部分时间。在智能化、信息化程度很高的酒店，完成需要耗费大量时间、成本高昂的工作都使用了信息化工具，其中，酒店销售与宴会（Sales and Catering，S&C）管理软件体现了巨大的优势：

（1）快速、高效地完成各种乏味冗长的工作。

（2）及时获取各种销售信息。

（3）根据客户管理系统中的邮箱发送个性化的邮件。

（4）减少人工错误的发生，降低出错概率。

（5）降低员工培训费用。

（6）分析大量的信息来判断顾客喜好和预测顾客行为。

（7）增强酒店之间的沟通，为酒店集团化的销售活动提供了便利。

本章主要介绍酒店销售与宴会管理软件及收益管理系统（Revenue Management System，RMS）。

【学习目标】

- 了解酒店实现智慧营销的相关系统及其功能。
- 掌握新时代智慧酒店的网络营销与微信营销方式。

第一节　预订部的信息化

在不使用PMS的时代，预订部一直是前厅部的组成部分，为了更好地控制未来的预订量，预订部更多地在与前厅部进行合作。在使用PMS后，预订量的控制由系统自动完成，预订部的主要职责由“控制预订数量”变更为“执行更合理的价格策略”，由此，收益管理在酒店得到了推广。在这样的背景下，预订部更多地成为销售部的组成部分。所以，预订部的隶属关系从原来的前厅部转为销售部，这一变革过程，既是酒店信息化、智能化发展的结果，也反过来推动了酒店销售部智慧化的发展。

一、客户资料管理

客户资料为销售提供了信息支持，预订员可以方便地获取客人的基本信息、消费信息（客人收入、间夜数Room/ Nights、停留次数Stays等），为销售人员的工作提供支持。

二、预订系统

在酒店中，散客的预订通常由预订部完成，而团队的预订信息处理则有所不同。有些酒店依然由预订部来实施，在另一些酒店则需要上报销售部甚至市场营销部来统筹完成，这是由于团队预订带来了酒店客房存量的明显变化，有可能会“触发”酒店调价策略（如某著名国际品牌酒店共有300间客房，当预订客房数超过5%，即15间时，需要由市场营销部实施，市场营销部通知收益管理部门，收益管理部门及时调整价格，以期获得更好的收益），另外大型团队除了客房需求外，往往伴随着餐饮、会议方面的需求，由销售部来协调可能效果更好。PMS的使用可以实现客房预订的实时控制，因为每个配有计算机的销售员都可以即时访问客房控制信息（移动互联网的使用甚至使销售员使用手机、iPad等设备来了解这些信息）。预订和取消预订在发生的同时就被快速地处理——这甚至发生在销售员与顾客通话的同时，这将确保每个销售员访问到同步的数据，并且“确定的”“临时的”预订将清楚地标示以便于跟踪，防止出错。

当顾客的预订由于无可用房而不得不拒绝时，PMS可以在拒绝客人的同时将预订放入候补列表（Waiting List），如果有客人出现预订取消（Cancel），就可以将候补列表中的预订激活，酒店预订员需要致电顾客告知。对于最终拒绝的预订，PMS会生成拒绝报告（Turn-away Report），这样就可以跟踪由于没有可用房而拒绝的预订，这在酒店扩建、集团新酒店选址时将成为重要的决策依据。

第二节　销售与宴会管理

一、销售与宴会管理的功能

销售与宴会管理系统是将酒店客房、宴会、团队销售一体化的专用系统软件，主要包含了以下功能：

（1）团队预订、销售员日程安排以及内部审核流程的标准化。帮助销售人员有效管理每日日程，帮助销售人员管理好销售活动、与客户的约见、在店团队并提醒他需要及时做出回复的团队业务，对销售活动进行跟踪，确保销售活动的效果。

（2）自动生成业务报表：销售活动、预测报表、大客户报表、销售业绩报表等。

（3）模板合并功能、流水操作各项书面工作，如价格申请、封面、感谢信等。

（4）关键客户数据信息。

（5）资源设备详细清单的追踪。

（6）管理所有餐饮需求。

（7）团队需求管理集中化。

（8）团队管理，对于团队接待来讲，保持与领队（团队联系人）沟通的有效至关重要，S&C系统帮助销售员完成这些繁杂的工作。

（9）宴会与节事活动（Events），包括MICE，即Meeting（会议）、

Incentive（奖励旅游）、Conference（大型企业会议）、Exhibition（活动展览），在国内被称为会展，已逐渐成为酒店重要的客户来源，宴会与外卖服务也逐渐成为酒店重要的利润增长点。

二、承办宴会的流程

在酒店承办宴会要经历多个流程。

（1）酒店提交一份或多份标准菜单供顾客考虑，客户既可以从中选定，也可以要求制定特殊的用餐计划——将标准菜单中的部分内容进行调整。

（2）酒店承办宴会，同时还可以提供物品租用、场地布置、庆典活动、主持人等各种服务。

（3）在准备宴会时，被称为EO（Events Order）或者BEO（Banquet Events Order）的宴会通知单是宴会准备的核心文件，是一切准备工作执行的依据，销售与宴会管理系统可以管理各种资源并自动生成宴会通知单。

（4）在宴会实施之前，酒店计划好所需要的人、物、交通、服务等所有物品，并保证在宴会实施时齐备。

（5）在宴会活动结束之后，酒店必须确认客户结清账目，系统根据合同对宴会进行收入和成本核算。

第三节 收益管理

收益管理是一种谋求收入最大化的经营管理技术，尽管它主要关注收入而不是利润，但由于酒店客房产品利润率极高，所以追求收入的最大化近似等同于利润最大化。它诞生于20世纪80年代，最早由航空业开发。美国航空公司通过对实施收益管理以来得到的巨大收益测算后，宣布收益管理是“牟利的绝对重要的运作手段”。在酒店业，由于收益管理系统对公司决策和创利的巨大影响，世界许多著名酒店集团，特别是欧美的主要酒店集团管理层对收益管理都高度重视，先后建立了专门的收益管理部门，并配置了能进行大量数据分析和实时优化处理的计算机系统。万豪酒店集团就是收益管理最早的使用者，也是最大的受益者之一。

一、收益管理的实施

酒店业收益管理实施的两个最重要的方面为价格体系管理以及客房存量分配管理。价格体系管理是根据每个细分市场的不同特征，结合市场需求状况确定销售渠道、客房价格和与之相对应的限制条件；客房存量分配管理的目的在于决定为每个细分市场和渠道预留的客房数量。

酒店收益管理的核心在于预测模型，而预测模型的制定和完善有赖于大量精准的历史数据和对历史数据专业的分析，所以，PMS的标准化和广泛普及、价格管理体系的完善是收益管理实施的前提条件，在此基础上，酒店通过收益管理策略，可以有效地提高收入水平，增加利润，而信息化的收益管理系统的使用只是让这一过程更加规范。可以说，收益管理是一种经营理念，而收益管理系统则是这一理念在酒店业深入实践后的结果。

二、收益管理软件

虽然收益管理的单项任务可以由人工进行，但处理历史数据和计算产出率统计的最有效工具仍是收益管理软件，收益管理软件能够结合客房需求和房价统计，制定营销方案以达到收入最大化。

收益管理软件并不代替经理做决定，它只是为管理决策提供信息和支持。由于收益管理常常十分复杂，市场营销部员工不会有时间人工处理大量的数据。而计算机可以存储、查询，并且根据影响客房营业收入的广泛因素处理大量数据。收益管理系统通常应具备以下功能模块。

1. 数据库接口与数据处理模块

收益管理软件需要获取、整理和分析大量的酒店经营数据，而这些数据通常存储在PMS数据库中，收益管理系统需要与PMS建立接口直接读取PMS中的数据。该模块功能包括数据收集、过滤与审核、数据合并。以 EZRMS系统为例，该模块分析的信息包括：

· 历史入住率

· 历史预订及取消方式

· 收入

· 历史预订未到（No Show）、未预订直接到店（Walk In）及拒绝（Turn-away）

· 酒店历史的及将来的客房存量

· 价格结构（房价等级）

· 已有预订

· 入住天数信息

· 平均每间房客人数信息

· 周末/平日信息

· 市场份额信息

2. 需求计算与预测模块

需求计算模块对数据处理模块获取的数据进行整理和运算，根据数学模型计算出趋势、征兆等，并将预测结果进行展示，运算时以下因素会被纳入考量因素中：

· 淡、旺季

· 周末/平日信息

· 重复性及特殊事件

· 销售策略

· 市场份额

· 入住天数

· 客房销量

· 每间房平均客人数

· 预订及取消方式（Reservation & Cancel reservation）

· 预订未到（No show）

· 未预订直接到店（Walk in）

· 客房收入及其他收入

3. 优化模块

优化模块是酒店行业专家的智慧和独有的运算法则的结合。优化模块的目标是利用下列因素为收入管理提供一个最理想的方案：

· 入住天数的需求预测（及其不确定性）

· 现有预订（及其不确定性）的实际化及取消的预测

·客房收入预测，入住天数控制带来的额外收入以及在某个价格结构等级下所售出房间的平均客人数

·酒店存量控制

·接受客人的策略（最后一间可卖房及酒店最大存量）

·按照顾客来源（Source & Market）/分销渠道（Distribution & Channel Management）生成的建议

4. 存量控制方案及建议

在优化模块的基础上，收益管理软件最终提供收益方案。

·计算出每一个方案实施后的收入增长预测，以作为酒店管理人员的决策参考

·根据酒店的需求，将建议转化为控制管理，使其直接与酒店管理系统（PMS）、中央预订系统（CRS）、全球分销系统（GDS）或互联网分销渠道相沟通。为实施渠道管理，收益管理软件应支持多种渠道管理方式：预订渠道及方式限制；阶段性最低限价；入住天数限制及入住客人数量限制和组合式预订控制。

5. 实施效果评估

收益管理软件不但生成多套营销方案供选择，在营业结束后，收益管理软件将实际营业情况进行分析，对比预测值与实际值的区别，不断完善预测模型、优化决策方案。

作为酒店业发展的新趋势，收益管理由于具有适用性的限定，如高固定成本、固定的服务能力、非耐久性产品和不可存储的特点，收益管理的应用范围一直限定于酒店客房销售中，而餐饮领域中的收益管理则缺少研究与探讨，但随着收益管理理论的发展，在餐饮、康乐领域中的收益管理已经逐步得到应用，美国康奈尔大学已经在硕士课程中开设餐饮收益管理课程。

第四节 酒店网络营销

互联网营销以其广泛性（全世界都可以点击登录查看）、即时性（可以实时更新内容）、全时性（24小时 ×365天均可访问）赢得了企业的认可。酒店

行业常见的网络营销方式有酒店直销、中介分销和搜索引擎推广三种。

一、酒店直销

酒店直销时，销售的主体是酒店，既可以是单体酒店的销售行为，也可以是酒店集团的统一销售行为。

1. 官方网站营销

酒店或酒店集团的官方网站应当是酒店对外宣传和销售的主要网络阵地。网站的响应速度、布局风格、各国语言、预订的便捷程度、是否支持在线支付等都是消费者非常关注的信息。

2. 微博营销

微博的广泛使用使酒店业看到了一个新的宣传舞台，微博的特点是“病毒式”传播，速度奇快，接触面以年轻人居多。酒店恰当的微博内容可以让客户和潜在客户感到亲切。但微博营销首先面临的问题就是粉丝的积累。有些酒店实施微博抽奖活动，效果非常好，对粉丝数量的增加很有帮助。针对如何开展微博抽奖活动，有很多酒店提出了建议，如三亚人间天堂鸟巢度假村提出抽奖活动前期，需要通过不同形式的宣传去聚敛人气；有些酒店提出“抽奖活动最好针对粉丝多、影响力大的意见领袖，请他们转发、评论酒店的消费体验，达到酒店产品宣传的目的”；也有的酒店认为抽奖活动最好注重本地客户。

二、中介分销

中介分销时，销售的主体是第三方，可能是旅行社，也可能是专业的网络代理商。

1. 在线旅游分销商

在线旅游分销商（OTA）也称在线旅行社，是指利用互联网开展酒店销售并获取佣金的企业。OTA在中国的典型代表有携程网、艺龙网等，它们大都不直接从住店客人手中收取费用，而是让酒店定期交佣金，所以酒店和中介也经常就客户是否入住了酒店有所争议。

国外OTA的典型代表是 Expedia，该网站不同于中国网络订房中介，

Expedia会在客人预订时收取全额房费，如果客人入住良好没有投诉，则Expedia会在一到三个月内把房费返还给酒店，当然，佣金已经被Expedia留在自己账户了。

2. 团购等新兴预订中介

团购网站的兴起为酒店业开拓了另一个分销渠道，超低的价格吸引了大量消费者的目光，但是团购了限量供应的餐饮、客房、康乐等酒店产品之后，消费条件往往也比较严格，比如：限定有效期，必须提前2天预约，不能与其他优惠同时使用，还有一些酒店提出节假日不能消费，甚至在周末也以满房为由拒绝团购客户的预订。

点评网站也是酒店分销的另一种形式。大众点评网、到到网是酒店行业的点评网站的代表，点评网站首先要聚集人气，找到大量的曾经在该酒店消费的客人，并请他们提供点评信息。点评网站存在的问题之一是如何让消费者确认点评者的真实性，也就是说，能否确信点评信息既不是该酒店自己写来美化自己的，也不是竞争对手来丑化该酒店的。

智能手机应用的流行使得手机应用软件生产商也想从酒店分销中分一杯羹，而通过手机应用软件来预订酒店首先要解决接口问题，也就是说，预订信息要即时传递到酒店的PMS当中。

三、搜索引擎推广

常见的搜索引擎推广主要有通用搜索引擎与垂直搜索引擎两种。

1. 通用搜索引擎

百度baidu.com和谷歌google.com是通用搜索引擎的代表。如果酒店和它们合作，当互联网用户输入酒店的关键词（如：北京火车站附近的五星级酒店），相应信息会依次出现，排名的位次对于客户点击影响很大，通常第二页之后的信息基本无人点击，提高排名最重要的方法是搜索引擎优化（search engine optimization，SEO）。在百度网，排名不好的企业可以向搜索引擎公司买断关键词，被称为竞价排名，是按照点击次数付费的。

2. 垂直搜索引擎

垂直搜索引擎是针对某一个行业的专业搜索引擎，是搜索引擎的细分和延伸，是对网页库中的某类专门的信息进行一次整合，定向分字段抽取出需要的数据进行处理后再以某种形式返回给用户。酒店行业的垂直搜索引擎的典型代表是“去哪儿网”，它为消费者提供了同一家酒店在不同渠道的报价，消费者便可以选择这间房的最低价格。

拓展阅读

开启酒店行业全场景智慧营销①

消费者需求的变化是驱动酒店业变革的根本，而数据又是信息时代的黄金资源，腾讯通过多年的数据积累，了解酒店消费用户群的习惯与偏好。在互联网重塑中国旅游酒店行业大背景下，腾讯应对旅游行业酒店营销痛点，开启腾讯全场景智慧营销，帮助旅游酒店行业深度挖掘目标人群，提高到店消费转化率。

在2017中国酒店营销峰会（HMC）上，腾讯网络媒体事业群品牌行业群总监谢锐与大家分享了酒店该如何做品牌推广、挖掘潜在客户以及引导用户的预订。以下是演讲节选。

谈到营销，我认为当今社会一些比较时尚、流行的元素是可以给营销带来非常大的契机的。我今天重点交流两项业务，一个叫社交，一个叫视频。关于社交，其实早就已经有社交类网站，包括一些应用，我今天想谈的是微信。微信在改变人类的生活方式，朋友圈是微信里一个非常重要的功能。现在的朋友圈里面，晒酒店、晒旅行已经占到很大的比重。这说明什么？说明社交可以给我们酒店行业带来预订和分享。

其实近几年，大型的明星真人户外秀综艺节目已经充斥着很多电视媒体，包括视频媒体。说明什么？说明网友已经把关注度、喜好度往这方面转。包括像汪涵、何炅，甚至像马东这种以前是传统媒体的人，现在已经开始在外面有一些工作室，跟各大视频网站进行合作，说明综艺已经是网民，或者说用户，非常关注的点。我举几个例子，比如《爸爸去哪儿》《花儿与少年》《跑男》，看看这些节目对酒店行业有什么促进，我们可以看到通过它们，酒店的预订量有非常大的提升。甚至于现在有很多旅行社也开通了像《跑男》《花儿与少年》的旅行线路，以上是互联网给我们带来的一些新的元素。

① 谢锐. 2017中国酒店营销高峰论坛. 环球旅讯. https：//www.traveldaily.cn/article/115189.

我们下面再来看看腾讯有哪些点可以帮助酒店行业。谈到腾讯，不得不说腾讯目前拥有一个非常大的移动端的APP应用矩阵，我们虚拟了一个用户一天的生活与工作的时间轴。

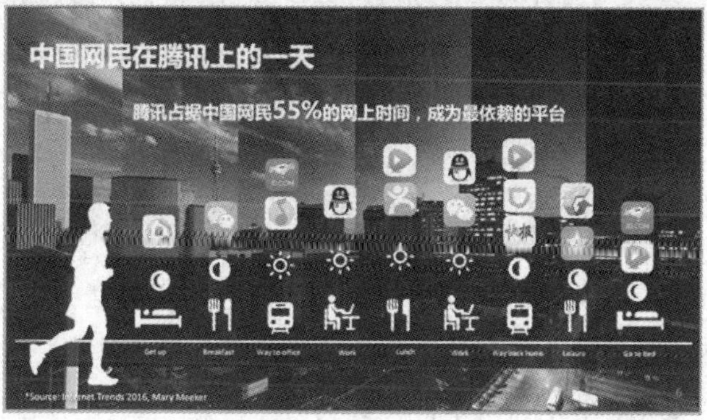

我们可以看到从早上起床到上班的路上，到工作中，到下班，到晚上睡觉前，整个一天的生活与工作的时间轴上，会应用到腾讯很多很多的APP。微信和QQ不用说了，这在工作和交流里是必不可少的。像腾讯新闻，早上起来看一下新闻，中午午休的时候听听音乐，玩玩游戏。到晚上，比如说购物或者说看一下腾讯视频，这些应用充斥着用户每天的生活与工作。

下面我们针对酒店行业来看一下，一个用户的酒店预订全路径是怎样的。我们可以看到，从他对旅游景点产生兴趣到他去网上查一些攻略，制定一些出行计划，再到下酒店订单，包括途中的一些分享，最后自己发一些攻略，整个路径里面，腾讯的产品、应用也是充斥着这个用户的全轨迹。

谈到用户生活以及他针对旅游行业、酒店行业的一些行为之后，我们可以看看，腾讯的所有的这些APP带来的一个最大核心的应用是什么？是大数

据。因为有了微信和QQ，以及他们唯一的账号系统和这个账号的一些基本属性，我们可以很准确地找到这个用户。刚才提到了，腾讯日常的这些APP，比如说新闻、视频、音乐、娱乐，其实我们可以针对它们做大概的种类划分。比如像社交类、资讯类、购物类、娱乐类、生活类。这些配上用户广告的点击行为，包括停留时长的行为，我们可以反复验证这个用户属于哪类用户，他日常生活习惯和喜好大概是什么样子的。

我们就可以将用户的画像清晰地画出来。首先针对酒店行业我们做了大致的分析，介绍一下基础属性，年龄、性别和地域。我们可以看到，在腾讯网民里面，酒店行业的用户18到40岁已经占到九成，他们中间的浓度是在31到35岁，这是非常核心的人，包括他们的消费能力，其他各方面也是值得关注的。再来说说他们的性别，男女比基本1∶1，男性略多一点，地域是一线城市占到很大比重。

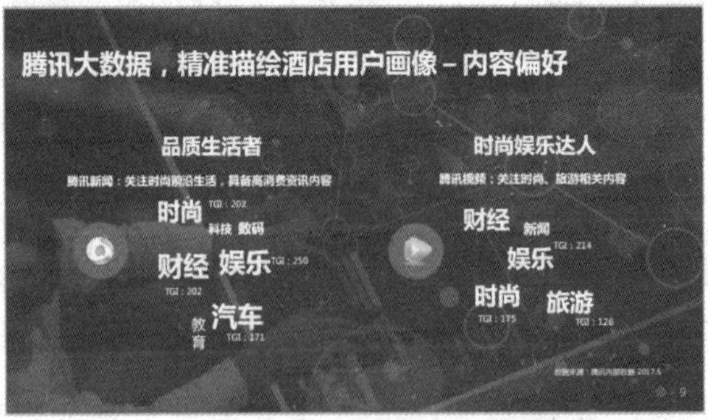

第二部分是他们的内容偏好。我们可以得到一个结论，酒店用户的内容偏好反映出他们是品质生活者，而且他们是时尚、娱乐达人。从腾讯的新闻客户端、腾讯视频可以看到，这些用户更多的是关注时尚类、财经类、汽车类、娱乐类方面的新闻资讯内容。然后他们看哪些内容、看哪些节目？财经类、时尚类、生活类、旅游类，他们的基础画像就出来了。

下面我们进入全场景智慧营销的策略，分三个部分，第一部分是金牌推广的思路，第二是如何精准找到这部分用户，就是潜在客户的挖掘，第三是怎么友好地引导这些用户去预订。大体上，这个思路跟我们营销思路基本一致：前期需要有一个品牌方面的露出，中期找到我们的目标用户，后期通过营销手段推送一些信息，最后促成他们的预订。

首先说说品牌推广。谈到品牌推广，传统意义上，就是一些高频的轰炸，一些大曝光的推送。针对这些手段我不做过多分享。今天主要想提到几点，一是提升酒店形象，二是凸显酒店特色，三是建立酒店的好感度，也可以叫美誉度。

今天主要想介绍偏植入类的手段。前面提到了，像如今的综艺已经成为了非常热的节目，怎么去跟这些综艺结合，或者说跟这些节目结合。比如说像腾讯新闻，有很多谈话类、访谈类的节目，我们请的嘉宾讲的话题都是很有深度的，酒店行业的从业者可以从中间挑选适合我们推广的一些栏目和节目。我们如何提升这个酒店的形象呢？我们可以把这个节目的现场直接搬到酒店现场，从外景的引入到拍摄现场的展示，我觉得完全可以提升我们酒店的形象。

谈到酒店的特色，我不知道大家身边有没有朋友在谈论潜水、健身等，甚至于最近我身边有朋友跟我谈开飞机。这些活动都是很有个性、很有特点的需求。我举一个例子，现在网上热播的是《我们的旅行》，是一对夫妇出去旅行的节目，有很大一批受众。里面有一个情节，他们住的酒店边上有飞机驾驶体验的地方，因为这个节目，我身边很多同事跟我聊，我买不起飞机，但是我又想拥有驾驶飞机的乐趣，咱们哪天一块去这个酒店住一下，去体验一下。所以说酒店通过这种节目可以很快、很准确地抓住用户的心理。

第三部分是建立酒店的好感度和美誉度。通过亲子游、父母老年游、商务出行等都可以凸显酒店特色。近期在热播的大剧《欢乐颂2》，男女主人公所在的酒店画面感非常唯美、温馨，其实那个酒店并没有在电视剧中标出自己的名字，但是反而引起了网友的热议。网友在网上起劲扒，看这个酒店叫什么名字，大概多少钱一晚。从中能看出网友对于大剧、综艺的关注还是非常高的。

谈到了品牌推广，不得不提的还有一点，就是明星效应。腾讯这边因为有腾讯影业、企鹅影业，旗下有很多艺人，也有很多合作的影视公司。

这个是腾讯跟香港迪士尼之前合作的小案例，他们找到我们拍摄了一些拼图式视频，大家可以看到数据，上线1个月超过600多万用户浏览，平均时长超过55秒。未来如何借助明星效应推广品牌，我们可以在会后有更多的交流。

第二部分，我们的营销策略是潜在客户挖掘，这是腾讯目前比较核心的技术手段。凭什么腾讯就说我们可以找到这个用户，因为我们有大数据分析的能力。

首先腾讯有非常完整的标签系统，比如说像人口属性、内容偏好、社交属性、游戏爱好、购物习惯等等，用这些给用户身上贴上标签。

打个比方，我身上贴上的标签是30岁到40岁之间，男性，常住地北京，喜欢购买IT类、3C类的产品，我喜欢足球，喜欢看汽车类资讯，这些都是我

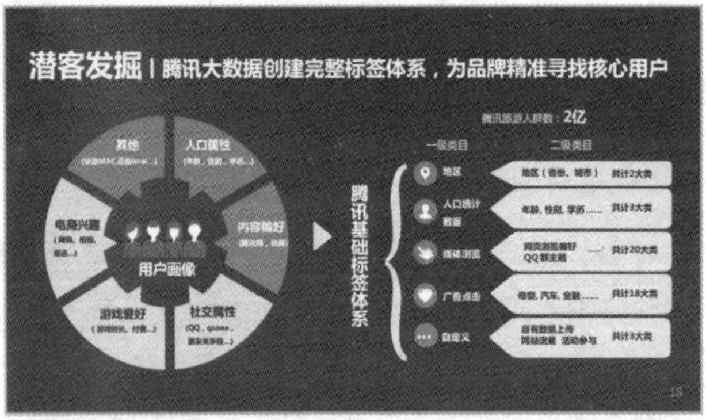

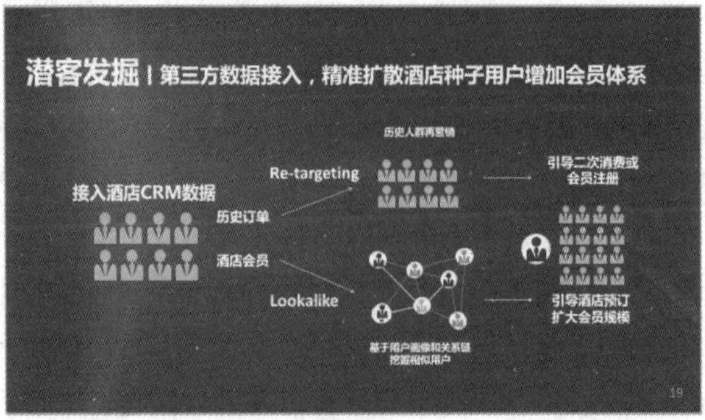

身上的标签，相信各位身上也会有各种各样的标签，这些标签可以反复验证这个用户的习惯和喜好。我们后面的营销也可以根据标签去进行筛选和信息推送。

这里拿大数据做一个比较具体的分析，看看未来合作的点。因为现在的酒店都有自己的CRM系统，包括以前住过这个酒店的历史记录和会员信息等。如果可以把CRM系统里的数据跟腾讯的数据做对接，做匹配，腾讯有能力在腾讯的大平台上帮助酒店找到这些用户。

一个是酒店历史订单的分析，也就是说我们把这些种子用户来跟腾讯的用户做匹配，然后在腾讯大平台上真真正正找到他们，看他们日常网络浏览习惯，比如他看什么新闻，听什么类型音乐，买哪类产品。

再往下延伸，就是第二部分酒店会员。因为有了种子用户，我们可以把这些种子用户做扩散，就是Lookalike，挖掘具备同等属性、同等喜好的潜在的用户，我们扩散完了种子用户之后再进行投放，可以把这部分用户不断扩大。就是说对于我们酒店行业，我们完全相信可以把咱们的会员规模扩大。

第一种做法我们叫回流，因为有一些流失用户，我们可以通过第一种手段让以前的用户回到我们的酒店。第二种做法我们叫拉新，可以拉更多的新用户进来。举一个小案例，这是跟万豪的一个合作，它是前期通过朋友圈的广告投放进行官方账号的粉丝拉粉，第一波投放得到了这些粉丝，也就是我们所称的种子用户，然后对这部分种子用户进行扩散，找到同类型的人，然后进行第二波投放。第二波投放是去重的，把第一波种子去掉，又拉到很多种子用户，跟第一波种子用户合并以后再扩散，再找同类，然后进行投放。这三波投下来，种子用户最后就是实打实的我们的最终用户，从600万扩大到3600万的用户，扩大6倍。这是比较实在的一个应用。

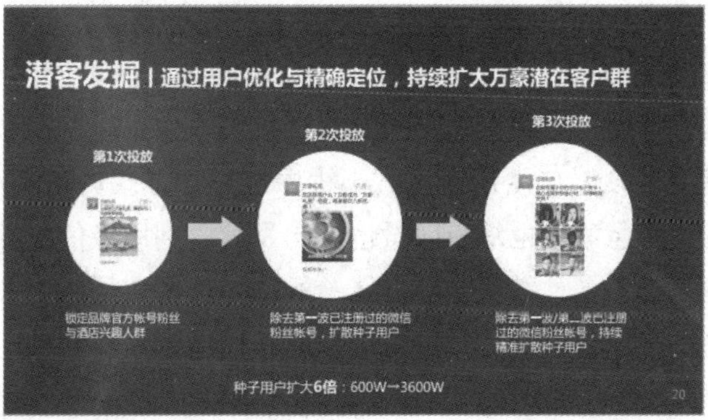

最后一部分是怎么来引导预订。其实所有的行业对于最终用户的引导都有很多种手段，我今天介绍的是基于LBS的，这个是腾讯比较新的应用。LBS是基于定位的服务，我们可以通过LBS很精准地分析到这个用户是商旅人群还是正在旅行的人群，他经常去哪些地方，他周围的环境是什么样的，我们都可以通过LBS判定。因为LBS也是跟目前所有的这些移动互联网的应用有很大的关系，刚才也介绍了，腾讯拥有了很多排名靠前的移动互联网的应用。

简单分享一个案例，这个是跟一家餐厅的合作案例。我们首先是通过LBS了解到哪些用户经常去，当然也会用到前面大数据的分析，哪些用户经常去哪个商业区周围就餐，我们新店开业的时候会给他推送，用腾讯非常核心的入口，比如朋友圈，比如新闻客户端给用户进行推送。当时是跟大众点评合作的，直接拉动了到店人数的增长。而且LBS，我们还有其他类似应用场景，比如说与餐饮类有关的，我们中午出去吃午餐的时候或在午休的时候，路过某一个餐厅，这个餐厅可以通过LBS给你推送，比如发放红包、发送信息，我相信这些应用也能为酒店提供一些营销推广上的新思路。

上面内容基本讲完了，现在总结一下我刚才提到的几点思路。一个是品牌推广，品牌其实还是很重要的，它可以起到个性化、凸显特性的效果。我们今天带来的是关于内容的植入，内容的传播给品牌带来的意义。

第二部分潜客挖掘，这也是腾讯目前非常核心的技术手段，我们可以很精准地找到这部分用户。第三部分怎么引导用户的预订，主要是LBS的应用介绍。以上就是我带来的内容，谢谢各位。

第五节　微信营销

如今的微信已经完全融入我国网民的生活中，众多商家看准微信带来的商机，通过建立公众号、微信支付、小程序预订等方式提高消费者的体验，增加用户黏性。智慧酒店也纷纷向微信方向发力，利用微信服务，减少住店环节面对面的人力服务，在优化服务体验的同时还节省了酒店人力。更重要的是，通过微信激活沉默会员、进行会员的长期运营。有人打比方说“公众号+微信支付”是微信智慧酒店解决方案的“基础设施”。那么微信会员体系就是支撑这个基础设施的“结构工程”。对酒店行业来说，在完成了自助选房、微信开门、微信退房等个性化服务后，让顾客二次消费，真正实现营收的持续增长，才是最终目的。而微信的会员体系在这个过程中起到至关重要的作用。

一、行业痛点与解决方案

痛点1：体验同质化+高成本。酒店在产品和服务提供上的相似性以及相互模仿导致客人在体验上感觉无特色、无差别。同时，酒店是一个高成本、低利润的传统行业。包括酒店采购、销售、人工、沟通障碍等，高成本成为酒店行业挥之不去的阴影。

解决方案1：微信“智慧酒店”自助系统。①减少人工成本：省去前台，直通客房，对于酒店而言，节约很大一部分人力成本开支。②个性化体验：让用户从查询到开门、进房、退房全部通过微信完成，无需接触前台。退房前提前预约发票，离店时直接取走发票即可。

痛点2：严重依赖其他平台，客户难以沉淀。传统酒店行业的销售渠道分为直销和分销两种，尤其是当今大量消费者通过OTA平台预订酒店，酒店的分销对OTA依赖过重，致使利润低薄。同时，无论是哪种销售渠道，酒店都面临着用户离店即“失联”的尴尬，难以维系用户的忠诚度。

解决方案2：离店触达+意见反馈体系+更精准的CRM体系。微信一对一的社交沟通能力，让酒店在用户离店后，仍可以触达用户，及时询问用户的入住体验或保持沟通、提高复住率。酒店还可以通过微信入住优惠、节日酬宾、推送文章等方式吸引用户持续关注酒店的微信公众号。用微信收集、存储住客信息，并记录住客入住的习惯信息，形成数据支持。在下次入住时提供符合住客习惯的服务或产品，提升入住体验，增加用户黏性，提高顾客忠诚度。

二、预订、住店流程微信化

1. 酒店微信预订入住流程

客人先关注酒店的公众号，然后点击预订，选择入住时间、房型，预订即可成功。

使用微信支付房间费用，再选择喜欢的房型，登记身份证，收到电子钥匙，使用开锁。

2. 酒店微信化的优势

简化住店流程，减少人力成本；打破客服时空、沟通方式限制，多媒体沟通，形式多样化；"泛会员"体系，扩大会员基数，简化入会门槛，针对性升级，增强会员黏性；内部管理高效，移动化；创新商业模式，寻找营收新增长点。

三、酒店管理移动化

1. 微信企业号

商户通过建立微信企业号来进行内部管理。微信企业号下可建立部门号，需要身份验证后才能使用相关服务权限。微信企业号可以完成企业OA移动化、工单发送、工单状态同步、数据日报、排版提醒等功能。

2. 酒店公众号与企业号的联通

借助微信平台，简单实现办公移动化；轻松实现企业内部沟通、事务处理的移动化微信公众号与企业号的联通，完成从用户到商家的企业服务、管理执行的闭环。

3. 盈利模式的创新

通过微信公众平台的"微信小店"功能，酒店可以自主编辑商品页面，在公众号内搭建自己的"在线商城"。房间内物品放置二维码，客人扫码直接进入购买页面，支付后由商家发货即可，酒店可从成交交易中进行提成。诸如亚朵酒店与网易严选深度合作成立的亚朵网易严选酒店，开启酒店业无界零售新篇章，提升用户体验的同时，创新了酒店业的盈利模式。

案例分享

网红深坑酒店接入微信小程序

以"世界海拔最低的五星级酒店"著称的"深坑酒店"（上海佘山世茂洲际酒店），近日一营业就受到"网红"般的追捧。除了深入地下88米带来的视觉冲击，“深坑酒店”与微信支付的战略合作，也宣告着“智慧酒店”正在加速到来。

打开微信，搜索世茂深坑，可以发现合作双方用一个小程序，串起了从酒店预订、入住，到休闲、娱乐、离店的全流程。客人在抵达酒店前，可以用手机完成房间预订、预入住，抵达酒店核验身份证后，30秒即可刷脸登记、领取电子房卡，完成入住，相当于每一位顾客都有一个“专属”的酒店前台。

微信支付行业运营总监白振杰表示，原来酒店业无论登记入住还是退房，都有明显的高峰时段，前台人工服务至少需要3到5分钟，琐碎的客房服务更是费时费力。如今，通过微信支付、小程序、基于腾讯优图的人脸识别等技术，将部分环节交由顾客自助办理。“将酒店员工从低效、烦琐的工作中解放出来，投入更多精力为顾客提供更有‘温度’的服务。”

微信想打造的“智慧酒店”，不只是刷脸入住这么简单。微信支付团队介绍，客人到达房间后，无需实体房卡，在小程序中就能一键开门。房间内的空调、窗帘、灯光等设施调控，24小时在线的“客房管家”、刷脸就餐等服务，均可在微信小程序中完成。

对于酒店运营方来说，与微信的合作除了让酒店服务更具科技感和个性化，拓展直销渠道也是一大考量。当前，酒店业的相当一部分订单是通过OTA渠道完成的，除了酒店要支付较高的渠道成本外，客人的信息也难以沉淀下来。通过微信小程序的应用，酒店将具备更多直接触达客人的能力，并减少对第三方平台的依赖。

白振杰表示，其实从2014年开始，微信就在尝试开发智慧酒店解决方案，经过不断的迭代升级，最新开业的世茂深坑酒店是智慧酒店应用的集大成者。下一步，微信还将不断完善，陆续上线“酒店押金支付”等新功能。

资料来源：何欣荣．新华网．http://www.sh.xinhuanet.com/2018-11/25/c_137629013.htm，2018-11-21.

第八章

智慧财务

【导言】

酒店的财务系统并非是一个软件，而是多个软件模块的集合（图8-1），它们包括应收账款、应付账款、采购库存与成本控制、薪资模块、固定资产管理，共同构成总账模块。酒店是购买独立的模块各个总账，还是购买集成化的软件系统，取决于酒店的特定需求，仅从技术角度来考量，完全集成的软件包可以获得最大的效率。信息化是智慧化的前奏，实现酒店智慧化需要一个历程，而始端就是酒店怎样先实现信息化。本章主要阐述智慧财务系统的应收账款、应付账款、采购库存、成本控制、薪资模块与固定资产管理模块的信息化，并介绍几种常见的财务系统。

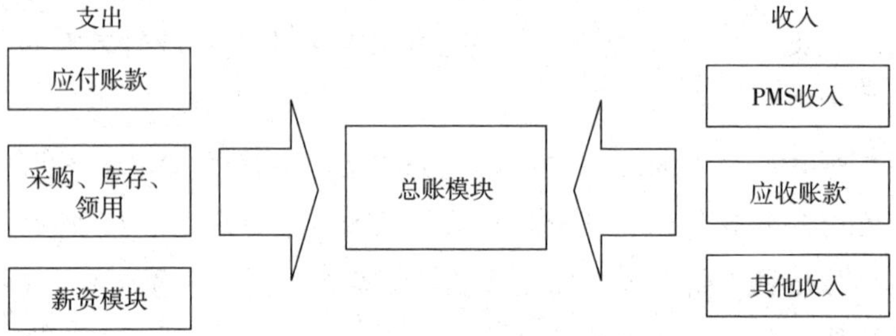

图8-1 财务系统结构

【学习目标】

- 了解智慧酒店财务系统的几大主要模块。
- 了解智慧酒店财务系统主要模块的工作流程。

【导入阅读】

智慧财务的环境变量：以电子交易凭证为标志的模式催化

“风起于青萍之末”，多少年后的某一天，当我们回顾中国企业转型智慧财务的起点之时，很可能不得不有些意外地发现，一切始于原本被很多脱离了基本业务层面的CFO（Chief Financial Officer）看不上眼的电子发票。由电子发票快速推广所引起的，将是一场从财务体系底层作业模式的颠覆所引起的对其整个上层建筑的全面重建。

作为合规性要求严格的作业体系，财务功能展开的第一块基石绝对是《会计法》。如今在移动互联网技术全面向社会各个角落强力渗透的趋势下，正在面临有史以来最大规模的一次“大修”。而在酝酿中的这场“大修”中一个关键性的变化，就是对会计工作最基础的作业凭证进行全方位的重新厘定。在现行《会计法》中最关键的第二章“会计核算”中，从第十三条到第十七条全部是有关会计凭证与会计账簿的条文，第二十三条也是关于会计账簿的，所涉及的作业凭证总篇幅占到一半以上，可见其在会计体系中的基石地位。然而，从纸质发票到电子发票这一看似很简单的变化，却对上述所有条款均产生了颠覆性影响。

首先，从原始凭证的取得上，电子发票的广泛应用直接使其从业务发生端就实现了票据流和信息流的合一，极大地缩短了原本处于遥远后台的财务体系的反应时间，原本多层次、多环节的财务作业流，得以第一时间与业务流同步，从这个意义上说，不再存在所谓事后的会计处理，基础的会计作业完全能做到在业务前端的实时化。

其次，在原始凭证生成时，很难再有所谓的假发票、账实不符、填写错误等“主动性的错误”，而原始的会计账簿更是可以由此自动生成。《首席财务官》预言——“从作业层面而言，电子发票将全面开启中国企业的真账时代”。相应地，这对于严重依赖企业财务数据的国民经济统计领域、金融市场等将同样带来一场历史性的巨大变革。

最后，在原始凭证的保管上，由电子发票广泛应用后而衍生的电子账簿显然在保管成本、可追溯性等方面具有天然的优势，这不仅将极大地促进审计行业的自动化和智能化，同时也对“假账”这个中国企业普遍存在的诚信终极问题产生巨大的事后监管的威慑力。目前全球各大会计师事务所最紧迫的一项战略性任务就是研究如何在审计业务中引入人工智能技术。德勤会计师事务所首席创新官乔恩·拉斐尔日前撰文指出："人工智能技术可以让一名审计人员轻松完成较大样本的评审工作。甚至是所有样本的评估工作只需一名审计人员就可以完成。同时，人工智能技术还可以把审计文本中所有审计人员需要的条款分离出来。在此过程中，人工智能技术提供全程可视化遴选服务。审计人员只需轻点鼠标，便可以在滚动的页面中，看到自动跳转的、其所需要的关键性条款在整个文本中的位置。"

与发票对应的，作为会计原始凭证的另一面，银行的作业凭证也处于大规模电子化的前夜。原本诞生于2009年11月份的电子汇票，由于缺乏足够的推广力度，其应用一直以来都发展缓慢。不过，眼下制约企业和银行使用电子汇票的，还有不容忽视的安全问题。2018年上半年江苏省海门市就发生了一起"开空壳公司诈骗3000万元，利用电子承兑汇票套现，买60千克黄金洗钱"的大案。当然，就当前国内互联网的发展现状，上述安全隐患完全可以在短时间内得到遏制。

无论如何，这场由电子交易凭证的广泛引入所催化的企业财务作业模式的迭代已经势不可当，记账与关账再也不可能是财务部门深陷"低绩效加班困境"的主要理由了。而电子化所形成的大数据资产，天然地成为孕育智慧财务的温床。

智慧财务的组织变量：以财务共享为标配的快速普及

如今在智慧财务的转型过程中，首先我们面临的是开放式的移动互联网模式下的企业运营系统的重新部署。一方面，移动互联网的开放性和易用性，使得流程上各个节点的利益相关者和操作者并不会有太大的抵触；另一方面，财务共享模式在过去三年中国市场上的爆发式增长，使得其成为越来越多的国内企业进行精益财务转型的标准配置。财务共享中心作为财务体系再造的模式，在降低财务作业成本、强化内部控制、提高整体运营效率等方面产生了令人惊叹的广泛成就。根据德勤咨询和IDC公司对50家《财富》500强企业的调查表明，财务共享服务项目的投资回报率（ROI）平均为27%，员工人数可以减少26%。

如果考虑到前面谈到的电子交易凭证在会计作业中的普及，以及整个供应链内的电子交易数据交换所带来的便利性，财务共享服务在直接作业成本压缩层面上的投资回报率将更为可观。

以上线超过10年的中兴通讯财务共享中心为例，过去几年中的一个关键性变化就是，基于移动互联网和云计算的广泛应用，他们在作业系统内分别嵌入了外部的机票代理、酒店预订、办公采购等日常费用支出方面的应用模块。通过这些模块，中兴通讯在自身费用支出层面上的小供应链上局部实现了电子交易数据的交换（某种程度上可以视为内部电子发票的应用），然后通过网上银行的支付手段快速实现了员工的报销作业，整个全链条无需在事前取得纸质发票，而且可以通过集中开发票的方式有效降低整个供应链的作业量。

《首席财务官》杂志访问一家老牌的以财务软件起家的本土ERP巨头，所了解到的一个最新变化是，这家公司多条产品线中财务共享部门的增长率远远高过其他产品线，他们预期这块业务在2020−2021年的增长曲线将更加陡峭，可能会达到2019年业务规模的4~10倍。而且更让这家公司兴奋的是，在财务共享理念刚刚引入国内之初的10年前，往往只有拥有数千名以上财务人员规模的特大型企业才会对此感兴趣，整个市场的增长也因此非常缓慢，如今有着三五十亿元销售规模的企业就开始着手计划部署财务共享中心了，而且这方面的成功案例越来越多。

究其根本，移动互联网技术的快速迭代，以及供应链上各个企业信息化程度的日益提升，使得原本是“大型企业专属产品”的共享服务中心的部署成本和运行成本均大幅降低，进而使得这些运营规模尚不足100亿元的中等规模的企业集团，也能从一个小型的财务共享中心项目的投入中获得具备可观经济效应的长期回报。

而财务共享中心模式正是智慧财务转型所必需的及时雨一般的组织变量。首先，会计核算等基础业务的分流，使得财务体系得以集中足够的高端人才力量向业务财务、战略财务方面转型；其次，在数据流层面上财务共享中心所达成的业务财务一体化，使得大批原本沉淀在业务线各个角落中的数据资产快速归集到共享中心这个“矿坑”之中，这正是智慧财务大展身手的绝佳场所。

从智慧本义的角度来看，智慧财务的真谛在于，在洞悉外部市场环境变化的基础上，最大限度地提升企业在生命周期中不同阶段所能达到的价值创造的高度。同时，在这个过程中，我们以运营管理的优化能力为智，以价值创造的提升能力为慧，来进一步完善智慧财务从规划到实现的理论模型。

思考：

酒店行业要想实现财务智慧化，应该在哪些方面做出变革？

资料来源：简书 https://www.jianshu.com/p/13fd31aec359.

第一节　应收账款

一、应收账款模块的功能

应收账款（Accounts receivable）是指完成销售而产生的，对酒店食宿等费用的支付行为导致的资产。在酒店财务体系中，应收账款是收银的结果，所以应收账款模块是PMS系统的必备模块，由PMS供应商提供。应收账款具备以下功能：

（1）维护应收账款账户。

（2）处理计入应收。

（3）监控收款活动，应收账款账龄分析。

（4）生成各种应收账款报表。

（5）制作关于所有收款实务的审计报告。

从管理角度来看，财务部根据销售部提交的申请批准信用授权，在合同签订后，建立适当的应收账款账户。应收账款账户应包含账户名、联系人（发生费用时的确认、审核等）、类型（免费账户、普通账户、旅行社，需要注意信用卡公司都设置为免费账户）、账号、账户余额等，同时应包括信用政策的重要信息，以及信用标准、信用条件和收账政策。

与客户发生业务往来时，需要应收账款经理提前对账户进行过账、授权，确认可以计入应收账户。在结账时，收银员选择计入应收账户（City Ledger）并输入账户号码，费用未超过信用授权时，将费用计入相应应收账户。在每日夜审时，应收账款余额将从PMS顾客账务模块转至后台应收账款模块，更新应收账款账户的账户余额（Balance）。

二、应收账款模块的应用

应收账款模块记录和分析客户应收账款的变化情况，分析客户的账期和账龄。应收账款模块还跟踪酒店的收账活动，在收到付款或发生额外收费时，所付款项的记账信息会立即更新应收账款账户。酒店可以设置各种不同的信用限额，该模块还可以打印各种报表，以方便酒店财务部员工进行管理。

应收账款的支付总是离不开适时的提醒和告知，财务部员工可以使用提醒信（Reminder letters）或者催款函（Statements）来辅助完成应收账款的收取工作。

第二节　应付账款

一、应付账款模块的功能

对于筹备期的酒店，工程款、设备和开办费用是最重要的支付款项，而运营期的酒店，物品采购、工资、能源与工程维护通常是最大的支付项目，应付账款（Accounts Payable）指的是酒店经营过程中购买物资、设备以及其他商品和服务时产生的负债。应付账款模块可以是一个独立的系统，但通常和财务系统中的其他模块一起发挥作用，这样可以具备更好的操作效率，如应付账款中的付款金额由采购系统和薪资模块直接生成，而应付账款金额自动进入酒店财务报表中的应付账款部分。这样能够避免重复输入，降低劳动量，并提高财务报表的时效性和准确度。

应付账款系统应具备以下功能：

①应付账款的确定；②根据合同的付款条件，确定付款时间；③确定付款金额；④付款；⑤支付完成，对账；⑥监控付款活动，应付账款分析；⑦生成各种应付账款报表。

二、应付账款模块的应用

（一）佣金计算

如果预订来自某个需要付费的渠道，PMS可以根据预订的执行情况（如入住预订取消、预订不到）计算出佣金，对于酒店管理集团，如果预订来自集团预订网（central reservation system，CRS），同样需要付费，PMS也可以自动计算该金额。如果PMS与应付账款模块建立了接口，则以上信息可以自动导入，否则就需要员工手工处理。

（二）供应商管理

供应商管理模块记录着供应商的信息，其中包括供应商编号、供应商名称、联系人、联系方式、付款条件和付款方式等。优秀的应付账款模块还包括对供应商的评价、供货范围、历史供应信息等，应付账款模块可以根据供应商信息生成应付账的汇总（按供应商）信息，其中包括了每个供应商的期初金额、应付金额、实付金额和期末余额。

应付账款模块记录了每一个供应商的付款信息，并根据合同计算付款金额，生成应付账款明细表，酒店可对某笔关注的业务查询其现有情况，也可查看全部业务的付款情况。应付账款还对酒店应付账款进行监控，根据合同按期支付货款，当系统发现已到或已过付款期限预警设置的业务单据，会自动给出预警，提示酒店哪些供应商的应付款项已经超过了付款期限，欠款金额是多少等，避免酒店产生信用违约损失。

第三节　采购库存与成本控制

一、采购库存管理系统的功能

在中国酒店业，采购库存与成本控制系统是整个财务系统中“归属感不明确”的部分，常见的是由如下两类供应商提供：

（1）由财务软件供应商提供，如用友、金蝶的财务管理软件，均含有采购库存系统，酒店可以根据自己需要选定。

（2）由PMS供应商提供，如MICROS的MC、石基的PCC，国产PMS也提供了采购库存模块供酒店选择，如西湖软件、中软、千里马等。

采购库存管理系统两种方案对比如表8-1所示。

表8-1 采购库存管理系统两种方案对比

方案	典型系统	优势	劣势
采用通用财务软件	Peoplesoft Back Office System SUN Back Office CheckEAM 用友 金蝶	系统成熟 成本较低	系统为通用财务软件，与酒店行业的特殊要求不够贴合 采购库存与POS系统对接难度较大
采用国际PMS软件	MICROS MC 石基 PICC等	酒店业专用系统，针对性强，与POS结合技术成熟	成本高 对使用者要求很高
采用国内PMS软件	西湖软件、中软、千里马等	成本较低，与POS结合难度低	与财务软件结合难度较大

不论采取何种方式部署系统，采购库存系统应提供以下功能：

（1）发货和领货（Isue & Raquisitions）。

（2）库存采购（Inventory Purchasin）。

（3）库存收货（Inventory Receiving）。

（4）仓库管理（Store Management）。

（5）菜单成本计算（Recipe Costing）。

（6）统计分析（Graphical Statistical Analysis）。

（7）成本控制（Cost Control）。

（8）菜单管理（Menu Engineering）。

二、采购库存系统模块的应用

需要注意的是，采购库存系统需要提供与应付账款的接口（Interface to Accounts payable）和总账接口（Interface to General Ledger），使数据可以自动传输，以提高数据的实时性和准确性，减少财务部的工作量。采购系统的处理流程如图8-2所示：

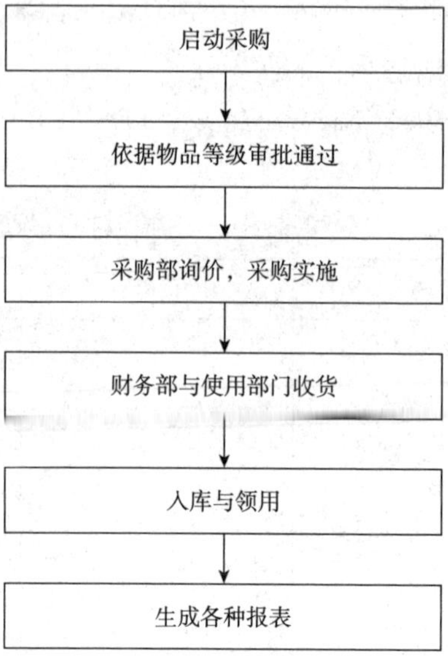

图8-2　采购库存系统功能模块

1. 启动采购

采购流程的开始总是以到达采购点或者部门申购开始。酒店设定了每件物品的最小/最大库存量。最小库存量是库存中必须长期保持的库存数量。最小库存量、物品价格、运输周期等信息最终确定采购点数值，当物品库存量到达采购点时，采购系统会根据采购点生成采购订单。另一种到达采购点来源于对销售信息的分析和预测，如酒店宴会销售部刚刚完成了50桌婚宴的销售，信息被录入销售与宴会系统，当酒店与顾客确定服务内容并生成EO（Event Order）单后，系统根据宴会菜单分析需要准备的物料并生成采购单（需要注意，宴会需要的物品并不限于宴会食材，诸如现场布置、主持与摄像等均会成为宴会采购单事项，完成一次大型外卖活动往往需要大量的物资采购和租用外部服务）。另一种启动采购的常见原因是部门申购，如固定资产添置、设备与设施维护、工程维修备件等。

由于经营的需要，采购流程中难免有例外的物品，如厨房鲜活类物品采购，采购系统需要为它们制定不同的采购流程，以防止影响酒店的正常经营。

2. 采购审批与实施

在采购申请被批准后，进入询价和实施阶段，采购系统可以自动生成询价函并发送给供应商，供应商的应价也可以通过采购系统自动接收并对比，询价不应只包括单价库存量，特定商品、特价商品和清仓特惠等信息均可以被提交并作为采购依据。

在收货阶段，采购系统自动生成收货单，收货员工做的事情更像是“清点并确认数量”，当然货物的质量和数量需要严格的审核，有些物品很难精确核准数量（比如肉类），收货员应详细记录“实收”数量并标记“应收与实收”的差别，提交应付模块并用于后期付款，最后采购物品根据收货情况分别选择退货、入库、直拨等，并分别计入各部门的固定资产和成本数据中。

3. 库存管理

储存在仓库中的物品是酒店的重要流动资本，为了便于管理，酒店库存经常采取二级库的做法，为物品使用量较大的部门设立二级库，如餐饮二级库、客房二级库，以便于进行成本核算。库存状态、库存变动和库存价值是仓库管理的三个重要数据：

（1）库存状态反映了每项物品的库存数量。

（2）库存变动是每个会计周期进行仓库盘点时，得出的仓库理论库存与实际库存的差异，得出的盘盈/盘亏要记录在库存系统中，频繁地出现库存变动往往意味着酒店仓库管理中存在着问题。

（3）库存价值是库存所有物品的价值，酒店有时可以利用采购价格的波动来降低酒店运营成本，如在春节高峰到来之前采购部分货值较高的物品。

三、采购库存与成本核算

采购库存系统的使用，既是为了管理的规范和快捷，也是为了在不影响质量的前提下降低酒店运营成本，采购库存系统可以方便地生成采购成本和各部门成本，而精确的成本核算是实施高质量成本控制的前提。

第四节 薪资模块

一、薪资管理智慧化是酒店发展的现实需求

尽管最终将薪水发给员工的是财务部，但在中国由财务部计算酒店员工工资的现象却很少发生，通常这样的工作由人力资源部来完成，这样的现象一部分是由于工资的计算需要许多复杂的过程，仅仅计算员工的“五险一金”就需要对政策的深入了解，但更重要的一方面是酒店管理精确度有待提高。在中国，很多酒店经理无法提前一个月回答“员工A下个月将工作多少个小时？”“晚下班2小时是否算加班？”等诸如此类的问题，所以一个看似非常矛盾的现象在中国酒店业普遍上演：一个基本上吃着大锅饭的行业，员工工资的计算却需要极高的运算量。在国外酒店，工作量核算、加班小时数核算、工资计算、保险金代扣、支票打印、薪资明细和扣款明细之类的工作在20世纪80年代前后就已经实现了自动化。

信息化时代，传统薪酬管理模式无法满足酒店的快速发展需求，信息化、智慧化成为酒店业薪酬管理的必然选择。通过智慧化薪酬管理，可提高人力资源管理水平，从而促进企业持续发展。

二、智慧化薪资模块功能

智慧化的薪资模块应该是信息化的、智慧化的。

首先，考勤方面：通过多种方式采集数据，包括采集考勤机数据、打卡记录导入、在线打卡、手机考勤等方式采集考勤数据，一键设定考勤规则，支持固定模式和弹性模式考勤，支持午休进出打卡考勤，支持加班自动计算，支持请假和打卡记录混合计算，精确计算上班时间和请假时间，每日系统根据原始数据实时计算，自动生成考勤报表，为酒店管理层高效管理员工考勤、制定考勤奖惩制度、人员出勤考核，提供强大精准的数据保证。

其次，薪资模块只需要薪资科目设置，就可以实现工资的公式一键设定。与OA中的人事档案系统、审批系统无缝结合，实现了分级工资管理、工资单审批的智能化，也可以通过定制实现薪资模块和考勤系统的互动。须注意的

是：在薪酬业务处理过程中，若人员岗位、职务发生变动，对应的有关信息数据也应进行改变，才能够保障薪酬管理的准确性。

第五节 固定资产管理

酒店固定资产是指企业使用期限超过1年的与生产、经营有关的房屋、设备、车辆等，酒店作为高固定资产投入行业，固定资产管理水平对酒店整体发展水平影响很大。酒店固定资产管理模块通常和总账模块紧密结合，主要有基础信息录入分类与编码管理、日常管理、核查和盘点等功能，可以用来提高固定资产的管理效率和管理水平。固定资产管理通常使用固定资产登记卡来记录每一项固定资产的编号、名称、规格、使用部门、地点、开始使用时间等，近年来，基于射频识别（radio frequency identification，RFID）技术的固定资产管理技术逐步得到应用，进一步提高了固定资产的管理效率和管理水平。从业务流程来看，固定资产管理涉及固定资产的全流程管理，包括前期管理、服务期管理和后期管理。

一、固定资产管理存在的问题

固定资产管理是我国酒店业管理的薄弱环节，资产利用率低、维护水平差的现象普遍存在，一方面是由于我国酒店业发展周期短、整体水平差；另一方面是由于我国酒店业产业集中度不高、专业化不强，许多业主并非专业出身，造成了酒店建设时金碧辉煌，管理维护时无人问津。由于缺乏专业维护导致设备损耗率极高，如近年来频发的电梯坠梯事件、空调空气质量差等现象。随着我国早期酒店逐渐进入重建改造期，这些现象会更加普遍。依托固定资产管理系统，提高资产管理能力是提高酒店运营，尤其是全周期运营效率的核心，应当得到酒店，尤其是集团酒店和酒店业主方的高度重视。总结来讲，有以下几方面：

（1）固定资产没有完善相应的分类，存放位置杂乱，导致在清理、维修资产时比较困难。

（2）财务账目和实际账目不同步，固定资产的管理中经常出现账、卡、物不符的问题。

（3）资产购入后，没有对其使用情况进行跟踪，不知道资产的位置和状态。

（4）折旧方式烦琐复杂，准确度不高，导致资产极易流失。

（5）酒店资产数量庞大，传统的手工盘点效率低，费时费力。

二、酒店固定资产管理系统介绍

以上海畅捷信息技术有限公司[①]的固定资产管理系统为例，系统通过成熟的RFID技术，从资产申购、资产入库、资产领用、资产借用、资产归还、资产维修、资产调拨、资产保养、资产盘点到资产折旧、资产报废等固定资产的整个生命周期，对固定资产进行全方位监督管理，结合资产分类统计等报表，真正实现了账、卡、物相符。同时系统可对酒店的低值易耗品进行管理，帮助酒店解决资产管理难题。

（一）固定资产管理系统功能模块

1. 低值易耗品日常操作管理

包括低值易耗品的预算、采购、入库、领用、退库、报废、盘点、调拨、查询、统计等日常管理工作。

2. 固定资产日常操作管理

包括固定资产的申购、入库、领用、借用、归还、维修、调拨、保养、报废等日常管理工作。

3. 条形码标签自定义

根据酒店固定资产管理员选定的固定资产自动生成条码，管理员将资产条码标签打印下来粘贴到设备上，标签格式可以自由设计。

4. 固定资产盘点功能

通过手持条码扫描器对资产的条码标签进行盘点，将扫描出来的资产数据与数据库资产数据进行对比，对异常数据做出适当处理。可按时间、部门生成各类盘点表。

---

① 上海畅捷信息技术有限公司 http://www.changejet.com/index.php?ac=forum&at=list&btid=1.

5. 固定资产折旧功能

折旧有两种方式：一种是平均年限法，另一种是年数总和法。一般采用平均年限法对固定资产进行计提折旧，生成折旧报表。

6. 固定资产报表统计分析

系统可自定义报表设计，按时间、部门生成各类资产统计报表，并提供打印功能，系统还可以图文结合的方式对资产进行分析。

（二）酒店固定资产管理系统成效

（1）实现了对低值易耗品的信息化管理，控制了酒店的采购易耗品成本。

（2）采用先进的RFID技术，实现了对固定资产整个生命周期的实时监控管理。

（3）通过条码扫描器进行盘点，盘点工作变得轻松便捷，提高了酒店的管理效率。

（4）系统报表为酒店提供了准确有效的参考依据，提高了资产的使用效率。

（5）提高了酒店固定资产管理水平，提升了酒店经济效益，增强了酒店竞争力。

第六节　常见财务系统

酒店财务管理是由财务部在酒店的经营活动中负责收集、记录、分类、总结、分析货币交易以及由此而得出的结果和结论，财务部在酒店的经营中起着财务和计划管理、会计核算管理、资金管理、外汇管理、固定资产管理、家具用具设备管理、物料用品管理、费用管理、成本管理、利润管理、合同管理和商品、原料和物料的采购管理、仓库物资管理的重要作用。财务部门向管理者提供经营资料，供总经理进行经营决策，能使酒店的经营活动获得更大的经济效益，从而促进企业不断向前发展。

一、常见的酒店财务系统

酒店财务工作事无巨细，智慧化的财务系统能提高财务工作质量与效率。如今的财务软件以图形化的管理界面，提问式的操作导航，打破了传统财务软件文字加数字的烦琐模式。

表8-2 酒店业常见的财务系统

财务模块	常见系统
应收账款	Fidelio、Opera PMS、西湖软件、中软好泰等均包含应收账款模块
采购库存	Opera MC（Material Control） 石基酒店成本控制系统PICC（Purchasing Inventory Cost Control System） CheckEAM
财务管理系统	美国仁科（Peoplesoft Back Office System）财务管理系统 美国Infor（恩富东方软件公司）公司（Systems Union）的SUN Back Office 中国用友财务管理系统、金蝶财务管理系统

二、英冠酒店财务软件介绍

以成都英冠科技有限公司英冠酒店财务软件①为例介绍智慧财务系统功能。

英冠酒店财务软件提供审核、记账、明细账、现金银行日记账、多栏账、科目汇总表、试算平衡表、资产负债表、利润表、利润分配表、现金流量表、自定义报表等多种功能，并提供反登账、反结账、银行存款余额调节表、货币资金情况、固定资产、工资管理等多种实用工具。

各个财务软件开发商，开发财务软件的依据是国家颁布的各行业会计制度，长期以来，追求的是对所有行业的普遍适应，难以个别针对酒店管理的需求，尽管有些酒店管理系统提供与其他财务软件的接口，但现实的情况也只允许这些酒店管理软件向财务软件传递数据时拄上一根拐杖。

英冠酒店管理系统，以酒店财务软件为核心，各个功能终端作为它的外

① S软件网．英冠酒店财务软件．https://www.soft78.com/article/2012-06/2-ff80808137a7001d0137e4892bd42a96.html.

围和拓展，在处理业务时，将所有的业务凭证做为财务原始凭证，根据不同的业务、不同的付款方式、不同的币种或票据，自动生成规范的财务记账凭证，并把这些原始凭证附在财务记账凭证之后，将数据传递给酒店财务软件，以最理想、最明了的方式反映了买卖过程。

英冠酒店财务软件具有如下特点：

（1）操作方便，会计科目录入快捷方便

①在记账凭证录入中，可以自动找平会计分录；

②可以带数据进行借贷方切换；

③随时调出计算器；

④可直接以会计科目的快速录入码录入，如输入“XJ”便可以录入现金科目，输入“GDZC”便可以录入固定资产科目。

（2）高度自动化，自动生成各种账簿与报表

①用户只需要录入会计凭证，系统便自动产生明细分类账、总分类账、多栏账、科目汇总表、试算平衡表、资产负债表、利润表等各种账簿与报表；

②财会人员只要输入原始业务资料，工资费用分配、计提折旧、结转损益等都可由系统自动完成。

（3）出纳模块保证现金的安全清晰

出纳模块提供了出纳日记账、出纳与银行对账、银行对账单、余额调节表、支票管理、银行票据管理等多个功能模块，确保现金资产的安全与清晰。

（4）减少手工工作量

固定资产、工资系统与账务系统集成，减少手工的管理与计算。

（5）多账套管理

系统提供多账套管理，使客户能够建立和管理多个账套，及时了解各核算部门的财务状况。

（6）强大的查询功能

①系统提供了完整的账证一体化查询功能，你可以根据总账直接查到它所辖的明细分类账，再从明细分类账一直查到记账凭证；

②可以按多种条件过滤查询凭证。

（7）权限管理

系统提供了完备的权限管理机制。提供了授权、权限互斥功能，并对权限日志、操作员日志都有详尽的记录，加强企业内部控制的实施。职员权限

的管理模块为将职员权限控制到行做准备，设置职员和基本信息的权限关系。

（8）多种会计期间设置模式

系统除了满足公历时间会计年度的设置方式外，用户还可以任意设置会计期间。

（9）财务常用指标分析

软件提供了常用的财务指标分析，如利润表指标分析、资产负债表指标分析、现金流量表指标分析、资金风险预警指标分析、金融风险预警指标分析等。

（10）支持酒店业务部分自动生成财务凭证

客人结账后，酒店财务软件就能看到系统根据设置自动生成的相应财务凭证，从而使整个系统一体化，并且大大减少财务人员的工作量。

拓展阅读

发票信息化，如何助力智慧酒店建设?

在酒店愈加智能化的过程中，发票信息化变得更加重要。作为全方位的电子发票解决方案服务商，百望股份从酒店多种场景出发，帮助酒店实现发票电子化、业务自动化、提升客户体验、财税智能化和数字化营销。在2018年举行的未来旅行者大会上，百望股份有限公司副总经理胡勇麟为我们分享了《发票信息化助力智慧酒店》。以下为演讲实录，有部分删减。

我的分享主要有四个方面，第一个是智慧酒店。第二个是酒店行业的发票数字化解决方案。第三是发票数字化带来的机遇。第四是公司的介绍。

首先是智慧酒店。我今天在这里讲智慧酒店，不是讲高大上的东西，是讲我们作为普通的消费者可能会碰到的一些智慧酒店的场景。比方说我们可能会碰到Check-in的自助设备，自己办理登记入住而不用等待；可能会在大堂碰到一个语音机器人，可以跟它进行交互，从它那儿了解到酒店的设施；进入客房之后，还可能会有一个智控的设施，包括智控的门锁、音乐、灯光等等，这些就是我们普通消费者有可能接触到的智慧酒店的场景。

我们再来看一下智慧酒店的发展历程，首先是信息系统联动，我们的酒店大多数都上了一个PMS系统，我们通过PMS管理我们的客房，接受订单，开通Wi-Fi，结账等等。然后是酒店设施的科技化，有些酒店进一步升级它的设施，就像刚才讲的自助入住、语音机器人等等。接着是我们的客房服务智能化，我们的终极目标是实现在客房通过语音服务直接获得想要的服务，比方当我们想去机场时，只要说出来几点要出发，我们需要的车在适当的时间就在门口等着了；想看某个大片，我们说片名，屏幕上就会播出来。

酒店的智慧发展确实为人们提供了越来越多的便捷，但有一个场景体验还不是很好——开发票的场景。几乎所有的消费者都有过这样的体验，结账的时候，需要等待取发票，有时候发票开错了，还得重开一张，还有的时候前台说没有发票了，要客人等着邮寄……各种情况都会出现，这个体验非常不好。

我们今天就要解决这个问题，给大家一个酒店行业的发票数字化解决方案。在此之前，我们先看一下发票业务在哪些环节让我们消费者不舒服，让我们酒店内部管理不舒服。

第一个是开具的场景，发票开具非常烦琐，要录很多信息，工作人员一边结账一边录信息，还要打印。第二个场景是客人等待结账，等待发票打印出来，要核对一下税号有没有错，公司名称有没有错，也非常烦琐，这是对外的。在酒店内部管理上，收到发票还要验证查重，我们拿到发票之后要查验它的真假，对于专票，我们税务部门还要专门录入一遍发票信息，然后去税务局的网站做认证抵扣，等待认证信息返回等等，事务性工作非常繁重。

我们看一下为什么发票开具会比较烦琐，为什么容易出问题。

其实我们酒店不仅仅是提供客房服务，还提供了相关的餐饮服务、食品、礼品、SPA、KTV服务等，每一项服务，对应的发票内容是不一样的，有纯服务的，有商品的等等。甚至同样的服务，我们也会有不同的开票需求，什么场景呢？比如我们今天住的万豪酒店，我们预订了含早的房间，我们开出的发票就是一张全额的客房服务发票。那如果我们预订的是不含早的房间，但我们吃了一份早餐，我们就要开出两张发票，一张是住宿服务发票，一张是餐饮服务发票。所以开发票场景的多样化，决定我们酒店开发票是比较烦琐的。

百望股份针对各种各样的场景都有很好的解决方案，我们会去打通业务系统、酒店的PMS系统、收银系统、会员系统等，来实现跟我们的开票系统的集成，把业务信息传递到开票系统，减少重复录入的开票工作。如果客人需要纸质发票，业务数据传递过来之后，不用开票端录入，就可以打印出来。如果客人需要电子发票，就直接推送到客人的邮箱或手机。我们的集成场景是全方位的，只要是交易可能发生的场景，我们都考虑到了。不管是刚才说的业务系统的集成，还是说APP开票，离线二维码开票，都可以集成，实现我们直接业务系统去驱动开票。

再来看一下我们的典型案例——华住酒店集团。华住是著名的品牌酒店集团，全球酒店20强。作为华住发票服务解决方案提供商，我们为它做了一个业务系统打通的开票场景，虽然后台的逻辑非常复杂，但集成以后，只要两三个步骤就可以完成发票的开具工作。

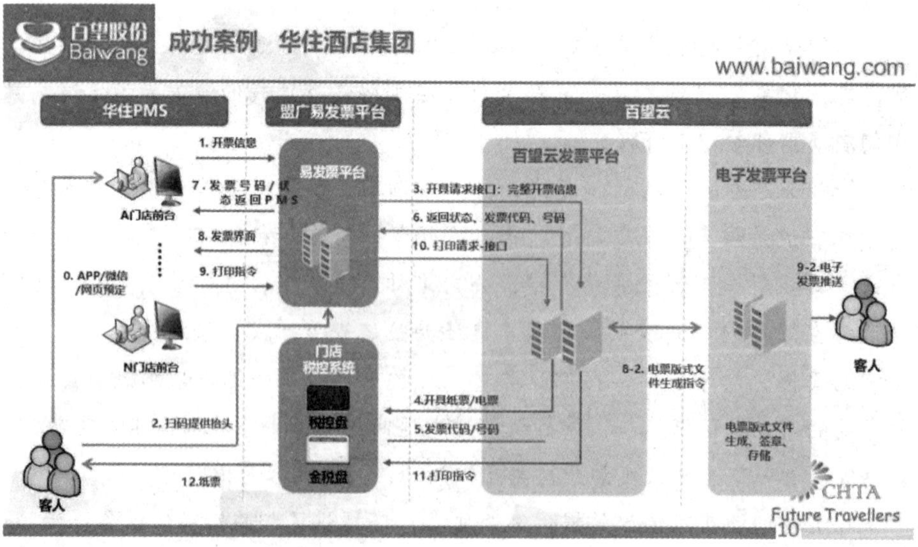

我们再来看一下，集成我们方案的价值，我只讲最小的部分。首先我们实现的是前台一键开票。前台不用再录入客人的信息、商品信息、消费多少钱了，我们可以通过系统直接传出来。如果是我们的会员，根本不用等待，只要结账，到前台的时候就可以把发票给他了。如果这个客人不是我们的会员，而是新客户，我们也提供非常友好的场景，让他方便快捷地把信息补充完整。如果需要纸票，我们可以迅速打印，减少客人等待的时间。如果需要电子发票的话，更方便了，客人任何时间地点都可以自助完成开票。我们也提供了很好的工具，让用户自己匹配公司名称和税号，让他不会开错。这个是我们方案价值当中很小的一部分。

我要讲的重点是下面这个部分，发票数据化给这个行业带来的机会是什么。

第一个机会，发票数字化可以提升消费者的体验，从而影响消费者的选择。这是什么意思呢？

这里我要跟大家讲一个行为学理论，叫香蕉原则。研究人员通过观察发现，在公司餐厅免费水果区同时有香蕉和橙子的情况下，往往是香蕉最先被拿完。后来，研究人员又调查了100多家餐厅，国内国外都有，发现在水果自选区，相同数量的香蕉和橙子，一定是香蕉先被拿完，这是什么原因呢？因为香蕉更有营养？还是因为香蕉更好吃？或是香蕉更贵吗？其实都不是，最后得出的结论是什么？是因为香蕉更好剥。这个理论对我们有什么启示呢？是有关消费者体验的问题，微小的体验也会影响消费者的选择。

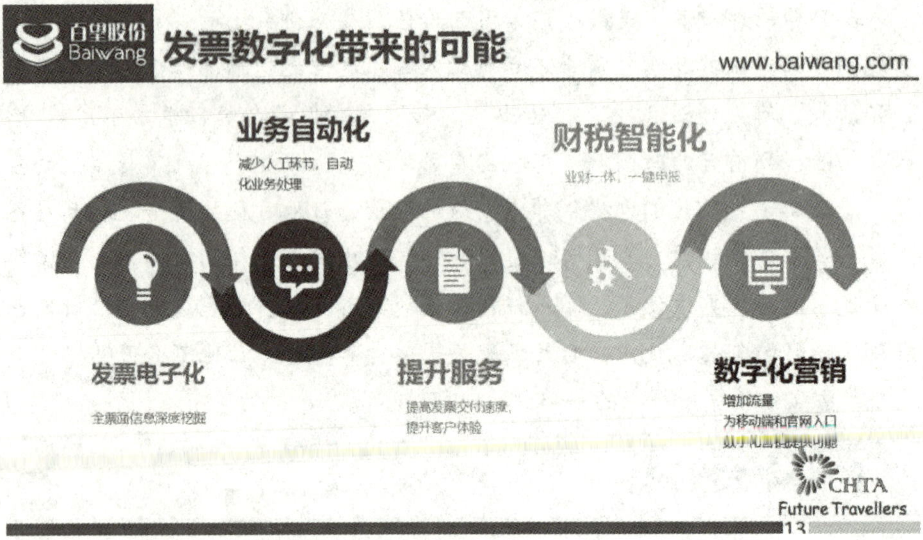

放到我们酒店行业里面来，我们假设这样一个场景，有两家品质接近的连锁酒店开在对面或隔壁，提供的服务是相似的，价格也是相近的，但是一家酒店开发票的时间是5分钟，另一家只要30秒或者1分钟，那消费者有过不同的体验之后，下一次入住的时候，他自然会选择入住开发票快的，这就是消费者的体验会影响他的选择。

第二个机会，发票数字化可以提升移动入口的流量。这个怎么讲呢？

现在大家都在争入口，争流量，但这个成本其实是很高的，不仅要线上营销，还是去地推。我们常常会看到这样的场景：在一个人流量大的地方，地推人员面前放了一堆礼品，对路人说，你关注一下我的公众号或下载我的APP，我送你礼品，然后有几个人关注了公众号或下载了APP。但这个客人可能走到拐角处，就取消了公众号关注或把APP彻底卸载了。我想说什么意思呢？我们要做移动入口抢流量的成本是很高的，有时候流量增加了，但不活跃，对我们也是没有价值的。

但如果我们把发票开具的能力赋予这些APP和微信号，它的场景就变了。举一个真实的例子——北京市政一卡通。这个APP在2018年5月10日之前下载量非常低，也不活跃，因为太不方便用了。但在5月10日之后，它的下载量突然增加了，活跃度也提升了，这是为什么呢？

因为2018年5月10日北京市政一卡通宣布，它提供电子发票，并且以后逐步取消网点的纸质发票，于是很多用户就去下载了，不但下载，还会进去点击，因为我们要进去看我们的消费记录，还要开票，以后还要查已开发票，这就带来了一个翻天覆地的变化。这种情况也被北京市政一卡通的高层看到了，现在他们也在跟我们公司一起研究，如何利用流量的增加去做一些运营的工作。

那么，酒店行业可以从中学到什么呢？当我们有了发票开具的能力，并把它赋予我们的APP，赋予我们的微信公众号里面，会增加用户的黏性，会使我们的APP、公众号的流量大量增加。这样我们就可以有选择性地去做运营，有选择性地做精准的直销。这就是我前面说的发票数字化可以提升移动入口的增量，可以让我们更好地做运营，做精准营销。

接着简单介绍我们百望股份公司是做什么的。百望股份是做涉税发票管理的，前面我只讲了电子发票这部分，但我们做的远不止这些。

我们帮助很多企业实现了效率提升，如滴滴，在没有用电子发票之前，滴滴有几十台打印机，两个组，每组8人轮班倒打印发票。而现在滴滴每天开票量是50万份，但只需要2个人打印发票，因为更多人选择了电子发票。毋庸置疑，滴滴有现在这种规模的扩张，跟它后台的能力支撑有密不可分的关系。

接下来我要讲的是中国高速ETC的电子发票，它于2018年1月1日开始使用，这张发票有点不一样，如果是财务人员可能会懂，它是一个普通的增值税发票，但是它的税率是可以作为进项抵扣的，这张电子发票也可以看成是我们国内专票电子化的试点，专票迈向电子化的一小步。

最后，百望股份已经为很多大企业提供了全方位的涉税发票管理解决方案服务，在银行业、保险业、互联网、建筑业、快递业、零售连锁、大型制造、酒店等领域里都有龙头企业在使用我们的产品。

资料来源：http://www.sohu.com/a/235998363_316950.

注：本板块图片皆来自百望股份有限公司副总经理胡勇麟演讲PPT。

第九章

智慧人力资源管理

【导言】

人力资源管理是酒店管理的重要内容，从人才的招聘、录用，到培训、考核的整个流程中，智能信息化都可以起到有效的支撑作用，而员工人事管理、消费一卡通等功能的实现，也为酒店员工日常管理提供了高效途径。同样的，智慧酒店的发展对酒店的员工与管理者也提出了新的要求。本章主要介绍网络招聘、人力资源管理系统、常见的人力资源管理软件以及智慧酒店对员工与管理者提出的新要求。

【学习目标】

- 了解网络招聘的含义、优势。
- 了解人力资源管理系统的主要功能。
- 掌握在新时代背景下智慧酒店对员工与管理者提出的新要求。

第一节　网络招聘

一、网络招聘定义

网络招聘（e-Recruiting），也称为电子招聘，是指通过运用技术手段，帮助酒店完成招聘。企业通过公司自己的网站、第三方招聘网站等机构，使用简历数据库或搜索引擎等工具来完成招聘过程。

网络招聘主要有两种方式：一种是注册成为人才网站的会员，在人才网站上发布招聘信息，收集求职者资料，查询合适人才。通常酒店可以选择两种网站：招聘网站和酒店业专业招聘网站。两类网站各有优劣，总体看来，当酒店招聘专业化程度较高且有一定行业工作经验的员工时，如前台接待、餐饮服务员，选择专业招聘网站效果较好；对招聘的人员专业化要求不高，或者可以接纳从其他行业“转行”的人员，如工程部美工、保安员等，可以使用通用招聘网站。此外，酒店在企业网站上发布招聘信息，吸引人才。

二、网络招聘的优势

（1）覆盖面广。互联网的覆盖面是以往任何媒介都无法比拟的，它的触角可以轻易地延伸到世界的任何一个角落。网络招聘依托于互联网的这个特点，达到了传统招聘方式无法获得的效果。2000年，IBM通过网络招聘的消息只在中国7个城市的14所学校张贴了海报，而且没有在校园里做任何宣传活动，却收到了来自包括英、美、日、澳等地留学生在内的13 000多份简历，学校数目也远远超过了张贴过海报的14所，招聘活动的覆盖面是IBM公司自己都始料未及的。

（2）方便、快捷、时效性强。网络招聘方式与传统招聘方式不同，它不强求时间和空间上的绝对一致，方便了双方时间的选择。互联网本身不受时间、地域限制，它不仅可以迅速、快捷地传递信息，而且还可以瞬间更新信息。这种基于招聘双方主动性的网上交流，互动方便、及时、迅捷。

（3）成本低。网络招聘在节约费用上有很大的优势。省却了差旅费、招聘场地租赁费等。

（4）针对性强。网络招聘是一个跨时空的互动过程，对供求双方而言都是主动行为，无论是用人单位还是应聘者个人都能根据自己的条件在网上进行选择。这种积极的互动，减少了招聘和应聘过程中的盲目行为。目前，一些大型的人才招聘网站都提供了个性化服务，如快捷搜索方式、条件搜索引擎等，这进一步加强了网络招聘的针对性。

三、互联网招聘的主要功能

（1）职位管理：发布职位、过期职位、修改职位等。

（2）简历管理：查看简历（被动接收应聘者）、寻找简历（主动寻找应聘者）。

（3）简历处理：通知面试、录用通知、进入备选人才库等。

（4）查询和过滤功能：根据条件选择适当的简历。

第二节　人力资源管理系统

一、酒店人力资源管理系统

人力资源管理系统覆盖了企业的人事、薪资、考勤、培训、招聘、考核、报销、自助服务等，帮助酒店建立起一套以员工为核心的人力资源管理系统，将人力资源体系纳入到酒店整体的资源体系中来，建立完整的企业资源规划。

二、酒店人力资源管理系统功能

人力资源管理系统的常用功能有：

（1）人事管理。记录员工个人资料，包括姓名、生日、合同、试用期、外方就业居留、签证、薪酬福利、假期、社会保险、培训、奖惩等，可以根据员工类型进行管理，如正式员工、临时工、外籍员工、离退休职工等。

（2）员工管理。员工的增加、离职、修改福利、修改合同、修改工资、转移部门变更职位、停发工资等，根据变化自动生成组织结构图。

（3）工资管理。浏览修改、当月修改、工资计算、当月结算及预设员工职位与部门变动的生效日期。

（4）报表管理。人事报表、考勤报表、餐饮报表、财务报表等。

（5）考勤管理。请假审批、加班审批、班次定义、安排班次、获取考勤、查询考勤、生成考勤表、计算考勤。

（6）餐饮管理。员工餐管理、员工卡用餐权限管理、用餐补助、用餐次数统计等。

（7）提醒功能。提供生日提醒、工资卡提醒、合同到期提醒、签证、护照、健康证的到期提醒。

除了进行员工管理，酒店人力资源管理系统还建立员工一卡通平台，将考勤与员工餐进行整合管理，根据酒店需求的不同，还可以加入员工洗浴管理（IC卡控制员工淋浴出水）、门禁管理、洗衣机管理等，其中包括以下功能：

（1）与彩色证卡打印机关联，自制员工卡，自制员工名牌。

（2）员工ID卡、考勤卡、就餐卡功能集成于一卡。排班、考勤与工资计算及就餐相关联，全面实现计算机自动化管理。

（3）排班计算机化，考勤自动化（员工用ID卡刷卡考勤，免去考勤卡），排班与考勤机资料迅速核对，提交考勤差异报告，返回部门审核确认，自动提交人力资源部进行工资计算。

（4）用员工卡刷卡就餐（不用再印发纸质就餐卡），系统根据排班设定的餐次与刷卡资料进行核对，实名记录，准确生成详尽的就餐差异报表、汇总表。

三、人力资源管理软件

1. Landa

Landa是上海蓝灯软件科技有限公司开发的通用HR产品，用于制造业、连锁零售行业、酒店行业、服务行业、人力资源行业及外贸加工进出口等众多行业，也是许多国际酒店集团使用的产品，如喜达屋酒店集团的部分酒店。

2. 石基HRMS

石基HRMS是石基公司开发的酒店人力资源管理系统，也是许多国际集团使用的产品，如万豪酒店集团。

3. 其他人力资源管理系统

国产软件中，西湖软件、中软好泰、华仪系统等，均有人力资源管理模块，同样可以实现本章所介绍的管理功能。酒店可以根据企业需要进行选择，以达到提高人力资源管理水平的目的。

第三节　智慧酒店人力资源新议题

在智慧时代，智慧酒店对员工提出了新的要求。仅仅掌握房间整理、摆台的基本操作已经不够，智慧化背景下的酒店需要用信息化知识和思维武装新一代酒店员工与管理者。①

一、新要求

1. 一线员工熟练掌握各类信息系统

一直以来，酒店对一线员工要求较低，只需要具备一些基本的服务方面技巧。因此，酒店要使用新的技术和平台，必须培养能够迅速掌握系统基本操作能力的一线员工和管理者。以前台员工为例，客人登记、查询账务、结账离店等操作均依靠系统来完成，如果不掌握基本的操作技能，是无法上岗对客服务的。同时酒店还面临因工资较低付出劳动较多而产生的员工流失率高的问题。培训难、留人难，使部分酒店实施新系统的阵痛期可能会长达一年以上。

2. 基层管理者能理解系统的信息管理流程

智慧化、信息化背景下的对客服务由于有了各类系统的介入，要求酒店的基层管理者不仅要熟悉对客服务技能，还要能够理解系统背后的操作逻辑。只有熟悉系统背后的信息管理流程，才能够在出现问题时迅速找到原因并解决问题。比如找不到客人的预订信息，前台人员只有了解客人预订单从生成一直到进入前台系统的整个信息流程，才能迅速地分析问题的根源，知道去哪里找客人的订单。

3. 中高层管理者能使用信息系统来辅助管理

阻碍酒店智慧化步伐的原因之一是当前许多酒店购入先进的管理信息系统，但却没有充分发挥系统的管理功能。酒店管理信息系统不是简单地记录对客服务过程，其背后可以实现强大的辅助管理功能。依靠全面的客户信息可以实现有针对性的个性化服务；完善的价格管理功能，能够根据实时变动的市场环境，合理高效地调控价格，实现收益的最大化；智慧化的客房系统、

① 林枫. 浅谈信息化趋势对高星级酒店人力资源建设的影响[J]. 民营科技，2018(11): 208-209.

节能系统，帮助酒店最大程度减少能耗；全面的报表功能帮助管理者准确把握酒店运营的现状。要实现这些功能，要求酒店中高层管理者具备敏锐的信息分析能力，能够深度挖掘各类信息系统的管理功能。

二、智慧酒店的员工培训

1. 重视一线员工的信息系统操作能力

不论酒店使用功能多么强大的管理系统，一线员工能否熟练操作是其首先要解决的问题。任何的管理信息系统都要经过数据输入、数据处理和加工、有效信息输出这样的环节，才能使管理者看到有效的分析信息，客人才能得到更精准的服务。一线员工的数据记录是系统能否发挥重要作用的前提，如果数据记录是错误的，在服务的中后期就无法实现服务支持和数据分析的功用，对服务结果就会造成影响。比如客人基本信息填错，直接影响服务人员在系统中查找客人的信息。甚至有实习员工对客人的信用卡处理失误，从另一位客人的信用卡上扣款的严重问题。所以酒店必须重视一线员工的基本操作能力培训,这是保证系统中基本数据正确最有效的措施。

2. 重视基层管理者在交叉领域的能力培训

所谓交叉领域的能力，是指酒店基层管理者既具有酒店管理和服务的相关知识，又了解信息技术、数据应用方面的知识。对于酒店内的技术型人才，需要大力加强酒店对客服务和管理方面的知识培训。对于一线的基层管理者，也要使其具备一定的技术能力，才能更有效地解决一线的服务问题。比如解决酒店差异房的问题，管理人员必须十分熟悉酒店房态改变的信息流程和时间节点，才能够准确地分析房态差异的原因。随着酒店管理系逐渐从重视过程到重视管理分析发展，酒店必然要对管理者的信息处理分析能力提出更高的要求，双能型人才的培养是智慧信息化酒店必须重视的问题。

3. 高层管理者应该具备信息化的思维方式

从营销到客人结账离店，智慧酒店每一个环节的工作都在发生变化，酒店管理者应该具备信息化的思维方式，才能在新时代的竞争中获得优势。

（1）信息化时代的营销思维。我们必须充分认识到信息时代酒店消费者认知和行为的变化，才能够成功吸引消费者的关注，引发其消费动机。当前大部分酒店构建了各类网络营销平台，这就是认识到了这一阵地的重要性。

但我们仍然看到大部分酒店微信公众号、微博、网站内容单调乏味，访问者寥寥无几。在流量时代，内容建设必须得到重视，如果你的酒店信息无法出现在消费者的手机屏幕上，你就永远处于这个行业链的底端。酒店管理者应该向“网红”学习,努力把自己的产品塑造成网红。

（2）信息化时代的对客服务。传统酒店的对客服务只是登记入住、在店消费、结账离店这一简单的流程。在信息化时代，酒店管理者应该重视这一传统流程中产生出的各种信息，思考如何利用这些信息提升对客服务水平，提高酒店收益。在这一方面，第三方平台给传统酒店提供了很好的示范。如飞猪平台，通过与客人信用分的绑定，免除了许多客人的离店查房环节，解决了酒店客人在高峰结账离店需要等待许久的痛点。客人在酒店的入住过程中能够产生大量的信息，酒店如果能够以互联网思维去对待这些信息，就能够改善客人的入住体验，找到新的收益增长点。

（3）信息化时代的酒店内部控制。酒店收益要增长，节流是重要的提升收益途径。在酒店内部控制方面，如何开发人力资源，如何提升管理效率，如何降低酒店能耗，酒店管理者应该有能力充分利用信息化手段解决这些问题。比如员工培训，大部分酒店仍然在采用传统的授课方式开展培训，效率低且占用员工休息时间，结果往往适得其反。信息化时代的碎片化学习模式就非常值得培训部门深入研究。比如部门之间的沟通，信息化手段的运用可以使部分部门的接拨电话的数量减少2/3，可以想象，这样的沟通效率可以提升多少倍。在能耗控制方面，在不影响顾客体验的前提下降低不必要的能耗。当这种信息化管理的思想能够渗透到客流、电梯、停车、布草管理等更为细致的方面时，酒店内部控制水平就会迈上一个新的台阶。

酒店管理者应该充分学习相关知识，认真分析市场环境、消费者行为和自身需求，构建智慧酒店建设的长远规划。

拓展阅读

信息化：应对“用工荒”的利器[①]

人类社会的发展史，就是一部技术不断替代人的历史，被替代的人投入

① 穆林. 信息化：应对“用工荒”的利器[J]. 中国饭店，2012(3).

新兴产业和工作，不断推动社会和经济的发展。如果没有工业革命，我们中的大多数人可能依然在从事农业劳动；如果没有交通运输业，旅游酒店业也不会出现，休闲度假业更是无从谈起。在信息时代，信息技术成为社会发展的驱动力，不但可以替代体力劳动，也可以替代部分脑力劳动。对于酒店企业，信息化是提高效率、减少人员成本的利器，拥抱变革、主动出击，就可以从容面对“用工荒”，甚至将“用工荒”作为提升酒店管理水平的契机。

近年来，“用工荒”已经成为制约酒店业发展的难题，且情况愈发恶化。面对此问题，很多酒店采取“增加供给”战略，希望招聘更多的员工，为此纷纷祭出法宝：开拓招聘渠道、提高薪水、降低对人员素质的要求、提高食宿标准等，使得酒店员工支出占成本比例不断提高。

但是，作为供给方，从院校的角度来看，“增加供给”战略难以奏效，自2012年开始，高校本专科毕业生将进入持续下降期。以青岛酒店管理学院为例，2011年毕业生数量达到顶峰1044人，2012–2013年，毕业生数量将减少10%。与此同时，受亚洲经济回暖、中国出境游数量激增的影响，学院境外就业渠道不断开拓，出国工作的学生数量持续增加，两方面趋势叠加，2012、2013年，酒店管理专业毕业生将分别减少8.6%和13.6%（以2011年毕业生数量为基准值）。

在供给已经确定的大形势下，新酒店的开业势头依然不减，比如喜达屋集团目前在中国经营70多家酒店，但是未来三年内该集团仍计划在中国新开90多家酒店，平均每两周新开一家。两方趋势综合起来，必将导致酒店的用工环境持续恶化，酒店“用工荒”不但不会减退，而且会迅速恶化，这一趋势在2014年底前不会得到任何改观。

临渊羡鱼，不如退而结网。既然“增加供给”难以奏效，采取“抑制需求”战略是解决用工困局的关键，而运用信息化的方法，减少用工人数可以成为许多酒店的选择。

信息化推动商业模式变革和产业结构重组，减少用工需求

服务质量管理是酒店管理的重要内容，而许多国内酒店依然在使用“劳动密集型”的方法——明查、暗访、星评、电话投诉，而国际联号酒店则大多使用“信息密集型”方法——第三方外包，基于电子邮件的评估渠道，不但评估效果更好、时效性更强，而且大幅度减少对人员的需求。

此外，专业的评价网成为行业质量监督的重要渠道。比如，2012年1月

29日下午，三亚市政府新闻办称："今年春节黄金周在食品卫生、诚信经营等方面，三亚没有接到一个投诉、举报电话。"从中可以看出，三亚的旅游质量管理还停留在"电话"阶段，而最终游客通过"第三方评价"的方式——微博表达了自己的不满。所以，三亚宰客事件看似是一个价格事件，而其本质在于个别政府机构、企业运用信息化方法、实施顾客满意度评估的能力不足。

借助信息化，制定更加精确、动态的人员编制方案

广州某五星酒店，2011年底，将前厅部人员编制减少了3个，将西餐厅的人员编制增加了3个，而酒店做出这一变化的依据是运用劳动力效率评估软件对酒店运营情况的分析。可以看出，精确、动态的调整人员编制，提高酒店实际运营效率成为国际品牌酒店的做法，反观许多国内酒店，很少动态调整人员编制，造成酒店内部的效率不均衡。

根据调查，高端国际联号酒店的客房/员工比例一般介于1-1.2之间，最高也只有1.5左右，个别度假型酒店最高达到2。但本土酒店在人员编制上"大手大脚"，很多三星级酒店大于1，曾经见过五星级饭店达到5，如此"奢侈"，用工怎能不"荒"。

依托信息技术，营造更高效、规范的工作环境

目前，90%的酒店采用了电子化考勤，对于减少迟到早退、优化考勤、提高工作效率效果明显。但依然有些酒店并未采用，其中不乏国内知名饭店，依然采用手工签到的方法。

有些酒店不采用电子考勤的原因，也许是因为内部管理水平较高，可以杜绝迟到早退的现象，但电子化考勤的作用并非在此，而在于可以记录员工的"实际工作时间"。很多酒店设置工资专员，他的职责主要是检查"冒领加班费"问题，即防止"实际工作时间"<"理论工作时间"（排班时间）。但在实际工作中，员工总是弱势群体，很少有主管给员工在这方面弄虚作假，更多的情况反而是"加班3小时，没人问一句，早退10分钟，被人抓尾巴"，降低了员工满意度，最终导致员工流失率提高。所以，酒店运用电子考勤系统，对员工实际工作时间实施监控，是提高员工满意度、降低员工流失率的重要措施。

运用信息化思维，重塑工作模式和操作流程，有效降低用工需求

信息化的方法，可以有效减少用工人数、大幅度提高工作效率。以点餐流程为例，传统的手工点餐完成后，需要服务员将点单分别送往收银、厨房和传菜，增加员工工作量，而应用电子菜谱点餐可以将点餐流程大幅度简化，且减少用工。

以前厅为例，接待和收银合并是目前大多数酒店采用的做法，青岛酒店管理学院的实习酒店有83%实行了这样的方式。这样的调整既能够提高工作效率，又可以有效地降低用工需求。信息技术正是推动这一变革的动因。

重视信息设施设备应用，降低人员工作量

大量酒店采用畅联系统，可以实现第三方预订（不包括携程）的自动完成，有效降低预订部员工工作量；身份证扫描仪通过接口直连PMS，可以将入住操作速度至少提高3倍，并且公安户籍上传自动完成。杭州黄龙饭店，在固定资产管理中使用了RFID技术，使得固定资产管理效率提高数十倍，有效提高了工作效率；丽兹卡尔顿酒店集团，在员工招聘中使用网络评估方式，有效降低招聘和应聘者的工作量，并且使“异地面试”成为常态。

总而言之，在今天，信息化早已经超越了技术的层面，成为催生行业变革的核心驱动力，对于面临着越来越严重“用工荒”的中国酒店业，用信息化的方法，解决用工难题，不失为“化风险为机遇”的好途径。

第十章

智慧建筑、工程管理与客房控制系统

【导言】

智慧酒店并不是时髦的新词儿，从本质上讲，与传统酒店相比，智慧酒店主要在提升酒店管理水平、为客人提供人性化服务及更为舒适的安全环境以及降低能耗、绿色生产运营这三个方面有显著成效。本章主要介绍智慧酒店的楼宇自动化控制系统、工程管理系统、客房智能控制系统与能源管控系统。

【学习目标】

- 了解楼宇自动化控制系统是什么，了解它们的管理对象。
- 了解工程管理系统的主要模块。
- 了解智慧酒店客房控制系统和能源管控的功能。

【导入阅读】

物联技术让酒店更智慧

公共场合是一个酒店的主体，根据功能的不同，大体上可分为营业场所（大堂、宴会厅等）、内勤办公场所和公共空间（走廊、卫生间）三部分。这些公共场合应该提供适宜的灯光环境，更高的使用功效和更多的附加值。通过物联产品让独具特色的温暖贴心服务成为酒店服务品质的一部分。同时，更为管理者提供更高效的管理手段，使酒店物耗、能耗、人工成本降到最低，创造更多的效益。

大堂

中庭/大堂可采用多种可调光源，通过智能调光保持最柔和最优雅的灯光环境。可以根据一天的不同时间、不同用途进行灯光场景预设置，使用时只需要调用预先设置好的最佳灯光场景，就会带给宾客新颖的视觉感受。操作既可以由现场的物联无线调光开关就地控制，也可以通过设在大堂吧台的监控平台来控制。

宾客进出较多的时间段，打开大堂全部回路的灯光，方便宾客进出。贵宾进出较少时段，打开部分回路灯光，此区域照明控制集中在相关的管理室，由工作人员根据具体情况控制相应的照明。操作既可以由场地就地控制，也可以由中央监控计算机控制，还可以设置时间控制，方便酒店管理者的集中控制。

一个高档次的酒店，静静流淌的背景音乐是必不可少的，物联网无线墙面开关正是这种理念的物化体现，工作人员只需轻轻按下开关，系统设置好的音响设备便会自动打开，操作简单，让每个人在第一次接触时就得心应手。

宴会厅

酒店宴会厅的关键要求在于舞台连接，要让室内舞台管理小组可以在活动过程中完全控制房间的灯光。物联无线调光开关就可以通过舞台灯光控制台实现高效整合，为各种功能提供灯光场景。智能照明控制系统还可以更加轻松地控制公共区域的灯光，大大降低因人工控制导致人为错误发概率。酒店照明控制系统不仅有助于延长灯泡的使用寿命，还可以明显降低能源成本，并具有效率高、维护方便的优点。

宴会厅一般是酒店宾客比较集中的地方。利用物联无线空气质量探测器、物联无线温度感应器来及时转换新鲜空气，随时调整空气的温度、湿度，为广大宾客提供更好的用餐环境。宾客在享受美味的同时，视觉与感觉同时获得满足感。

酒店区域

通过物联无线调光开关，可以由酒店员工对酒吧的整个照明环境进行控制，灵活地营造氛围，以适应休闲、聚会或者特殊活动过程中不同的照明要求。在过去，大型空间的照明开关和调节通常需要操控一排排的墙壁开关来完成，员工容易发生操作失误。

而通过物联无线调光开关，酒店员工可以在监控平台设置不同的场景模式，并配有相应的文字提醒，可以确保员工轻松使用。

会议室

在会议室进行智能化设置，可以轻松地进行灯光场景的调用以及各种音响设备的控制。同时，智能设计的物联无线温度湿度感应系统及物联无线空气质量检测系统能为参加会议的贵宾提供舒适的环境。另外，物联无线红外转发器的使用，也大大减少了人工的操作步骤，只需一个遥控器、一台电脑甚至是手机就能控制会议室的所有电器设备。

走廊/楼梯间/车库/卫生间

如何在满足宾客需要的同时，更有效地解决降低能源损耗的问题？采用无线调光开关，结合物联无线红外入侵探测器，当工作区域内空置时，该区域的灯光亮度会降低30%，当有人进入时，亮度会马上恢复至100%，如此则可以降低能源消耗。

核心区域

有些场合，显然不能随便让人进出，例如酒店的监控中心、管理中心等，那么一套高效的安检系统肯定是必不可少的。

物联无线门、窗磁感应器，正是为这个安检系统量身打造的产品。它们可以隐蔽地安装在重要的门窗内，从外表观看并无异样。一旦有人非法开启门窗，那么感应器立刻将相关信息传输至控制中心，也立刻触发报警装置，为重要区域提供安全保障。

图10-1 智慧酒店客房

充满人性化的智慧设计

宾客入住时，插卡取电，轻轻按下手边的物联无线墙面开关，系统预设模式可自动切换成“欢迎”模式，室内灯光缓缓亮起，悠扬的背景音乐静静流淌，典雅的电动窗帘徐徐关闭、电视音响也已开启……让宾客拥有“家”的舒心感受。

智能照明系统，打造不一样的照明效果。宾客可通过物联无线调光开关设置不同的场景模式，如“浪漫时光”“影院模式”“优质睡眠”等等。比如贴心的“优质睡眠”模式，在宾客休息时关闭主卧灯光、自动调暗过道与卫生间灯光，既让宾客在夜间行走更方便，又可拥有整晚的舒适睡眠。

提升客房的安全系统。每间客房都配备物联无线紧急按钮，当宾客，特别是老年宾客在房中发生了意外情况，可及时按下紧急按钮，酒店监控平台便会在第一时间收到求助信号，为宾客提供快速的特殊应急服务。

如果说，一个家庭是一个社会的缩影。那么，一间客房就是酒店的一个缩影。让宾客有宾至如归的感觉、最大限度地满足宾客个性化的需求，将成为酒店客房服务所面临的新竞争点。在这方面，物联产品有着明显的竞争优势。它所提供的智慧服务功能、安全的私密化空间，将提高酒店客房的吸引力。

资料来源：南京物联传感有限公司提供的智慧酒店解决方案. https://wenku.baidu.com/view/356ae80d1fb91a37f111f18583d049649b660edb?ivk_sa=1023194j.

思考：

联系之前所学内容，谈谈智慧酒店的实现需要哪些技术的支持？

第一节　楼宇自动化控制系统

一、智能建筑与楼宇自控

智能建筑（Intelligent building）是建筑技术与计算机信息技术相结合的产物，是信息社会与经济国际化发展的需要。智能建筑主要由楼宇自动化控制系统（building automation system，BAS）、通信自动化系统（communication automation system，CAS）和办公自动化系统（office automation system，OAS）三大系统组成，其中楼宇自动化控制系统（简称楼宇自控）是智能建筑的基础和核心，智能建筑往往是从楼宇自动化控制系统开始的。

建筑内部有大量的电气设备，如空调设备、照明设备及给排水系统设备等。这些设备多而散：多，即数量多，需要控制、监视、测量的对象多，多达几百到上万个点；散，即这些设备分散在各楼层和各个角落。如果采用分散管理、就地控制方式，监视和测量的工作量难以想象。为了合理利用设备，降低能耗支出，节省人员费用，同时确保设备的安全有效运行，酒店必须重视设备的管理问题，这成为楼宇自控发展的原动力。

二、部署楼宇自控系统（BAS）的目的

自动控制、监视、测量是建筑设备管理的三大要素，其目的是正确掌握建筑设备的运转状态、事故状态、能耗、负荷的变动等，尤其在使用计算机之后既可大幅度节省人力，又可节省能源。通常认为可节约能源25%。

根据日本电气学会技术报告：使用计算机管理系统的效果与不使用的效果相比，维修保养人员可减少约30%。这里讲的节能是在实现必要能源的最高利用率基础上所采用的节能方法。此运转控制所采用的方法主要有：机械的有效运转，变更室内温湿度的条件，控制光照强度，把设备运转时间控制在最小限度，减少室外空气的取入量等。在一幢大楼内电气的消耗率占整个能源消耗的70%~90%，所以节能首先应从电气方面着手，降低电能的消耗。

三、楼宇自控系统（BAS）的管理对象

建筑设备的管理对象主要是电气设备、空调设备、卫生设备、照明系统、电梯系统等。对于酒店企业，最重要的是空调系统、给排水系统和照明系统：空调系统是酒店的能耗大户；给排水系统是酒店最为分散的系统；而照明系统的自动化，一方面是为了节能，另一方面也是出于烘托酒店装修效果的需要。

（1）电气设备。管理电气设备主要是监视机械的运转状态、测量点及保护装置。管理的主要对象是对各配电系统的断路器、变压器、接触器、保险丝、电容器等的状态监视。测量主要是对电力系统的电流、电压、有功功率、

无功功率和功率因数的测量。

（2）新风/空调设备。管理空调设备主要是监视冷冻机、空调器、水泵等的状态；温湿度的测量以及对空调系统所需的冷热源的温度、流量的调节等。

（3）给排水设备。管理给排水设备主要是监视给排水水流量、冷热水上水回水温度的控制和调节等。

（4）照明系统。灯光设置调光回路，由软件自动控制。

第二节 工程管理系统

工程管理主要由三大模块组成，分别是基础信息、设备维修/维护、能源管理。其中基础信息记录酒店工程设备设施的各种信息，包括设备基本信息、安装信息、使用信息、维护信息等；设备维修/维护主要用于工程维修的任务接收、分配、控制及耗材管理等，实现了工程部流程的信息化；能源管理主要用于酒店对水电油煤等能耗的记录、分析等，目标在于实现酒店能耗的管理和控制。

一、基础信息

在使用工程管理系统之前，需要根据酒店的实际情况对工程设备设施的信息进行设置和输入，其中最重要的信息是工程设施设备基础信息、工程人员信息、维修信息等，其目的在于酒店对工程领域的基础数据做好备案。工程基础信息的记录和输入工作量大、耗时长，是工程系统顺利运行的关键，酒店应当在建设期详细地记录各种信息并由专人从事工程信息的维护工作，工程信息记录得越完整精确，工程系统运行的效果就越好。

工程设备基础信息记录了设备设施的详细资料，其中主要信息包括：

（1）分类信息。设备的大类、小类，分类通常依据设备的类型分为强电类、弱电类、空调、新风等类型。

（2）设备信息。设备名称、编号、归属部门、功率等，许多设备信息可以从设备说明书和铭牌上找到。

（3）安装信息。包括设备的安装位置、安装时间、维修/保养周期、功率、安装要求等。

（4）财务信息。包括折旧年限、采购人、采购时间、责任人等。

（5）维护和保养信息。包括使用年限、保修期、售后维护联系方式、备件获取方式等。

除工程设备基础信息外，工程人员、工程故障类型等信息也是工程系统的重要数据，需要根据酒店实际情况输入。

二、设备维修/维护

酒店的维修一般分成使用部门发生故障时的报修、工程部定期进行的设备维修及不定期进行的设备检修。针对不同的维修/维护，工程管理系统都可以实现流程的信息化。通常客房部是酒店报修量最大的部门，而客房维修的速度和质量，对酒店销售活动影响极大。在客房报修的流程中，客房部会将PMS系统和工程系统结合使用，已经有许多PMS系统内部整合了工程模块，可以完成维修房状态设置和报修流程的一体化。

1. 部门维修

部门维修流程一般为：

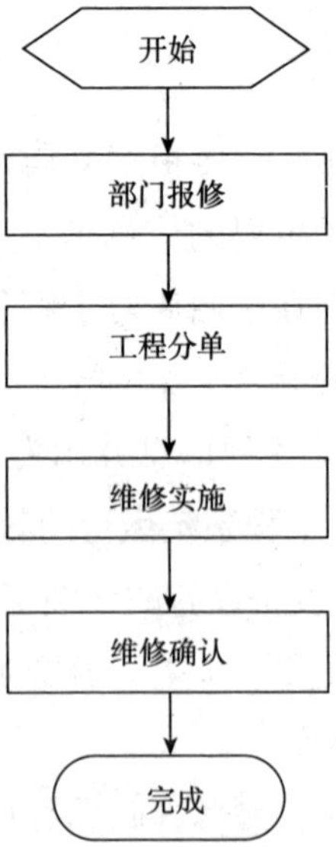

图10-2　部门报修流程

（1）部门报修。报修部门在系统里填写部门报修单并发给工程部，报修时可以依据维修的紧急程度对报修进行分级。酒店工程部应制定维修紧急程度的标准并保证各部门知晓，否则经常会出现所有维修均为“紧急维修”的状况。通常有安全隐患的维修和影响酒店销售的维修应当被优先处理。

（2）工程分单。工程部接到单子后根据维修情况，将其分给相应的维修班组或维修人员。

（3）维修实施。维修人员在维修完成后，将维修结果及维修使用耗材情况反馈给工程部，由相关人员在系统里输入相应的维修结果及耗材使用情况。

（4）维修确认。报修部门在系统里对维修人员的维修结果进行确认，完成维修流程。

一直以来，维修工单是部门维修中的主要工作表单，但收发工单也占用了工程人员的大量时间，工程系统最新的功能已经实现维修的无纸化操作，可以将维修单通过手机或其他移动终端直接发至工程人员，从而提高工程维护的效率。

2. 计划维修

就像汽车需要定期维护一样，酒店设备设施的长期良好使用离不开定期维护。工程部会根据设备维护需要制定计划，对设备进行定期维修。工程管理系统可以自动提醒当月或当周需要进行的计划维修。当系统提醒计划维修时，酒店分配人员选择执行计划维修，条件不具备时也可以选择取消计划维修。

3. 设备检修

为了提高酒店设施设备维护保养水平，除部门报修处理外，对设备的日常巡检也是工程部的重要工作之一。当工程部对设备进行检修时，可以将耗材和检修情况通过设备检修功能进行登记。

三、能源管理

随着低碳环保理念的深入人心和能源价格的不断提高，能源管理和控制越来越成为酒店管理的重要内容。工程管理系统的能源管理模块可以实现能耗使用情况记录、分析。能源管理模块通常具备以下功能：

（1）能耗输入。根据水、电、气抄表情况和缴费信息进行数据录入，包括日期、用量、单价、金额等，需要注意的是输入能耗时应当同时输入同期酒店营业情况，以便于后期进行能耗的分析。

（2）生成能耗统计图。

（3）进行能耗年度对比分析。

（4）进行能耗输入查询。

能源管理系统尽管并不能直接降低设备设施能耗，但酒店如果能够针对分析的结果改进管理，对于酒店降低能耗水平将有明显的效果。

第三节　客房智能控制系统与能源管控

一、客房智能控制系统

客房智能控制系统是利用计算机控制、通信、管理等技术，基于客房内的客房控制器（room control unit，RCU）构成专用的网络，对酒店客房的安防系统、门禁系统、中央空调系统、智能灯光系统、服务系统、背景音乐系统等进行智能化管理与控制，实时反映客房状态、宾客需求、服务状况以及设备情况等，协助酒店对客房设备及内部资源进行实时控制分析的综合服务管理控制系统。

二、客房智能控制系统的功能

1. 客房设备控制

（1）场景灯光控制。控制客房内明亮、舒适、浪漫、睡眠、洗浴、会客等各种场景。

（2）客房灯光控制。控制客房内灯光。

（3）客房服务控制。控制客房内请勿打扰、清洁客房、洗衣服务、稍候等待服务。

（4）客房空调控制。控制客房内空调风机转速及温度选择。

（5）客房窗帘控制。控制客房内窗帘、帘纱的开启或关闭。

（6）电视节目控制。客房电视节目的选择控制。

（7）电视点播节目控制。客房电视点播节目的控制。

（8）电视直选节目控制。通过苹果iPad界面上的电视台标直接选择控制。

（9）多媒体信号源控制。电视输入的不同多媒体信号源选择控制。

（10）显示酒店标志、酒店介绍和酒店其他服务指南。

2. 门外请勿打扰、稍候等待、清洁客房显示、门铃控制盒

（1）中、英文显示“请勿打扰”“稍候等待”“清洁客房”。

（2）低压门铃开关控制低压门铃。

3. 客房门磁开关

（1）开启或关闭客房门，控制开启客房欢迎模式场景。

（2）网络控制程序显示客房门开启或关闭状态。若客房门长时间开启，则网络控制程序将显示报警状态。

4. 省电钥匙卡控制插盒

判别客人钥匙卡、服务员钥匙卡、管理人员钥匙卡。

5. 清洁客房开关

（1）控制请勿打扰开关。

（2）控制门外显示清洁客房，网络系统显示清清客房，再次按开关后取消。

（3）控制门外显示请勿打扰，网络系统显示请勿打扰，再次按开关后取消。

6. 稍候等待控制开关

控制浴室内单联单控IED指示复位开关。

7. 呼唤开关

此开关为专用按钮式机械自锁开关。客人按下呼唤控制开关后，呼唤控制开关自锁，网络控制程序显示呼唤状态，服务人员必须持解锁钥匙在呼唤控制开关上解锁，方可取消呼唤状态。

8. 卫生间红外探测器

（1）客人进入卫生间未按动卫生间灯光控制开关，红外探测器探测到客人移动信号自动开启卫生间场景灯光模式。

（2）红外探测器连续20分钟未感应卫生间内客人移动，自动关闭卫生间全部灯光和排风扇。

9. 客房内其他墙面灯光控制开关

客房控制系统把照明控制和空调控制都纳入了系统管理，各个系统间的配合更加协调，场景不单单包括照明或空调，而是两者的完美结合。如迎客模式就可以设定为：当客人用门卡开门时，客房内的部分照明自动打开（视客房情况确定，不能太亮，也不能太暗），空调自动运行（默认的温度）。这种设置会让刚刚入住的客人有宾至如归的感觉。客房控制系统对客房进行管理的手段更加多样。可以远程通过主机进行管理，通过软件编程可以实现对客房的控制管理。远程监控和就地客房服务协调统一，既提高了服务质量，又节省了人力。

但同时也应该看到，客房控制系统还处在发展初期，相关标准和实践经验仍旧缺乏。相关标准的缺失和客房控制系统造价相对较高对它的推广具有一定的阻碍。最后还需要指出的是，客房控制系统与酒店装修、强弱电控制和客房设备管理有深度结合，由此导致后期的更换、维修难度很大，酒店选择系统时需要多加考察，选择成熟、稳定的产品，才能在酒店服务和经营中起到良好的作用，否则将给酒店带来许多麻烦。

表10-1列举了智慧酒店客房控制系统所需的功能，用户可以根据需要选择配置。

表10-1　客房控制系统解决方案一览

序号	主要功能	系统功能简要说明
1	Wi-Fi、AP热点覆盖功能	系统提供Wi-Fi无线覆盖功能，无线信号稳定，覆盖面广
2	请稍候及SOS紧急呼叫	卫生间自带SOS求救功能，客人遇到紧急情况及时通知后台监控中心，即时响应
3	采用弱电控制强电方式	布线采用P-BUS总线技术，一根网线可连接多个开关，节省强电负载线、线管和施工费；弱电控制强电，延长开关使用寿命
4	智能手机或移动终端	可使用手机或iPad等移动终端微信登录，对房间灯光、空调、窗帘等设备控制
5	多功能请求服务	请勿打扰、请即清理、请稍候、退房、SOS等服务功能，通过客房内部连体面板功能键信号与门显自动对应，同时后台监控中心可以实时了解客房运行状态，提高服务效率
6	房态状态数据监控系统	可对房间的房态进行监控。可在远程监测房间的客房门的开关、窗的开关、有人无人、空调运行状态、人员身份、电器等，所有在线设备运行自动检测。
7	客房设备故障远程监测	通过系统软件可远程诊断SOS、空调、通信等设备运行状态，故障报警

续表

序号	主要功能	系统功能简要说明
8	9种灯光场景模式设定	系统预存开门、欢迎、会客、休闲、阅读、睡眠、外出、退房等8种房态模式，房间内空调、灯光、窗帘等电器根据房态模式运行
9	卫生间红外控制	厕所红外探测，自动开/关厕所灯具和排风扇；探测无人时4小时开排风15分钟除异味
10	智能起夜模式	采用特殊方向传感器，当客人起夜时，夜灯自动开启，客人上床，夜灯关闭
11	空调模式控制	空调可按设定时间段、上下限、强制等多种模式控制
12	走廊灯光控制	根据红外探测、光照度、时间段等数据按一定算法智能控制走廊灯光
13	多功能智能门显	五合一门外显示，可显示酒店LOGO、门牌号、请即清理、请勿打扰、请稍候、电子门铃。客房如有人入住时，门牌显示蓝色；无人入住时门牌显示白色，减少客服人员失误
14	门磁超时报警	若开门时间超过系统设定时间，系统自动报警，提高客房安全性
15	酒店管理数据库	系统数据库可对房态、电气设备、工程人员、服务人员等数据进行存储和数据查询，为酒店投资人及酒店管理者定期提供有价值的参考数据，提高酒店入住率
16	与PMS软件联网	系统可与国内专业的酒店管理软件联网，可根据软件的数据自动改变房间的状态与数据，给客人提供更方便快捷、更舒适、更人性化的服务

案例分享

智慧酒店用户体验的关键时刻——施耐德电气案例分享

施耐德电气作为一家来自法国，在全球500强排位名列前茅的公司，进入中国有20多年，中国是其除了北美以外的第二大市场。施耐德电气能效及楼宇事业部主任解决方案架构师林琛以《现代酒店体验MOT》为主题，和大家分享智慧酒店案例。

用户选择酒店有哪些决定因素?

现代酒店MOT（关键时刻），实际意思就是一个客人入住现代酒店的体验。最近国外有一篇报告显示，有72%的80后及90后表示比起花钱买了什么，他们更偏爱做了什么。比如朋友圈晒的并不是花钱买了什么东西，而是去冰岛看北极光，去徒步穿越库布齐沙漠。

客人选择酒店，他们更关注的是什么呢？比如他首次去一个陌生的地方出差的时候选择一间酒店，第一会看地理位置，是不是品牌酒店，出差是选商务型的，还是选度假型的。当第二次又去这个城市出差或者游玩时，选择的酒店驱动因素就完全变了，第一个最最重要的选择因素调查表明是客房的设计，到底住得舒服不舒服。比如注意面积有多大，然后是整个酒店的区域环境，其他因素慢慢就排在后面了。

酒店智慧体验全方位围绕用户需求

作为酒店怎么能给用户带来好感？最早的MOT理念叫做关键时刻。用户从一开始预订酒店，到入住、消费，一直到离开酒店，有39个瞬间会影响他对这个酒店的判断。第一，先在大堂办理登记入住，然后从电梯通过走廊到客房，插卡入住。把东西放下以后，会到二层或者三层去用餐，用完餐以后会入睡，或者还有健身的活动。第二天，到会议室参加一个工作会议，然后是退房回程。这些都是酒店能直接给用户智慧体验的“关键时刻”。

举一个例子：酒店大堂经理拿着移动用户端看上面的大堂区域控制场景的按钮，他还会看到各个区域的传感器环境测试，温度、空气质量的监测等等，这些都以数据化的形式为大堂经理掌握，而不是像原来的大堂经理拿着对讲机喊话才了解到酒店情况。数据统计到平台以后，如果呈现红色报警，会直接推送到酒店工程师的派工单上，工程人员就会尽快解决。

当客人在办理登记入住的时候，因为酒店的物业管理软件跟楼宇和客房控制系统是打通的，客人的房间变成已出租模式。比如说冬天的时候，把温度信息直接推送到客房的控制设备，将房间的空调提前开启，而不是由客人进房间去打开空调。

现在一些大型的酒店已经使用了室内定位技术。尤其是在一些很大的度假型酒店，用户要找餐厅、会议室都不是很方便的，但是现在酒店也在逐渐的改变，会推出一些APP通过室内的定位系统帮助用户去导航，在一些非连锁酒店更多地采用二维码的方式，客人扫描二维码以后，酒店将导航页面推送给用户，用户要去哪里可导航前往。

物联网=能效运营的智能化融合

物联网IoT（Internet of Thing），施耐德更多关注于信息技术与运营技术的融合，主要做能效和运营，帮助后期管理策略的制定。

简单来说，它首先是为各个行业提供一个互联互通的产品，也是响应了现在万物互联的这句话，有些本地控制的，起码能满足建筑物内本地控制的需求。比如说在酒店里，不是每一个服务器都要到云端，更多设备的控制出于安全的考虑，必须保留在本地端的控制，云端和本地端有相应的控制软件。现在做的最多的是应用、分析和服务，软件系统会把能源的数据和设备数据分门别类地去归纳，分析出来这些数据的出现到底说明了什么，从而去帮助企业能更高效地运营。

用户个性的行为分析、数据挖掘，还有用户体验的优化，甚至人机交互等等多领域，还有很大空间可以去优化，人工智能将会是未来优化智慧酒店的大方向。

资料来源：千家智客. http：//www.qianjia.com/html/2016-12/21_266031.html.

第十一章
酒店电子商务

【导言】

科技的进步、移动互联网的普及培养了更多酒店用户在线消费的习惯，加之网上预订酒店不受时间限制、价格比较便宜、信息透明度高，消费者预订酒店的方式将逐渐从线下向线上转移，未来在线酒店预订市场将会持续保持较高速度增长。近几年，酒店“线上+线下”的消费方式更是成为新风尚。2017年网易与亚朵联手，将在杭州滨江奥体新开的酒店打造成了一个可以购物的新空间、新业态、新场景，不仅能带给顾客一个精致轻简的栖息空间，也能成为一个沉浸式的24小时体验空间。智慧酒店购物不仅开发了酒店电子商务新的盈利方式，还让场景化消费、无界零售变成可能。本章主要介绍酒店电子商务、智慧酒店购物以及所依托的电子支付系统。

【学习目标】

- 掌握酒店电子商务的概念及特点；了解酒店电子商务的几种主要模式与发展趋势。
- 了解智慧酒店购物和电子支付系统的原理。

【导入阅读】

网易严选+亚朵酒店，把住过的酒店搬回家

2017年8月在杭州开业的网易严选+亚朵酒店正在试图解决一个问题：你在酒店看到的心动之物，不仅可以分分钟带走，而且正是我想卖给你的。这种既是在住酒店，同时又是线下场景消费的体验，是否能为酒店行业带来新的可能，同时也为电商开拓新的渠道？

严选之后的酒店，有何不同?

网易严选+亚朵酒店，来源于网易严选与亚朵酒店的一次合作。2016年上线的“网易严选”，是国内首家ODM（原始设计制造商）模式的电商，与大牌制造商直连，剔除品牌溢价和中间环节，在商业模式上实现了较大的突破。他们倡导为用户提供生活产品，倡导极简美好、返璞归真的生活美学，“好的生活，没那么贵”是网易严选酒店的SLOGAN。

而将目标客群定位于中产阶级人群的亚朵酒店，从2015年开始就致力于打造“IP 酒店”，在摄影主题、运动主题已成明日黄花的情况下，2016年亚朵就联手吴晓波推出了“吴酒店”，人们在那儿可以看吴晓波的书，品巴九灵茶，喝吴酒。之后，亚朵很快又打造了第二家IP酒店THE DRAMA，源于上映以来场场爆满的百老汇神剧Sleep No More，亚朵与其合作，打造了以此剧为主题的情景式酒店。IP带来现成的内容，巨大的流量，让亚朵这第一口螃蟹吃得颇为成功。

由此来看，网易严选与亚朵酒店的合作并不令人意外。我们再来看看，这家网易严选酒店和别的酒店究竟有什么不同？网易严选亚朵酒店位于杭州滨江区，本质上来说，是由网易严选提供产品，由亚朵酒店提供场地并进行实际上的运营。

品质与服务依然是酒店重视的标准：大厅内最有特色的是一个9 米高的三层LOFT 空间，大堂是三层的立体空间，平面面积不大，但是内部的层次分明，区域划分合理，设计感十足。这个三层空间还是亚朵的24 小时书店——竹居，共摆放了3500 本图书。不管顾客是否入住酒店，都可以来这里看书，甚至不用付押金，只需扫二维码就可以把书借走。书看完之后，则可以到任何一家亚朵酒店归还。为了提高服务效率，酒店前台摆放了一个3分钟的计时沙漏，如果在规定时间内没有办理好入住手续，客人有权利不支付房费。

网易严选亚朵酒店一共有178间客房，但其中严选房只有14间，价格均在千元以上。主题严选房间以极简主义的设计理念为主，大量使用原木与灰白色，偏北欧风。房间里隐藏着不少“黑科技”，例如专门为懒人设计的按钮，轻轻按下之后，灯光和窗帘就能自动打开，房间瞬间就从夜间模式切换成了白天模式；扫描走廊上悬挂的装饰画上的二维码，还能够在手机上听到详细的语音介绍。

除了保证房间与服务的品质以外，严选房最大的特色就在于所有的商品“所用即所购”。从被单、床罩，到窗帘、香熏，甚至是床头摆放的赠送给住客的小食品，都出自网易严选。如果你喜欢，当场就可以买单带走，当然也可以通过APP 在线下单发货到家。

网易严选+亚朵酒店有何特别之处？

“所见即可买”。住客可以在享受严选酒店服务的同时，获得严选线上商城的产品上新信息。

依靠大堂三层Loft 设计，每一层严选商品种类和定位不同，一层主打书籍和黑胶唱片，二三层则摆放家居、服饰、零食等特色商品。

深度体验，刺激再次消费。亚朵从178间房中精选出14间“网易严选房”，其中寝具、洗护及家居等大部分用品均选自网易严选，新元素结合用户熟悉的老配方。

抓住“新中产”，才是酒店的目标

亚朵与网易严选的合作，其原因不外乎一个：严选是要做场景电商，而亚朵酒店则成为了线下体验店。

与之前宜家、无印良品的门店所提供的线下体验不同，入住酒店的客人将和商品待上一整天的时间，这一方式被称作“沉浸式体验”：用严选的茶具喝茶，拉开窗帘，让阳光暖洋洋地洒在身上；用声控的灯具开关结束一天的疲惫，最后再抱着严选的被子入睡。当你在酒店入住的时候，你所有的时间都是在体验严选提供的产品与服务，继而让这些潜在的消费者能够直接转化为消费对象。

无论是宜家、无印良品，抑或是被戏称为“无印良品门徒”的网易严选，都在产品上有着一个重要的调性——简约、富有设计感。产品的调性更趋向于生活方式本身，注重人们投射其中的精神情感。当人的经济需求得到满足之后，精神层次的需求愈发强烈，而这些走在前面的企业，瞄准的正是国内近年来兴起的“新中产”的口袋，而这也正是这两年国内这一波消费升级浪潮的体现。

将视线瞄准线下场景体验的，并不只有严选一家。在这之前，家具巨头宜家、无印良品都早已将触角伸向这一领域。宜家在长沙建起全国第一家酒店，2019年底开业，而无印良品在深圳的MUJI HOTEL，于2017年下半年竣工。他们试图完成的，就是在新零售的契机下，建立从线上商城到线下场景的连接与布局，而这也让国内兴起的新中产人群能够有更具象的消费对象，并心甘情愿地为此买单。看起来毫无逻辑的布局背后，实际是在打造场景运营。而场景运营的本质是生活方式的运营，把体验前置已成为大势所趋。

资料来源：豆丁网 .https://www.docin.com/p-2174357477.html.

思考：

智慧酒店为酒店带来哪些机遇和挑战？

第一节　酒店电子商务概述

一、酒店电子商务的概念和特点

酒店电子商务是指通过互联网和通信技术实现饭店商务活动各环节的电子化，包括通过网络发布、交流酒店基本信息和商务信息，以电子手段进行酒店宣传、促销、开展酒店服务、酒店产品在线预订与支付，实现酒店顾客信息收集与整合等，也包括酒店内部流程的电子化及管理信息系统的应用等，是电子商务在酒店业中的具体体现。例如，7天酒店是业内第一家开拓电子商务平台的经济型酒店，成立伊始，7天连锁酒店就把企业核心竞争力的方向锁定在电子商务上。从技术基础角度来看，酒店电子商务是采用数字化电子方式进行酒店信息数据交换和开展商务活动。从应用层次来看，酒店电子商务可以分为两个层次：一是面向市场，以市场活动为中心，包括促成酒店交易实现的各种商业行为，如网上发布信息、网上公关促销、市场调研、网络洽谈、网上咨询、网上交易、网上支付、售后服务等；二是利用网络重组和整合酒店内部的经营管理机构，实现酒店内部电子商务，即酒店信息管理系统。

酒店电子商务不仅是指酒店电子交易，也包括应用现代网络信息技术手段进行的，有商业目的地发布、传递、交流酒店信息的活动。电子商务是电子技术和手段在商务中的运用。酒店电子商务是电子技术和手段在旅游酒店中的运用，其运营成本低、用户范围广、无时空地域国界的限制，通过网络预订获取酒店产品，从而向酒店客户提供更加个性化、人性化的服务。总体上分析酒店电子商务的特征主要如下：

（一）时空性

网络无国界，互联网用户遍及全球，使信息在世界各地共享。随着电子商务的发展，未来越是空间距离远、对旅游目的地陌生的旅游者，得益于酒店预订的快捷性特点，越是倾向于通过网络在线预订酒店。

（二）聚合性

建立电子商务平台，通过新兴的互联网推广方式将酒店各个方面的信息资源、服务资源、客户资源集中起来，同时能够连接整合旅游行业的上下游产业。例如将金融服务机构、旅游营销机构、航空公司等也集合起来，形成一个巨大的产业链。

（三）个性化

随着旅游行业的电子化发展，出现了各种新兴的旅游方式，传统的观光旅游向商务旅游转换，旅客的组团方式也朝个性化自助游的方式转变。旅游酒店作为旅游发展的三大支柱产业之一，全天面对散客、小团队客户的多种预订需求，这对酒店的服务能力提出了更高的要求。电子商务的在线预订功能刚好适应了这种个性化需求的发展。

（四）经济性

网络经济是一种新的虚拟经济。著名的网络经济法则“Metcalfe法则”（梅特卡夫法则）指出，互联网的价值等于节点数的平方。在互联网中，当用户的数量增加时，用户之间的交易机会将以成倍的速度增加，网络总的交易机会正比于互联网节点数目的平方，每一位新的用户将会给其他网络用户带来额外价值。如今，电子商务为全球的旅游者和旅游企业所应用，信息资源会随着网络节点的增加而被广泛利用，共享的人也越来越多，激发出酒店电子商务发展的巨大潜力。

二、酒店电子商务模式

酒店电子商务模式大致可分为无交易功能的初级模式、无交易功能的复杂模式、单一交易功能的中级模式、多功能综合的高级模式。

（一）无交易功能的初级模式

主要包括信息发布、信息收集等。信息发布和信息收集功能比较简单，一般不会单独存在，几乎任何其他模式都会包括这两项功能。比如，酒店官网的产品信息介绍、顾客留言等板块就是这两种功能的体现。除此之外，一些政府或酒店行业协会的网站也属于此类模式。

（二）无交易功能的复杂模式

该模式虽然没有交易功能，不提供在线预订服务，但其融合了多种功能，体现了除在线预订功能以外的其他交互关系，创造了多种顾客价值，具有多项盈利来源，是我国酒店电子商务模式的主要组成部分，主要包括酒店招聘（如最佳东方网）、虚拟社区（如马蜂窝）、点评网站（如大众点评）、搜索引擎（如去哪儿）、酒店电子媒体等模式。

（三）单一交易功能中的中级模式

该种酒店电子商务模式能够进行在线预订，从而实现酒店产品销售功能，但其除交易功能以外的其他功能涉及很少，功能单一，结构简单，酒店销售收入是其主要收益来源，主要包括：电子商店，即传统商店电子化，该类网站包括单体或多个单体酒店联合销售网，如旅程订房网、中华酒店信息网。由于该种模式相对简单，模式单一，影响力较低，在我国酒店电子商务模式中并不具有代表意义。

（四）多功能综合的高级模式

有些酒店的电子商务是以在线预订为主体、多种功能融合的高级模式。这些高级模式以向顾客提供大量的酒店预订信息和交易为核心，并通过商业模式设计创造不同的顾客价值，从而实现盈利，这是我国酒店电子商务中的主流模式和主要收益来源，主要包括连锁酒店官网、在线代理商、平台运营商、团购等。连锁酒店官网往往以酒店预订为核心，同时有信息介绍、网络营销、会员管理、酒店论坛等多个功能，利用完善的网站建设实现网络低价直销是这些酒店的主要销售模式。代表性网站比如7天连锁酒店（PlateNo.

com），它是业内少数能实现企业门户网站和数据库实时对接的电子商务平台，通过电子商务和会员制的“IT思维”的运营模式实现网络直销，大大减少对第三方的依赖，从而让利于顾客。以携程为代表的旅游在线代理商具有庞大的酒店会员数量，利用精确搜索、低价、团购、秒杀、特惠等多种营销定价方式进行在线销售，长期占据了酒店在线分销市场的一半以上的市场份额，是酒店电子商务模式的领头羊，代理佣金是其主要收入来源。酒店平台运营商，即利用自身的技术和资源为酒店提供交易平台，广告费和管理费是其主要收益来源，比如飞猪旅行。团购网站，是一种新型的电子商务模式，它通过将消费者联合起来提高与商家的议价能力，从而使消费者能够以较低的价格购得所需商品。

三、酒店电子商务的应用现状与存在问题

（一）酒店电子商务应用现状

我国酒店电子商务应用主要有针对消费者的电子商务以及针对企业电子商务两种形式，企业对消费者的电子商务（B2C）即酒店与顾客之间的电子商务，是酒店利用网络实现与客户的双向交流，酒店了解客户所需，在线对客户进行如客房、餐饮、娱乐等的宣传并完成预订。而企业对企业的电子商务（B2B）即酒店利用互联网建立起的与旅行社、旅游代理商、银行系统、交通运输等相关部门的电子商务。

目前，我国酒店电子商务应用已初具规模，尤其是高星级酒店的信息化程度较高，已普遍建立起酒店电子商务系统，一些酒店还建立起与国际同行之间的高速信息通道，一般都有自己的网站，且开通了网上订房或加入了酒店中央预订系统（Central Reservation System，CRS）和全球分销系统（Global Distribution System，GDS）。而大多数低星级酒店和其他类型酒店信息化建设、利用电子商务的程度较低；经济发达地区酒店信息化及电子商务应用水平明显高于经济欠发达地区；国际酒店管理集团所属的外资和合资酒店信息化、电子商务应用水平比国内酒店高，多数连锁酒店成员采取既独立建立网站，又在连锁集团的总网页下建网页的做法。虽然酒店电子商务模式有着巨大的市场潜力，但其发展成熟还需要很长时间的探索。

（二）电子商务在酒店行业应用中存在的问题

1. 酒店网络运行意识有待提高

我国酒店电子商务的运用范围日益广阔，酒店管理者对电子商务的认识不断提高。以当前的情况来看，大部分酒店的电子商务管理平台还不够完善，电子商务还未充分融入酒店实际运营管理中，难以体现出电子商务的优势，导致酒店管理中的电子商务流于形式，很难达到预期的效果，有时甚至会给酒店管理工作带来不利的影响。

2. 缺少足够技术支持力量

在酒店管理中正常运行的电子商务需要先进设备和技术的支持，否则电子商务应用只能收到短期效应，无法实现长远的管理目标。但是，酒店方迫于运营成本的压力而无法加大对网络运行的技术支持，如引入技术型人才和先进网络设备、加强后续管理与维护工作等，这些因素对酒店的正常运营发挥着至关重要的作用。就当前情况来讲，许多酒店为了实现短期收益直接屏蔽了电子商务运营管理，以达到节约成本的目的，直接导致酒店电子商务管理缺乏系统的技术支持，使酒店电子商务处于停滞不前的状态。

3. 酒店电子商务利用率低

旅游酒店的电子商务不只是网上销售以及展示，还应包括旅游信息采集、加工、筛选，以及酒店产品包装、设计、客户管理、营销策划以及资金流控制，从而构造完整健全的商务链。目前旅游酒店的电子商务利用水平尚远远不够，大多停留在建立网站以及广告宣传的层面，虽然部分旅游酒店推出网上订房服务，不过只是支持简单地查询以及预订。少数酒店提供旅游线路检索以及预订的功能，但是功能简单并且操作性比较差，同时还存在信息匮乏以及更新速度慢的问题，数据内容缺乏专门的工作人员进行维护与更新，游客获得的信息往往是陈旧的数据，缺乏实用价值。

4. 酒店电子商务人才缺乏

众所周知，酒店是人员流动率很高的行业，虽然现在许多高校和专科院校都开设酒店管理和旅游管理专业，但是这些专业的大学生毕业后大多选择了其他行业。这主要是因为这些具有一定专业知识的人才，进入酒店后，依旧需要从底层做起，相比于其他员工没有任何就业优势，再加上酒店为减少成本，也没有在工资上给予任何特殊待遇，因为酒店业拥有专业知识的人很少，人员流失较大，也就造成了酒店员工整体素质不高。而酒店对于这些素质较低的员工，一般也没有进行相关技术应用的培训，这就使得即使酒店有实力和能力开发出相关的电子商务软件，但由于缺乏有能力的人员进行相应的操作与维护及日常的运营，也无法维持下去，酒店也无法从中获利。

第二节　酒店智慧购物

一、酒店智慧购物的产生

需求侧的拉动。“十九大”报告提出我国社会的主要矛盾已经转化为人民日益增长的美好生活需要和我国不平衡、不充分的发展之间的矛盾。与过去相比，社会生产力得到极大的解放，人们在物质追求的基础上更需要一些精神食粮作为补充，并愿意为其付费。当今的消费者早已不是“物质至上”的盲目群体，他们偏向“恰到好处”的生活，单纯依靠商品包装上的参数再难激发消费者的购物欲，实体化的酒店体验场景因此应运而生。譬如网易严选亚朵酒店正是围绕消费升级打造的一个新场景消费样本，同时它还是一个沉浸式的24小时体验空间，用户可以更深入地体验严选的商品，感受它们在真实场景中的温度。消费者不仅可以在网易严选亚朵酒店住宿，也可以把酒店中自己钟情的元素带回家——用户可以现场体验、线上下单，也可以在酒店现场购买。这样，酒店与用户之间的情感联结就不是短暂的，而是长久的。顺应着消费升级的时代改变，场景化消费的酒店智慧购物拥有无限的发展空间。

供给侧的推动。从时代背景来看，线上和线下融合是新零售形态下的趋势，网易严选、无印良品、宜家等纷纷进军酒店市场，使得“场景流”和“设计力”的酒店成为了引领新零售的新物种。无印良品将酒店和旗舰店连接在一起，消费者在酒店里感知MUIJI生活方式的同时，还能在旗舰店购买到这些商品。网易严选对这种用户体验的挖掘更深，消费者不仅可以在店内选购网易严选的产品，还可以通过电商来满足更多的需求。在网易严选的未来生活闭环中，酒店只是线下新零售蓝图的一部分，酒店、书店、咖啡吧、餐厅等都成为其吸引消费者的手段，并且由于网易的电商性质，未来也不排除上述元素会被单独塑造成新的场景式消费。消费升级背景下，各大供给方不仅满足消费者的需求，还不断延伸产业链，挖掘新的业态、形式引导广大消费者产生新的需求。

在需求侧拉动与供给侧推动的共同驱动下，酒店智慧购物发展持续向好。不仅开发了酒店新的盈利方式，延伸酒店电子商务业务，还让场景化消费、无界零售变成可能。

二、酒店智慧购物特点

智慧购物全面塑造购物新体验，在零售业领域全面深入地利用现代信息技术，极大地改变了人们的购物消费模式，改善了购物环境。随着触控技术、RFID等技术在零售营销领域的应用，构建了基于物联网的智能购物环境，将物联网技术应用于商品展示、介绍、销售、物流配送等业务全过程，从而促进了零售业的新模式出现，也让人们获得了更多的便利，提升了消费者的消费体验，同时又催生了更多新技术的开发与应用。

智慧购物利用触控技术、RFID等信息技术全面有效地贯穿整个购物场所，将有助于商家最大程度地发挥智慧购物设施的效能，对提高货架的利用率、加强产品安全管理、改善数据采集并获得精确数据将起到积极作用。对于消费者，可以减少诸如寻找商品时间、缩短排队付款时间，从而获得更高的体验效用。智慧购物的基本特征包括以下几项：

（1）便捷：通过触控技术、RFID等信息技术提供商品信息并可一次性支付各种商品费用，增强了消费者体验。

（2）高效：实时进行数据分析和预测，可避免不必要的浪费，并且使客流最大化。

（3）经济：支持商品卖家和购物交易的有效开展，实现资源的合理配置。

（4）集成：实现商品信息的高度集成和共享，采用统一的平台和模型，实现标准化、规范化和精细化管理。

（5）可预测：持续进行数据分析和建模，改善商品流、人流和基础设施规划。

拓展阅读

购物，你会想到去酒店逛逛吗?

创意花店的小许来到一家带有嵌入式画廊的酒店。在那里，除了客房内的家居、生活用品之外，酒店随处可见的艺术作品都可供出售。小许对这些新奇精致的艺术作品特别感兴趣，“客房的布置我很喜欢，刚好可以为我的新店装饰提供一些参考意见。我打算买一些画作和艺术摆件回去当店里的装饰品。”

如今有越来越多的酒店开始往新零售方向靠拢。消费者在这些酒店里除了住宿，还能“买买买”，小到零食服饰，大到家具床垫，看上什么都可以直接买回家。逛累了，就窝进24小时开放的书店，在温馨的小台灯下，享受舒适的阅读体验。网易严选与亚朵跨界合作的网易严选亚朵酒店、深圳的无印良品酒店MUJI HOTEL均属这一范畴。

小许体验的那家酒店在滨江，名为滨江艺珺。走入客房，她一眼相中了房内的情侣杯和床垫。当即询问前台，这些物件是否可供出售。接着，她被工作人员引领到了酒店内的艺术画廊。在那里，小许看到了心仪的情侣杯、家具床垫和其他不少艺术衍生品。“画廊内多以售卖艺术家设计的文创作品、家居用品和艺术画作为主，客房里任意一件你喜欢的物品都能买到。”酒店工作人员告诉小许。

“原来酒店不仅能住，还能带给消费者与众不同的购物体验。”在艺术画廊里看了又看之后，小许选了不少心仪的“宝贝”，付款后一并把它们带回了家。

“给顾客提供有品质的消费体验正是我们的目的。”杭州滨江艺珺酒店总经理郑琳说。“我们想通过在酒店里做跨界零售这一举动，拉近酒店与消费者之间的距离，与此同时，当酒店与家居、艺术、文化跨界交融，也会给这些商品赋予全新的用户体验和品牌价值。”

品牌IP跨界开酒店成风潮　多重商业空间拓宽传统经营业态

在浙江工商大学旅游与城乡管理学院副教授吴俊看来，酒店与零售的组合不失为一种提高商业空间利用率的方法。“酒店跨界零售的背后是商家对商业空间的复合型利用。酒店在自己传统的经营范围内植入家居、艺术品等零售空间，从而带给顾客别具一格的消费体验。在这种模式下，酒店拥有了住宿、家居生活馆、餐厅、艺术画廊等多重商业空间，从而拓宽了类似商业综合体这样的经营业态。”

2017年，阿里巴巴集团旗下旅行品牌飞猪宣布将在杭州西溪天堂打造“人工智能酒店”。2018年1月，全球首家无印良品酒店MUJI HOTEL在深圳落户。而到2019年年底，宜家打造的集酒店、办公楼、购物中心和公寓为一体的长沙荟聚中心也将开业。

品牌IP跨界开酒店正在成为一股风潮。近两年，宝格丽就先后在北京和上海开出了宝格丽酒店，入住酒店的消费者不用出大门就能体验到属于宝格丽的精致生活。2017年在广东落户的佛山罗浮宫索菲特酒店与法国家居元素的融合，也碰擦出了“即看即买”的新消费火花。业内人士表示，在酒店行业多元化的趋势下，宾客的选择增多，市场反应敏锐的酒店都会在抓住自己特定客户群上动脑筋，与新零售结合只是其中一种玩法，这是年轻化发展的一个方向，年轻消费者是当下的主导力量，他们对消费升级有需求，所以如何把年轻人留住是最重要的问题。

资料来源：杨伊琳.购物，你会想到去酒店逛逛吗？每日商报. https://hzdaily.hangzhou.com.cn/mrsb/2018/05/28/article_detail_3_20180528A061.html.

第三节　电子支付系统

一、电子支付系统协议

电子支付作为网上购物的关键，既要使客户感到方便快捷，又要保证交易各方的安全保密，因此安全在线支付显得尤为重要。目前有两种支付协议已被广泛采纳和应用，一是安全套接层（Secure sockets layer，SSL）协议，另一个是安全电子交换协议（Secure electronic transaction，SET）。虽然SET协议比较安全，但是实现起来很复杂。

电子支付系统一般是基于SSL的，通过使用对称密码技术和公开密码技术，保证信息的真实性、完整性和保密性。SSL客户机和服务器之间通过协商，建立起一条安全通道。在安全通道中传输的所有信息都经过了密钥加密处理，以确保信息的机密性。SSL利用密码算法和Hash函数，通过对传输信息特征值的提取来保证服务器和客户机之间的信息的完整性。利用证书技术和可信的第三方CA[①]，让客户机和服务器相互识别。

二、电子支付系统支付模型

电子支付系统支付模型如图11-1所示。

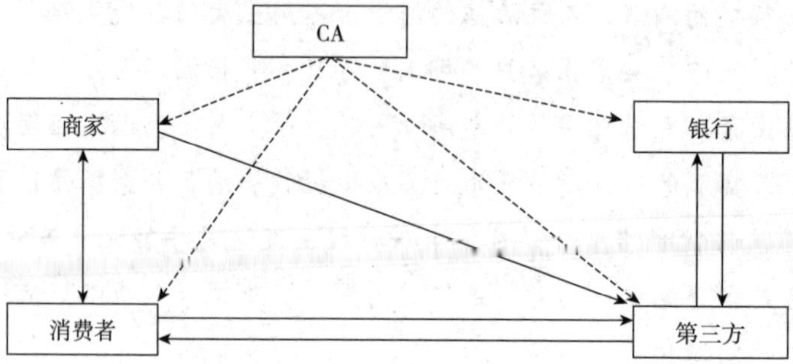

图11-1 电子支付系统支付模型

1. 订购过程

消费者通过浏览器在电子超市的Web服务器上订购商品并根据生产商的要求向生产商提交订单，生产商根据订单形成相应的账单并将账单及生产商的承诺回给客户浏览器。

2. 付款过程

消费者通过TTP的安全支付平台到银行进行支付。

（1）消费者将支付消息CM提交到TTP的安全支付平台。

（2）TTP安全支付平台将CM转到银行网关。

（3）银行验证消费者的数字签名，并根据CI进行转账，并将支付结果CR（支付成功与否等信息）告知TTP。

（4）TTP将CR实时告知消费者。

（5）TTP将CR实时转交商家。

① CA（Certificate Authority）认证，即电子认证服务，是指为电子签名相关各方提供真实性、可靠性验证的活动。

附录1

北京智慧饭店建设规范（试行）

前言

本规范由北京市旅游发展委员会提出、归口并负责解释。

本规范起草单位：北京市旅游发展委员会、中国电子器材总公司。

1　范围

本规范规定了北京智慧饭店的条件及评定的要求。

本规范适用于北京市的各星级饭店。

2　规范性引用文件

下列文件中的条款通过本规范的引用而成为本规范的条款。凡是注日期的引用文件，其随后所有的修改单（不包括勘误的内容）或修订版均不适用于本规范。凡是不注日期的引用文件，其最新版本适用于本规范。

CB/T 14308-2010 旅游饭店星级的划分与评定

3　术语和定义

下面术语和定义适用于本规范。

3.1　智慧饭店

智慧饭店是利用物联网、云计算、移动互联网、信息智能终端等新一代信息技术，通过饭店内各类旅游信息的自动感知、及时传送和数据挖掘分析，实现饭店“食、住、行、游、购、娱”旅游六大要素的电子化、信息化和智能化。最终为旅客提供舒适便捷的体验和服务。

3.2 物联网

物联网（IOT）是通信网和互联网的拓展应用和网络延伸，它利用感知技术与智能装置对物理世界进行感知识别，通过网络传输互联，进行计算、处理和知识挖掘，实现人与物、物与物信息交互和无缝链接，达到对物理世界实时控制、精确管理和科学决策目的。

3.3 云计算

云计算是一种通过网络统一组织和灵活调用各种信息通信资源，实现大规模计算的信息处理方式。云计算利用分布式计算和虚拟资源管理等技术，通过网络将分散的信息通信资源（包括计算与存储、应用运行平台、软件等）集中起来形成共享的资源池，并以动态按需和可度量的方式向用户提供服务。用户可以使用各种形式的终端（如PC、平板电脑、智能手机甚至智能电视等）通过网络获取信息通信资源服务。

4 建设内容及要求

4.1 供电、网络与通信

供电应采用多路冗余方式供电，能为旅客提供多种物理接口和电压，并提供不间断电源。

固定电话应提供叫醒服务，权限可区分市话、长途、国际长途，详单应可在前台打印，固定电话交换机应可接入SIP终端，可从电脑、平板电脑上发起呼叫，固定电话机应提供一键式接入服务。

客房应配有有线和无线网，互联网出口应具有链路冗余，互联网具有带宽管理的技术手段和多种计费方式，为保证旅客上网安全应具有防病毒和木马的手段，具有上网行为监控功能、上网日志记录功能，能分析主流协议，对于敏感信息能报警。

移动运营商信号应能覆盖饭店的所有公共区域和客房，手机能进行顺畅的语音和数据通信。

4.2 饭店管理

应有ERP系统，应包括物资管理、人力资源管理、财务管理。

应有PMS系统，应包括预订、查询客房状态、留言、出账管理、报表、夜审等功能，并方便与其他系统对接。

应有CRM系统，应包括客人回访、建立客人档案、满意度调查、投诉处理等功能，并能对各类数据进行挖掘分析，应能通过多种方式进行在线预订。

4.3 会议设施

灯光能分区控制，亮度可调节，隔音效果好，有同声传译功能，有会议投票、表决、主席控制系统，有电视电话会议功能，有多媒体演讲系统，会议室内任何角落都应能听到清晰的语音，无杂音，会议室应提供无线网络覆盖，有远程会议系统，能通过网络或者智能终端设备进行预订。

4.4 广播电视系统

应能收看适宜数量的中文节目和外文节目，具有视频点播功能，配备有线和卫星电视。饭店公共区域应能播放背景音乐。

4.5 智能停车、电梯与监控系统

智能停车系统应提供智能卡计时、计费或者视频车牌识别计时计费功能，车库入口显示空闲车位数量，提供电子化寻车定位导引。

电梯应给客人配备身份识别卡，进入电梯识别客人楼层，以自动高亮度显示提示该楼层。无卡者进入电梯，可拒绝其任何按键操作。电梯应配备盲文，可供盲人操作。

监控系统应具有防盗功能、防破坏功能，视频清晰度高，能在黑暗环境中识别车牌号码。可设置电子围栏，对超过围栏的，可进行提醒。图像信息可供其他系统调用。能识别火灾并与消防系统联动。

4.6 网站服务

应有品牌集团网站或者单体饭店网站，应支持多语言。

4.7 智能信息终端

客房信息终端应支持多种形式（电视、电话和移动终端），支持多种功能（包括音视频播放、全球定位功能、带有便携式操作系统、能进行3G无线通信、能进行触摸控制、支持无线网、支持视频通话、具有较高的分辨率），支持多种语言。

4.8 智能控制

客房智能控制应设置控制单元，网络通信方式支持TCP/IP方式传输数据，可扩展性好。智能终端应可控制空调、灯光、电视、窗帘等，并具有模式（睡眠、舒适等）设定功能。客房内应有行之有效的节能措施。

4.9 智能云服务

智能云服务应提供丰富的信息服务：能显示北京市天气、温度，能显示房间温度，能显示房间湿度，能显示房间空气质量，能显示饭店介绍，能显示饭店公告，能显示饭店特色餐饮，能显示会议设施介绍，能显示特色服务介绍，能显示服务指南，能进行客房展示，能显示航班信息，能显示火车信息，能显示周边信息，即客人周边三公里“食、住、行、娱、游、购”信息，能进行地图查询，能显示景区信息，能显示北京地铁线路图，能显示旅客消费明细，能在各个界面以明显方式发布广告及公告，能显示北京市PM2.5数据，能运用三维全景实景混杂现实系统技术使客人实现以第一人称视角虚拟漫游饭店，向客人展示完全真实的三维的饭店景象。

智能云服务应提供丰富的功能：借物品服务、客房服务、点餐服务、查看前台留言、通知退房、提供用户投诉窗口、提供满意度调查。

智能云服务应可根据游客评价，形成上报信息的报表；后台应能采集饭店已入住客房内温度、湿度等数据，对饭店客房舒适度数据进行集中收集和管理；后台应能进行商业智能分析、客户行为分析、饭店经营数据分析，并生成报表。

智能云服务应提供丰富的电子商务服务：可为饭店内的餐饮、商店提供商品、商品预览，连接饭店收费系统，直接将消费账合并到客房计费；可预订周围餐厅，可预订旅行线路，提供叫车服务，提供酒店预订功能。餐厅应提供平板电脑智能点餐服务。

4.10　**公益文化**

网站或者智能终端中应设置公益募捐宣传栏目，可进行电子化募捐，设置节能环保、中华文化、城市文化、政策法规等宣传栏目。

4.11　**创新项目**

本规范鼓励饭店在管理、客户服务、节能减排等方面创新，并在本规范中设置评定项目。

附：北京智慧饭店评分细则

本评分细则共计1000分，共分11个大项，各大项分值为：供电、网络与通信120分；饭店管理100分；会议设施50分；广播电视系统50分；智能停车、电梯与监控系统80分；网站服务50分；智能信息终端200分；智能控制100分；智能云服务150分；公益文化50分；创新项目50分。

序号	评定项目	各大项总分	各分项总分	各次分项总分	各小项总分	计分	记分栏
1	供电、网络与通信	120					
1.1	供电		10				
1.1.1	采取多路冗余方式供电，一路停电可切换到另一路			3			
1.1.2	支持110V供电			2			
1.1.3	配备转换插座，支持除中国大陆以外的一种以上国家或地区的标准插座			3			
1.1.4	客房内提供不间断电源			2			
1.2	固定电话		10				
1.2.1	提供叫醒服务			2			
1.2.2	电话权限可区分市话、长途、国际长途			2			
1.2.3	电话详单可在前台打印			2			
1.2.4	电话交换机可接入SIP终端，从电脑、平板电脑上发起呼叫			2			
1.2.5	提供一键式接入服务			2			
1.3	互联网接入		80				
1.3.1	覆盖范围			30			
1.3.1.1	客房应配有无线网				15		
	所有客房配有无线网				15		
	三分之二以上的客房配有无线网				10		
	三分之一以上的客房配有无线网				5		
1.3.1.2	所有的客房配有有线网				5		
1.3.1.3	所有的公共区域均配有无线网				10		
1.3.2	具有两个以上（含两个）出口链路冗余			10			
1.3.3	带宽管理			5			
1.3.3.1	有技术手段为重要客户提供更高的带宽和较好的服务				2		
1.3.3.2	动态分配带宽。在网络使用低谷，允许在线旅客使用更多的带宽；在网络使用高峰期，限制或禁止一些带宽消耗过大的应用，如BT下载				3		
1.3.4	可根据上网时间和流量等不同方式对用户用网进行计费			10			

续表

序号	评定项目	各大项总分	各分项总分	各次分项总分	各小项总分	计分	记分栏
1.3.5	防病毒和木马			10			
1.3.5.1	每个接入计算机划分单独的VLAN，降低饭店内旅客计算机病毒传播的风险				2		
1.3.5.2	发现并定位病毒、木马、大量下载的计算机并通知管理者				3		
1.3.5.3	配备有防病毒和防火墙软硬件系统				5		
1.3.6	具有上网行为监控功能			15			
1.3.6.1	具有上网日志记录功能				5		
1.3.6.2	能分析主流协议				5		
1.3.6.3	对于敏感信息能报警				5		
1.4	蜂窝网络		20				
1.4.1	所有制式语音通话无盲区			10			
1.4.2	所有制式数据通信无盲区			10			
2	饭店管理	100					
2.1	ERP		30				
2.1.1	有物资管理系统			10			
2.1.2	有人力资源管理系统			10			
2.1.3	有财务管理系统			10			
2.2	PMS		40				
2.2.1	有预订功能			4			
2.2.2	可查询客房状态			4			
2.2.3	有留言功能			4			
2.2.4	可进行出账管理			4			
2.2.5	支持信用卡结账			4			
2.2.6	能形成报表			5			
2.2.7	有夜审模块，有重审数据和在线备份的功能			5			
2.2.8	提供供其他系统调用的接口			10			
2.3	CRM		30				

续表

序号	评定项目	各大项总分	各分项总分	各次分项总分	各小项总分	计分	记分栏
2.3.1	可通过电话、邮件等手段对客人进行回访			5			
2.3.2	建立客人档案，提供个性化服务。对客人的自然情况、消费行为、信用状况、癖好及期望作记录			5			
2.3.3	记录客人喜好的房间朝向、温度、灯光设置等偏好信息，以便客人入住优先分配客人喜欢的房间并调整适合客人的环境			5			
2.3.4	有满意度调查分析与数据挖掘的功能			5			
2.3.5	能对投诉进行归档、分析与挖掘			5			
2.3.6	能通过手机、电话和网络进行在线预订			5			
	能通过以上三项进行在线预订				5		
	能通过以上两项进行在线预订				3		
	能通过以上一项进行在线预订				2		
3	会议设施	50					
3.1	灯光分区控制，亮度可调节		5				
3.2	隔音效果好		5				
3.3	有同声传译功能		5				
3.4	有会议投票、表决、主席控制系统		5				
3.5	有电视电话会议功能		5				
3.6	有多媒体演讲系统（电脑、即席发言麦克风、投影仪、屏幕等）		5				
3.7	会议室内任何角落都能听到清晰的语音，无杂音		5				
3.8	会议室提供无线网络覆盖		5				
3.9	有远程会议系统		5				
3.10	能通过网络或者智能终端设备进行预订		5				
4	广播电视系统	50					
4.1	应能收看多套中文节目		10				
	能收看50套以上的中文节目			10			
	能收看40套以上的中文节目			8			
	能收看30套以上的中文节目			6			

续表

序号	评定项目	各大项总分	各分项总分	各次分项总分	各小项总分	计分	记分栏
4.2	应能收看多套外文节目		10				
	能收看3套外文节目			10			
	能收看2套外文节目			6			
	能收看1套外文节目			4			
4.3	具有视频点播功能		10				
4.4	配备有线和卫星电视		10				
4.5	酒店公共区域播放背景音乐		10				
5	智能停车、电梯与监控系统	80					
5.1	车库提供智能卡计时计费功能		5				
5.2	车库提供视频车牌识别计时计费功能		5				
5.3	车库入口显示空闲车位数量		5				
5.4	车库提供电子化寻车定位导引		10				
5.5	给客人配备身份识别卡，进入电梯可识别客人楼层并自动高亮度显示该楼层		5				
5.6	无卡者进入电梯，可拒绝其任何按键操作		5				
5.7	电梯配备盲文，可供盲人操作		5				
5.8	电梯内的广告屏幕的内容可实现先经过主管部门的审核再发布		10				
5.9	监控系统具有防盗功能		5				
5.10	监控系统具有防破坏功能		5				
5.11	监控系统视频清晰度高，能在黑暗环境中识别车牌号码		5				
5.12	监控系统可设置电子围栏，对超过围栏的，可进行提醒		5				
5.13	监控系统图像信息可供其他系统调用		5				
5.14	监控系统能识别火灾并与消防系统联动		5				
6	网站服务	50					
6.1	有品牌集团网站		10				
6.2	有单体饭店网站		10				

续表

序号	评定项目	各大项总分	各分项总分	各次分项总分	各小项总分	计分	记分栏
6.3	支持多语言		30				
	支持除中文外的至少3种语言			30			
	支持除中文外的2种语言			20			
	支持除中文外的1种语言			10			
7	信息智能终端 根据信息智能终端覆盖的范围，本部分分数乘以系数，系数定义如下： 如果达到要求的客房数占总客房数的50%，系数为1。 如果达到要求的客房数占总客房数的20%以上50%以下，系数为0.5。	200					
7.1	终端形式		90				
7.1.1	终端形式有支持互联网的电视			20			
7.1.2	终端形式有支持互联网的电话			20			
7.1.3	终端形式有移动终端			50			
7.2	终端功能		80				
7.2.1	终端支持音视频播放			10			
7.2.2	终端定位支持全球定位功能			10			
7.2.3	终端带有便携式操作系统			10			
7.2.4	终端能进行3G无线通信			10			
7.2.5	终端能进行触摸控制			10			
7.2.6	终端支持无线网			10			
7.2.7	终端支持视频通话功能			10			
7.2.8	终端显示屏分辨率1024*768及以上			10			
7.3	支持多语言		30				
	支持除中文外的至少3种语言			30			
	支持除中文外的2种语言			20			
	支持除中文外的1种语言			10			
8	智能控制 根据信息智能终端覆盖的范围，本部分分数乘以系数，系数定义如下：	100					

续表

序号	评定项目	各大项总分	各分项总分	各次分项总分	各小项总分	计分	记分栏
	如果达到要求的客房数占总客房数的50%，系数为1。如果达到要求的客房数占总客房数的20%以上50%以下，系数为0.5。						
8.1	有客房控制单元，网络通信方式支持TCP/IP方式传输数据，可扩展性好		10				
8.2	智能终端可控制空调		10				
8.3	智能终端可控制灯光		10				
8.4	智能终端可控制电视		10				
8.5	智能终端可控制窗帘		10				
8.6	智能终端具有模式（睡眠、舒适等）设定功能		20				
8.7	客房内有行之有效的节能措施		30				
9	智能云服务	150					
9.1	信息呈现		50				
9.1.1	智能终端或网站能显示北京市天气、温度			2			
9.1.2	智能终端或网站能显示房间温度			2			
9.1.3	智能终端或网站能显示房间湿度			2			
9.1.4	智能终端或网站能显示房间空气质量			2			
9.1.5	智能终端或网站能显示饭店介绍			2			
9.1.6	智能终端或网站能显示饭店公告			2			
9.1.7	智能终端或网站能显示饭店特色餐饮			2			
9.1.8	智能终端或网站能显示会议设施介绍			2			
9.1.9	智能终端或网站能显示特色服务介绍			2			
9.1.10	智能终端或网站能显示服务指南			2			
9.1.11	智能终端或网站能进行客房展示			2			
9.1.12	智能终端或网站能显示航班信息			2			
9.1.13	智能终端或网站能显示火车信息			2			
9.1.14	智能终端或网站能显示周边信息，即客人周边三公里“食、住、行、娱、游、购”信息			2			
9.1.15	智能终端或网站能进行地图查询			2			

续表

序号	评定项目	各大项总分	各分项总分	各次分项总分	各小项总分	计分	记分栏
9.1.16	智能终端或网站能显示景区信息			2			
9.1.17	智能终端或网站能显示北京地铁线路图			2			
9.1.18	智能终端或网站能显示旅客消费明细			2			
9.1.19	智能终端或网站能在各个界面以明显方式发布广告及公告			6			
9.1.20	智能终端或网站能显示北京市PM2.5数据			2			
9.1.21	智能终端或网站能运用三维全景实景混杂现实系统技术使客人实现以第一人称视角虚拟漫游饭店，向客人展示完全真实的三维的饭店景象			6			
9.2	服务功能		40				
9.2.1	可发起借物品服务（毛巾、肥皂等）			4			
9.2.2	可发起客房服务（送洗衣物、打扫房间等）			4			
9.2.3	可发起点餐服务			4			
9.2.4	可查看前台留言			4			
9.2.5	可通知退房			4			
9.2.6	后台可根据游客评价，形成上报信息报表			4			
9.2.7	后台采集饭店已入住客房内温度、湿度等数据，对饭店客房舒适度数据进行集中管理和统计			4			
9.2.8	后台能进行商业智能分析、客户行为分析、饭店经营数据分析，并生成报表			4			
9.2.9	提供用户投诉窗口			4			
9.2.10	提供满意度调查			4			
9.3	电子商务		40				
9.3.1	可为饭店内的餐饮、商店提供商品、商品预览			5			
9.3.2	连接饭店收费系统，直接将消费账合并到客房计费			5			
9.3.3	可预订周围餐厅			5			
9.3.4	可预订旅行线路			5			
9.3.5	提供叫车服务			5			
9.3.6	提供酒店预订功能			5			

续表

序号	评定项目	各大项总分	各分项总分	各次分项总分	各小项总分	计分	记分栏
9.3.7	餐厅提供平板电脑智能点餐服务			10			
9.4	云服务信息和服务内容通过北京市旅游发展委员会审核		20				
10	公益文化	50					
10.1	设置公益募捐宣传栏目，可进行电子化募捐		10				
10.2	设置节能环保宣传栏目		10				
10.3	设置中华文化宣传栏目		10				
10.4	设置城市文化宣传栏目		10				
10.5	设置政策法规宣传栏目		10				
11	创新项目	50					
	本规范中未提及，但饭店在管理、客户服务、节能减排等方面创新，得到相应认可的，给予一定的创新分数		50				
总计		1000					

附录2

重要词汇中英文对照

B/S架构　Browser/Server Architecture

C/S架构　Client/Server Architecture

安全电子交换协议　Secure Electronic Transaction，SET

安全套接层　Secure Sockets Layer，SSL

办公自动化　Office Automation，OA

办公自动化系统　Office Automation System，OAS

不间断电源　Uninterruptible Power System

菜单成本计算　Recipe Costing

菜单管理　Menu Management

仓库管理　Store Management

沉睡房　Sleep

成本控制　Cost Control

催款函　Statements

电子门锁系统　Electronic Locking System，EIS

发货和领货　Issue & Raquisitions

非住店客人　Pass By

管理信息系统　Management Information System，MIS

集团预订网　Central Reservation System，CRS

检查　Inspected

酒店电话机　Hotel Telephone

酒店管理系统　Property Management System，PMS

酒店管理信息系统　Hotel Management Information System，HMIS

酒店业资讯系统有限公司　Hotel Information Systems

客房差异报表　Rooms Discrepancy Report

客房控制器　Room Control Unit，RCU

客房状态　Room Status

空房　Vacant

空净　Vacant Clean

空脏　Vacant Dirty

库存采购　Inventory Purchasing

库存收货　Inventory Receiving

离店　Check Out

楼宇设备自控系统　Building Automation System，BAS

企业资源计划　Enterprise Resource Planning，ERP

清洁　Clean

全球分销系统　Global Distribution System ，GDS

人工智能　Artificial Intelligence，AI

入住　Check-in

射频识别　Radio Frequency Identification，RFI

视频点播　Video on Demand,VOD

收益管理系统　Revenue Management System，RMS

数字化酒店　Cyber Hotel

搜索引擎优化　Search Engine Optimization，SEO

逃账房　Skip

提醒信　Reminder letters

通信网络系统　Communication Automation System，CAS

统计分析　Graphical Statistical Analysis

网络招聘　e- Recruiting

维修　Out of Order/Out of Services，OO/OS

物联网　Internet of Things

物业业主管理系统　Vacation Ownership System

销售点　point-of-sale ，POS

销售宴会系统　Sales & Catering

信息和通信技术　Information and Communications Technology，ICT

信息技术　Information Technology，IT

虚拟现实　Virtual Reality，VR

移动通信　Mobile Communication

应付账款　Accounts Payable

应付账款接口　Interface to Accounts Payable

应收账户　City Ledger

应收账款　Accounts Receivable

预期抵达　Expected

预期离店　Due out

云计算　Cloud Computing

在线旅游分销商　Online Travel Agent，OTA

占用　Occuptied

占用净　Occupied Clean

账户余额　Balance

智慧餐厅　Intelligent Restaurant

智慧酒店　Intelligent Hotel

智慧客房　Intelligent Room

智慧旅游　Wisdom/Intelligent Tourism

智慧前厅　Intelligent Front Office

智能建筑　Intelligent Building

中央预订系统　Central Reservation System，CRS

总账接口　Interface to General Ledger

参考文献

[1]陆均良，沈华玉．旅游管理信息系统[M]. 北京：旅游教育出版社，2010.

[2]穆林．酒店信息系统实务[M]. 上海：上海交通大学出版社，2011.

[3]王辉，吴越，章建强，裘加林，温晓岳[M]. 北京：清华大学出版社，2012.

[4]穆林．信息化的酒店管理[M]. 北京：中国轻工业出版社，2013.

[5]马卫．酒店信息智能化[M]. 北京：中国旅游出版社，2018.

[6]袁宇杰．酒店信息化与电子商务[M]. 北京：北京大学出版社，2012.

[7]Gang Li a, Rob Law b, Huy Quan Vu, etc. Identifying emerging hotel preferences using Emerging Pattern Mining technique[J].Tourism Management 46 (2015).

[8]赵红．浅谈云计算技术在服务业中的应用[J]. 信息系统工程．2012(10).

[9]许子明，田杨锋．云计算的发展历史及其应用[J]. 信息记录材料，2018(8): 66–67.

[10]张桂宁．云计算环境下物联网技术研究[J]. 信息通信，2014(2).

[11]任晓贤．智慧酒店建设评价指标体系构建及应用研究[D]. 河北师范大学.2014.

[12]林枫．浅谈信息化趋势对高星级酒店人力资源建设的影响[J]. 民营科技，2018(11): 208–209.

[13]裴盈盈，袁国宏．智慧旅游分析[J]. 当代经济，2012(10): 46–47.

[14]穆林．信息化：应对“用工荒”的利器[J]. 中国饭店，2012(3).

[15]新华网 http://www.xinhuanet.com/

[16]环球旅讯 https://www.traveldaily.cn/

[17]职业餐饮网 http://www.canyin168.com/

[18]搜狐网 http://www.sohu.com/

[19]亚朵官方网站 http://www.yaduo.com/

[20]百度文库 https://wenku.baidu.com/
[21]千家智客官方网站 http://www.livinglabs.cc/jiameng.html
[22]慧聪酒店网 http://www.hotel.hc360.com/
[23]百家号 https://baijiahao.baidu.com/
[24]简书 https://www.jianshu.com/
[25]中华人民共和国文化和旅游部 https://www.mct.gov.cn/
[26]迈点网 https://www.meadin.com/
[27]网易严选酒店官网 http://you.163.com/act/pub/hQLLECFSkI.html.
[28]和讯财经微信公众号。